警備・ビルメンテナンス業の労務管理ハンドブック

特定社会保険労務士 森田秀俊
特定社会保険労務士 吉川和子
共著

日本法令

はしがき

　昭和37年、現在のセコム㈱が、民間警備会社の第1号として産声を上げました。その後、昭和47年に警備業法が施行され、今日に至るまで、警備業に従事する警備員数は大幅に増加しています。警備業が果たしてきた役割により、凶悪犯罪や災害などのリスクが回避されており、日本社会の安全・安心の一翼を担う存在となっています。

　また、我が国のビルメンテナンス業は、ビルオーナー企業が自ら手掛けていた清掃業務を代行するかたちから始まり、防犯セキュリティのニーズに対応する警備、建物の空調・電力などの設備高度化に対応する設備管理というかたちで事業内容を広げ、発展してきました。

　一方、警備業・ビルメンテナンス業では、労働集約的な色彩が強く、労務管理上で多くの問題を抱えるようになりました。警備業界では、警備業務分野における過当競争、それに伴う警備料金のダンピングと警備員の賃金低迷、屋外での長時間労働、社会保険の未加入など労働環境の不備、警備員の人手不足などの問題に直面し、ビルメンテナンス業界も長年の人材不足が続き、とりわけ若年層やマネジメント層の確保・育成が課題となっています。また、ビルメンテナンスの現場には高齢者が数多く、労働条件も賃金水準も高いとはいえない状況です。今後、日本社会ではますます高齢化が進行しますが、その中で良質な人材を確保していくことが、警備業・ビルメンテナンス業に求められる課題です。その解決には適正な労務管理がカギであり、企業の模範となるような管理体制を築き上げていかなければなりません。

　本書は、筆者が社会保険労務士として、警備会社やビルメンテナンス会社に関わる中で、労務管理上で問題となりやすい事例を中心に知っておくべきポイントをまとめたものです。この本が、模範となる労務管理体制を構築していくためにお役に立てば幸いです。

　　平成30年6月

　　　　　　　　　　　　　　　　　　　　　　　　　　　　著　者

目次 Contents

はしがき …………………………………………………………………… 1

第1章 警備業界・ビルメンテナンス業界を知ろう

第1節 警備業の業務内容と現状 …………………………………… 10
1. 警備業の歴史と業務内容 …………………………………… 10
2. 警備業界の現状 …………………………………………… 12
3. 警備業を行うために ……………………………………… 14

第2節 ビルメンテナンス業の業務内容と現状 …………………… 19
1. ビルメンテナンス業の歴史と業務内容 ………………… 19
2. ビルメンテナンス業界の現状 …………………………… 21
3. ビルメンテナンス業を行うために ……………………… 23

第3節 警備業界・ビルメンテナンス業界の労務管理の特徴 …… 25

第4節 警備業界・ビルメンテナンス業界と請負・労働者派遣 … 28

第5節 業界の今後の流れ ………………………………………… 30
1. 業界の課題 ………………………………………………… 30
2. 業界の未来 ………………………………………………… 35

第6節 人手不足対策と働き方改革 ……………………………… 37
1. 人手不足対策を考える …………………………………… 38
2. 働き方改革を実践するには ……………………………… 41

第2章 警備業・ビルメンテナンス業の労務管理ポイントを知ろう

第1節 採用・労働契約 …… 44
1. 従業員募集から採用の流れ …… 44
2. 採用基準 …… 45
3. 労働契約の締結 …… 49
4. 試用期間の考え方 …… 60

第2節 就業規則等 …… 64
1. 就業規則作成上の注意 …… 64
2. 別規程化の必要性 …… 71
3. 服務規律の必要性 …… 74
4. 異動配置転換規定の必要性 …… 76

第3節 労働時間・休憩・休日・休暇 …… 78
1. 36協定の重要性 …… 78
2. 休憩・休日の考え方 …… 86
3. 労働時間の考え方 …… 94
4. 時間外労働の考え方 …… 101
5. 変形労働時間制は使えるか …… 110
6. 仮眠時間の取扱い …… 121
7. 管理監督者の取扱い …… 123
8. 監視断続的勤務は認められにくい …… 129
9. 年次有給休暇 …… 131
10. 勤務間インターバル制度 …… 143
11. 労使協定の締結が必要なものは …… 147

第4節 賃　　金 … 151
1. 賃金とは … 151
2. 割増賃金の考え方 … 159
3. 割増賃金計算における端数処理の仕方 … 161
4. 賃金支払に関するトラブルを防ごう … 161

第5節 退職・解雇 … 168
1. 退職・解雇の考え方 … 168
2. 「普通解雇」「懲戒解雇」 … 172
3. 退職勧奨と合意書 … 184
4. 雇止めの考え方 … 187

第6節 多様性のある働き方 … 190
1. 仕事と治療の両立支援・休職制度の検討 … 190
2. 仕事と介護の両立支援・介護離職対策 … 196
3. 女性に活躍してもらうために … 201
4. 高齢者の活用 … 207
5. LGBTへの対応 … 212

第7節 ハラスメント … 216
1. パワハラ防止対策 … 216
2. セクハラ防止対策 … 221
3. セクハラ・パワハラ防止に関する就業規則への記載 … 224

第3章 働く人の健康と安全を守り、従業員が安心して働くための6つの対策

第1節 警備業・ビルメンテナンス業の安全衛生管理の問題点 … 228
1. 安全衛生管理対策 … 228
2. 警備業における安全衛生管理上の問題点 … 230
3. ビルメンテナンス業における安全衛生管理上の問題点 … 231

第2節 従業員が安心して働くための6つの対策 ………… 232
- **1** 過重労働対策 ………………………………………… 232
- **2** メンタルヘルス対策 ………………………………… 237
- **3** 熱中症対策 …………………………………………… 243
- **4** 健康管理対策 ………………………………………… 246
- **5** 安全衛生管理体制の構築 …………………………… 254
- **6** 労災防止対策 ………………………………………… 265

第4章 警備業・ビルメンテナンス業における社会保険対応

- **1** 警備業界での平成29年社会保険未加入問題 ……… 274
- **2** ダブルワークでの社会保険 ………………………… 275
- **3** 高齢者と社会保険の適用
  〜年齢区分と社会保険の適用に注意〜 …………… 278
- **4** 社会保険の加入を拒否する従業員への対応 ……… 283

第5章 行政調査について知ろう

第1節 労働基準監督署の調査 ………………………………… 286
- **1** 労働基準監督署の役割と調査 ……………………… 286
- **2** 監督官の訪問パターンと調査の手順 ……………… 288
- **3** 調査のチェックポイント …………………………… 289
- **4** 調査の際にしてはいけないこと …………………… 291
- **5** 是正勧告への対応方法 ……………………………… 292
- **6** 指定期日までに改善が間に合わない場合 ………… 296
- **7** 是正勧告に従わなかった場合 ……………………… 297

第2節 年金事務所の調査 ······ 298
- **1** 調査の基本的な流れ ······ 298
- **2** 調査のチェックポイント ······ 299
- **3** 調査後の対応 ······ 300

第3節 警備業法に基づく立入検査 ······ 302
- **1** 警備業法とは ······ 302
- **2** 警備業法に基づく立入検査 ······ 303

第6章 助成金活用を知ろう

第1節 高齢者雇用に関わる助成金 ······ 308
- **1** 特定求職者雇用開発助成金（特定就職困難者コース）······ 308
- **2** 65歳超雇用推進助成金 ······ 312

第2節 職場環境整備・改善・キャリアアップに関わる助成金 ······ 319
- **1** キャリアアップ助成金 ······ 319
- **2** 人材開発支援助成金 ······ 322
- **3** 時間外労働等改善助成金（勤務間インターバル導入コース）··· 324

第3節 その他の助成金 ······ 327
- **1** 両立支援等助成金 ······ 327
- **2** キャリアアップ助成金（健康診断制度コース）······ 330

索引（書式・規定）······ 331

凡 例

本書においては、以下の略語を用いています。

▶ 法律等

安衛法	労働安全衛生法
安衛則	労働安全衛生規則
育児・介護休業法	育児休業、介護休業等育児又は家族介護を行う労働者の福祉に関する法律
建築物衛生法	建築物における衛生的環境の確保に関する法律
検定規則	警備員等の検定等に関する規則
高年齢者雇用安定法	高年齢者等の雇用の安定等に関する法律
個人情報保護法	個人情報の保護に関する法律
女性活躍推進法	女性の職場生活における活躍の推進に関する法律
男女雇用機会均等法	雇用の分野における男女の均等な機会及び待遇の確保等に関する法律
通貨法	通貨の単位及び貨幣の発行等に関する法律
能開法	職業能力開発促進法
労基法	労働基準法
労基則	労働基準法施行規則
労災保険法	労働者災害補償保険法
労働者派遣法	労働者派遣事業の適正な運営の確保及び派遣労働者の保護等に関する法律

▶ **判　例**

最一小判平 30・1・1　　最高裁判所第一小法廷判決平成 30 年 1 月 1 日

▶ **通達等**

昭 60.1.1 基発　　　　昭和 60 年 1 月 1 日厚生労働省労働基準局長名通達

　その他、一般の慣例によります。

第1章

警備業界・ビルメンテナンス業界を知ろう

- **第1節** 警備業の業務内容と現状
- **第2節** ビルメンテナンス業の業務内容と現状
- **第3節** 警備業界・ビルメンテナンス業界の労務管理の特徴
- **第4節** 警備業界・ビルメンテナンス業界と請負・労働者派遣
- **第5節** 業界の今後の流れ
- **第6節** 人手不足対策と働き方改革

第1節 警備業の業務内容と現状

1. 警備業の歴史と業務内容

　警備業の歴史は、東京オリンピック（昭和39年開催）の施設等警備のため、昭和37年に、日本警備保障株式会社（現・セコム株式会社）が警備に特化した会社を創業したのが始まりといわれています。

　警備業が誕生して50年以上経過し、警備業と聞いて「現金輸送を行う警備員」「何かあった時に施設に駆けつける警備員」「イベントなどで会場に配置される警備員」「工事現場で誘導している交通誘導員」などすぐに思い浮かべることができるほど、私達の生活にすっかり定着した業界となっています。

　そんな警備業は法律上、**表1**に示すように、施設警備業務としてビルメンテナンス業務も含む、幅広い業務内容となっています。戦後、GHQ（連合国軍最高司令官総司令部）の施設清掃を委託されて行っていた清掃業者が、警備と設備管理を統括して依頼されるようになり、「ビルメンテナンス業」として確立されました。その後、警備業は警備に特化して独立した事業となりましたが、警備業に近い一部のビルメンテナンス業務を再び統合したことで、現在のような業務内容となりました。

　さて、法的側面から警備業の歴史を捉えると、昭和47年に警備業法が施行され、警備業を営むうえで法的に整備されました。以降、昭和52年に改正された際には「警備員指導教育責任者」「機械警備業務管理者制度」がスタートし、昭和61年には「空港保安警備」「交通誘導警備」「核燃料物質等危険物運搬警備」「貴重品運搬警備」の4つの検定制度が導入されました。また平成17年の改正では、その4年前に発生した明石花火

《警備の業務内容》 表1

1号警備		
警備業法2条1項1号	空港保安警備業務 (検定規則1条1号)	空港法に規定する空港において、航空機強取等の事故発生の警戒・防止を行う。航空機内に持ち込まれる物件検査に係るものに限る。
	施設警備業務 (検定規則1条2号)	ビル、一般住宅、遊園地、駐車場などの施設の警備を行う。センサーなど設置し監視する機械警備業務を行うことから、ビルメンテナンス業務も含む。
2号警備		
警備業法2条1項2号	雑踏警備業務 (検定規則1条3号)	祭礼やコンサートなど大勢の人が集まる場所での負傷等の事故防止、発生警戒を行う。雑踏整理に係るものに限る。
	交通誘導警備業務 (検定規則1条4号)	工事現場等で人や車両の通行に危険のある場所での負傷等の事故防止、発生警戒を行う。
3号警備		
警備業法2条1項3号	核燃料物質等危険物運搬警備業務 (検定規則1条5号)	核燃料物質等危険物の運搬に係る盗難等事故発生の警戒・防止業務を行う。
	貴重品運搬警備業務 (検定規則1条6号)	現金・貴金属・有価証券等の貴重品に係る盗難等事故発生の警戒・防止業務を行う。
4号警備		
警備業法2条1項4号	身辺警備業務	一般的にはボディガードと呼ばれる。警備対象者の身体や生命に対する危害の発生を警戒・防止する業務を行う。昨今では携帯型端末を高齢者に持たせる、見守りサービスという警備業務もある(契約内容によっては、1号警備に該当する場合もある)。

大会遊歩道橋事故を受け、雑踏業務が追加されました。常に社会の流れに沿って変化を続け、その度、法的に制度が整えられてきた業界であるといえます。

2. 警備業界の現状

　警察庁生活安全局生活安全企画課「平成28年における警備業の概況」によれば、警備業者（都道府県公安委員会の認定を受けた警備業者）数は、平成28年12月末時点で9,434業者と、前年より92業者（1.0％）増加しました（**表2**）。

《警備員数警備業者数構成比》　　　　　　　　　　　　　　　　　　　表2

警備員数	警備業者数	構成比	警備員数	警備業者数	構成比
1,000人以上	49	0.5％	20〜29人	1,086	11.5％
500〜999人	73	0.8％	10〜19人	1,687	17.9％
100〜499人	893	9.5％	6〜9人	952	10.1％
50〜99人	1,077	11.4％	5人以下	2,340	24.8％
30〜49人	1,277	13.5％	警備業者数　計9,434業者		

（警察庁「平成28年における警備業の概況」）

　また、警備員数は、平成28年12月末時点で54万3,244人と、前年より4,897人（0.9％）増加しました。そのうち常用警備員※は47万6,221人、臨時警備員※は6万7,023人で、警備員総数に占める臨時警備員の割合は12.3％となっています。

　さらに、以前ではほとんどみられなかった女性の警備員が3万1,447人と、全警備員数の5.8％を占めるようになりました。女性警備員は、空港警備などで、女性客へのボディーチェックや、高齢者への見守りサービスなどの需要拡大から増加しつつあり、今後も増えていくものと思われます。

※ 常用警備員
雇用契約において雇用期間の定めがないか、または4か月以上の雇用期間が定められているもの
※ 臨時警備員
常用に該当しないもの

第1章　警備業界・ビルメンテナンス業界を知ろう

《警備員の年齢別状況》　　　　　　　　　　　　　　　　　　表3

年齢	警備員数	(27年警備員数)	構成比	(27年構成比)
70歳以上	51,962	(45,438)	9.6%	(8.4%)
60～69歳	177,515	(173,792)	32.7%	(32.2%)
50～59歳	107,187	(107,436)	19.7%	(19.9%)
40～49歳	87,552	(86,210)	16.1%	(16.0%)
30～39歳	63,291	(67,524)	11.7%	(12.5%)
30歳未満	55,737	(57,947)	10.3%	(10.7%)

(警察庁「平成28年における警備業の概況」)

　このように業者数・警備員数が増加している警備業ですが、実態をみてみると、警備員数100人未満の警備業者が8,419業者で全体の89.2%を占めており、その中でも5人以下の警備業者が全体の約4分の1を占めています。警備業界は、少数の大手業者と、大多数の中小零細業者とで構成されていることが分かります。
　少数の大手警備業者では、センサーや特殊装置を用いた機械警備により、大規模施設の常駐・巡回等を請負うことで、比較的高い収益を確保しています。そのため、警備の専門性が高く、高い能力を有する従業員が必要であり、高卒・大卒等の新卒採用により構成された若年者層(20～40歳)が多いという構造となっていますが、最近では、若年者を中心に労働力が慢性的に不足し、人材確保と人材育成が問題になりつつあります。
　一方、大多数の中小零細警備業者は、労働集約的な色彩が濃く、比較的単純な施錠を中心に行う常駐警備や巡回警備、工事現場の交通誘導、雑踏警備が業務の主体となり、主に高齢者や非正規雇用者を中心に構成されています。
　「平成28年における警備業の概況」によれば、警備業界全体の従業員のうち、60歳代が32.7%、70歳以上が9.6%を占め、警備業界で多くの高齢者が雇用されていることが分かります(**表3**)。この背景には、中小

零細の警備業者では未経験者でも採用されやすいことから、他業種で定年を迎え、60歳を超えて警備業界で第二の人生を歩む高齢者が多いことが、理由の一つとして考えられます。

中小零細警備業者は、比較的低賃金であるうえ、深夜勤務や宿直のほか、屋外の勤務では、夏場の高温・冬場の寒冷といった厳しい労働環境に置かれています。このため、労働者を安定的に確保することが難しく、労働者の多くが中高年男性で占められるなど、就労構造にも偏りがみられます。中小零細警備業者では、こうした厳しい労働環境を改善し、若年者層も含めて労働力を安定的に確保するための施策が必要となるでしょう。

3. 警備業を行うために

警備業を行っていくには、警備業法において、服装・配置人数・教育時間に至るまで事細かく定められています。

そもそも、警備業を始めるには公安委員会の認定が必要であり、認定が取れたとしても5年ごとに更新をしなければなりません。

どのような流れで、警備業を行うための手続き等が必要になるか、みていきましょう。

① 都道府県公安委員会の認定が必要

警備業を始めるには「公安委員会の認定」が必要です。主たる営業所の所在地を管轄する警察署に、申請書類を、申請手数料を添えて申請します。

申請後およそ40日で、警察署から認定を受けられれば「認定証」が、不認定であれば「不認定通知書」が届きます。

また、警備業の認定証には有効期限があり、認定を受けた日から起算して5年間で更新しなければなりません。認定証の有効期間の満了後も引き続き警備業を営もうとする場合は、有効期間の満了の日の30日前ま

《申請・更新時に添付しなければならない資料等の一覧》
「認定・更新」、「営業所の設置等」、「機械警備業務関係」　　　　　表4

申請・届出別 / 添付書類	認定・更新申請 法人 役員全員	認定・更新申請 法人 指導教育責任者	認定・更新申請 個人 業者	認定・更新申請 個人 指導教育責任者	認定証の再交付・書換え申請	営業所設置等届出 教育責任者	機械警備業務開始 業務管理者	機械警備業務に係る変更 基地局の新設	機械警備業務に係る変更 業務管理者の専任	機械警備業務に係る変更 待機所の新設・廃止	機械警備業務に係る変更 基地局、待機所の名称・所在地	機械警備業務に係る変更 対象施設の所在する市区町村名	機械警備業務に係る変更 業務管理者の氏名・住所
申請書	1		1	1									
届出書					1	1	1	1	1	1	1	1	1
法人　定款の謄本	2												
法人　登記事項証明書	3												
履歴書	5	12	3	10		4	4	4	4				
住民票の写し(本籍(国籍)記載のもの)	6	13	4	11		5	5	5	5	5			2
身分証明書	7	14	5	12			6	6	6				
登記されていないことの証明書 ※1	8	15	6	13			7	7	7	7			
診断書　個人・役員用	9		7										
診断書　警備員指導教育責任者用		16		14									
診断書　機械警備業務管理者用							8	8	8				
誓約書　法人用〜警備業認定申請用	4												
誓約書　個人用〜警備業認定申請用			2										
誓約書　警備員指導教育責任者〜業務用		11		9		3							
誓約書　警備員指導教育責任者〜欠格用		17		15		6							
誓約書　機械警備業務管理者〜業務用							3	3	3				
誓約書　機械警備業務管理者〜欠格用							9	9	9				
警備員指導教育責任者資格者証(写し)		10		8		2							
機械警備業務管理者資格者証(写し)							2	2	2				
認定証(写し)					2	← 書換えの申請のみ添付してください							

＊　表内の数字は、書類の編てつ順序を示しています。
※1 『登記されていないことの証明書』……法務局ホームページへ

（警視庁ホームページ「各種申請・届出に係る添付書類一覧表」）

でに更新の申請を行います。ただし、更新申請先が都内の場合は、有効期間満了日の3か月前から受付が行われています。
　表4は、東京を管轄する警視庁のホームページに掲載されている、申請・更新時に添付しなければならない資料等の一覧です。

② 警備員には制限がある

　警備業を行うには警備員を募集しなければなりませんが、警備員になれない者として、以下のような制限が法律で定められています。

　まず第一条件として、「18歳未満の者」は警備員となることができません。その他、成年被後見人もしくは被保佐人または破産者で復権を得ない者や、禁錮以上の刑に処せられた者、アルコール・麻薬・大麻・あへんまたは覚醒剤の中毒者、心身の障害により警備業務を適正に行うことができない者として国家公安委員会規則で定めるもの等が、警備員になることができません。

　詳細は**第2章・第1節**「採用・労働契約」（44頁）をご参照ください。

③ 警備業務実施の基本原則を守る

　警備業法15条において「警備業者及び警備員は、警備業務を行うに当たっては、この法律により特別に権限を与えられているものでないことに留意するとともに、他人の権利及び自由を侵害し、又は個人若しくは団体の正当な活動に干渉してはならない」という基本原則が定められています。警備業務にあたる者は、この基本原則を守らなければなりません。

④ 服装および護身用具の届出

　服装および護身用具については制限があり、また、警備業法と警備業法施行規則により定められている届出を管轄する公安委員会に提出しなければなりません。現在、携帯することができる護身用具には、警戒棒・警戒杖・刺股などがあります。

⑤ 検定合格警備員の配置義務

　警備業法18条において「警備業者は、警備業務（中略）のうち、その実施に専門的知識及び能力を要し、かつ、事故が発生した場合には不特

定又は多数の者の生命、身体又は財産に危険を生ずるおそれがあるものとして国家公安委員会規則で定める種別（以下単に「種別」という。）のものを行うときは、国家公安委員会規則で定めるところにより、（中略）合格証明書の交付を受けている警備員に、当該種別に係る警備業務を実施させなければならない」と、特定の警備業務に関する合格証明書の交付を受けている警備員の配置が義務付けられており、これに違反すれば営業停止等の行政処分が科せられることになっています。

「国家公安委員会規則で定めるところ」とは、警備員等の検定等に関する規則（検定規則）2条のことで、検定合格警備員の配置基準（**表5**）が示されています。

⑥ 警備業務の依頼者に対する書面交付義務

警備業者は警備業務の依頼者との間で、警備業に係る契約を交わすにあたって、「契約締結前」と「契約締結時」に、書面等を警備業務の依頼者に対して交付しなければなりません。この2回の書面等の交付は、例外なく必ず実施しなければならないものです。

⑦ 警備員教育等

警備業法21条2項において、「警備業者は、その警備員に対し、警備業務を適正に実施させるため、（中略）教育を行うとともに、必要な指導及び監督をしなければならない」と定められています。

教育とは例えば、警備員未経験者が一般警備員に就こうとする場合、原則、基本教育を15時間以上、業務別教育を15時間以上受講しなければ現場には出られない、というようなものです。

* 教育に関しては、2020年東京オリンピック・パラリンピックに向け警備員不足が懸念されることから、執筆現在（平成30年6月）、警察庁は、この義務付けられている原則30時間の教育時間を短縮する方向で見直す方針を決めています。今後、教育時間、受講方法の変更も予想されますので、注視していく必要があるでしょう。

《主な検定合格警備員の配置基準》（検定規則2条） 表5

種 別	配置基準
空港保安警備業務	・空港保安警備業務を行う場所ごとに空港保安警備業務に係る1級の検定合格警備員1人配置 ・エックス線透視装置がある場合、空港保安警備業務に係る1級または2級の検定合格警備員1人以上配置 ＊ 空港保安警備業務を行う場所ごとに配置される空港保安警備業務に係る1級の検定合格警備員を除きます。
施設警備業務	・防護対象特定核燃料物質を取り扱う施設は、当該施設警備業務を行う敷地ごとに施設警備業務に係る1級の検定合格警備員1人配置 ・一の防護対象特定核燃料物質取扱施設については、施設警備業務に係る1級または2級の検定合格警備員1人以上配置 ＊ 当該施設警備業務を行う敷地ごとに配置される施設警備業務に係る1級の検定合格警備員を除きます。
	・空港に係る施設警備業務の場合、当該施設警備業務を行う空港ごとに施設警備業務に係る1級の検定合格警備員1人配置 ・当該空港の敷地内の旅客ターミナル施設または当該施設以外の当該空港の部分については、施設警備業務に係る1級または2級の検定合格警備員1人以上配置 ＊ 当該施設警備業務を行う空港ごとに配置される施設警備業務に係る1級の検定合格警備員を除きます。
交通誘導警備業務	・高速自動車国道、自動車専用道路において交通誘導警備業務を行う場合は、当該交通誘導警備業務を行う場所ごとに交通誘導警備業務に係る1級または2級の検定合格警備員1人以上配置 ・上記のほか、道路または交通の状況により、都道府県公安委員会が道路における危険を防止するため必要と認められる場合は、当該交通誘導警備業務を行う場所ごとに交通誘導警備業務に係る1級または2級の検定合格警備員1人以上配置
核燃料物質等危険物運搬警備業務	・核燃料物質等危険物運搬警備業務を行う場合、防護対象特定核燃料物質を運搬する車両または伴送車その他の運搬に同行する車両のいずれかに核燃料物質等危険物運搬警備業務に係る1級の検定合格警備員1人乗車 ・防護対象特定核燃料物質運搬車両ごとに、核燃料物質等危険物運搬警備業務に係る1級または2級の検定合格警備員1人以上乗車 ＊ 上記により核燃料物質等危険物運搬警備業務に係る1級の検定合格警備員が乗車する車両は除きます。
貴重品運搬警備業務	・現金を運搬する車両ごとに、貴重品運搬警備業務に係る1級または2級の検定合格警備員1人以上乗車

第2節 ビルメンテナンス業の業務内容と現状

1. ビルメンテナンス業の歴史と業務内容

　ビルメンテナンス業の歴史は、ビル建設の歴史とともにあったといえます。しかし、明治中期から第二次世界大戦前に建てられたビルに関しては、ビルオーナー企業の従業員が清掃・警備を行っており、唯一ビルメンテナンス業的な業務といえるものは、エレベーター設置会社が行うエレベーターのメンテナンス程度でした。

　実質的なビルメンテナンス業の始まりは、前述の通り、戦後GHQの設置により、接収されたビルにおいてアメリカのノウハウを取り入れた清掃を行ったことからといわれています。その後、昭和25年に建築基準法が公布され、同時に建築統制が解除されると、建築物の建設が本格化し「ビルブーム」が起こったことで、清掃としてのビルメンテナンス業が一気に全国的に広がっていくことになります。

　さらにその業務内容も、ビルオーナー企業が自社従業員に行わせていた警備・設備管理をビルメンテナンス業へ委託し始めたことにより拡大し、今では**図1**に示すように、ビルメンテナンス業の業務が大幅に拡大しました。

　さて、ビルメンテナンス業と聞いて、どのような業務を思い浮かべるでしょうか。もともとの始まりであった清掃の業務かもしれません。または、中央管理室で設備全般を制御している業務を思い浮かべる方も多いでしょう。

　中央管理室で設備全般を制御する設備管理業務は、当初、ビル内に設

《ビルメンテナンス業の業務》　図1

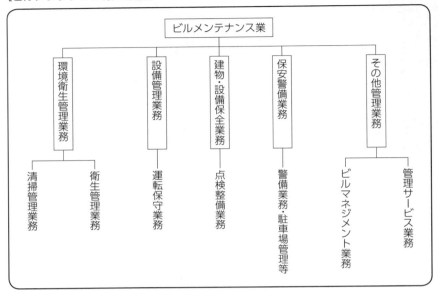

置されたボイラー管理を中心として行うことから始まっています。しかし、ボイラーの需要が減りコンピューターを導入する企業が増え始めると、コンピューターの温度調整の必要性からビル全体の空調管理業務へと業務が移り代わっていきます。やがてこの管理もコンピューターによる制御が可能となったことで、中央管理室で設備全般を制御する業務へと変わっていきました。

　さて、図1では保安警備業務として警備業務が含まれていますが、警備業とビルメンテナンス業の関係において整理すると、イメージ的には図2のように警備業とビルメンテナンス業のそれぞれの業務が重なり合う所があるといった感じとなります。

　この重なり合う業務について、ビルメンテナンス業側から警備業をみると、保安警備業務の中で行うことにあり、例えばビル内に警備員が常駐し日常的に防犯・防火業務に従事、または中央管理室における防犯・防災設備のシステム化により常駐せず、立哨や巡回業務の他、防災監視

《警備業とビルメンテナンス業のイメージ》　　　　　　　　図2

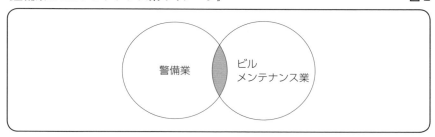

装置の監視・制御、異常事態への緊急対応業務などを行っています。もちろん、この業務にあたっては警備業法に則った検定合格者等の警備員を配置するなどの取扱いがなされなくてはいけません。

　一方、警備業において施設警備業務に含まれるビルメンテナンス業とは、施設警備業務を行う延長でビルメンテナンス業における保安警備業務を行うことにあり、例えばビル・駐車場などの施設の警備、センサーなどを設置し監視する機械警備による駆けつけ業務を行うことにあります。

2. ビルメンテナンス業界の現状

　厚生労働省「労災保険収支統計」によれば、ビルメンテナンス事業者数は平成27年で22,636業者あり、ビルの多い大都市に集中する傾向のある業界です。

　ビルメンテナンス業は、**表6**のように大きく4つの系列に分けることができ、これ以外にも独立系のビルメンテナンス会社が存在します。

　ちなみに、ビルメンテナンス業務のうち、設備管理業務が約4割、清掃ほか衛生管理業務が約3割、保安警備業務が約2割弱を占め、これらが主要業務となっています。

　労働者数については、かなり古いデータとなってしまいますが、(社)全国ビルメンテナンス協会が社会保障審議会年金部会に対し提出した平

《ビルメンテナンス業の主な系列》　　　　　　　　　　　　　　　表6

ゼネコン系列	親会社であるゼネコン（総合建設会社）が施行したビルを中心にメンテナンスを行う
電気メーカー・計装メーカー系列	親会社が制作したエレベーター、エスカレーター、ボイラー、空調機器等の整備・修理を行う
不動産会社系列	自社物件のビルマネジメント業務を中心に行う
鉄道会社系列	駅ビルの発展により、駅ビルのビルメンテナンスを行う

　成19年の資料があります（**表7**）。これによれば、業務内容別従業員数の構成は、一般清掃（43.3％）、設備管理（18.9％）、保安警備・駐車場管理（15.6％）となっています。

　常勤従業員で男性の占める割合をみてみると、設備管理（98.5％）と保安警備・駐車場管理（96.4％）では圧倒的に男性の割合が高いものの、一般清掃（30.2％）では低くなっています。一般清掃業務においては女性が主力となっているといえます。パート従業員構成ではさらに顕著です。

《主要業務内容別・年齢別従業員割合》　　　　　　　　　　　　　表7

常勤	30歳未満	30～44歳	45～49歳	50～59歳	60歳以上	従業員構成（男性割合）	パート従業員構成（男性割合）
一般清掃	2.5%	5.0%	3.8%	18.0%	14.0%	43.3%（30.2%）	78.9%（16.4%）
設備管理	2.1%	4.6%	1.8%	6.4%	4.0%	18.9%（98.5%）	2.8%（93.6%）
保安警備等	1.1%	2.0%	1.1%	5.9%	5.5%	15.6%（96.4%）	6.1%（94.5%）

（全国ビルメンテナンス協会「社会保障審議会年金部会パート労働者の厚生年金適用に関するワーキンググループによるヒアリング事項に対する回答」）

ビルメンテナンス業界においても警備業と同じように、若年者を中心に労働力が慢性的に不足し、高齢者や非正規雇用者を中心に構成されています。よって今後は、人材不足による高齢者雇用の維持、女性従業員の確保、非正規従業員の働きやすい労働環境整備などの施策が必要となっていくでしょう。

3. ビルメンテナンス業を行うために

　ビルメンテナンス業は、警備業のように、起業するための認定等の手続きは必要ありません。ただし、業務内容によって「建築物衛生法」「職業能力開発促進法」「医療法」「労働安全衛生法」「警備業法」など各種法律を遵守しなければならず、また、**表8**に掲げる資格保有者を配置する必要があります。

　資格取得に関しては、必要な資格は会社で取得させるところが一般的なようですが、資格の数も多いため、本当に必要な資格を取らせていくようにしながら従業員のスキルアップを図ることで、やる気に繋げている会社もあります。

《ビルメンテナンス業の主な技術資格一覧》　　　　　　　　　　　　　　　　　表8

業　務	業務内容	資　格
清掃管理業務	建築物内部清掃 建築物外部清掃	建築物環境衛生管理技術者 統括管理者
衛生管理業務	空気環境管理 給水管理 排水管理 害虫駆除 廃棄物処理	清掃作業監督者 空気環境測定実施者 空調用ダクト清掃作業監督者 貯水槽清掃作業監督者 防除作業監督者 毒物劇物取扱責任者 ビルクリーニング技能士 病院清掃受託責任者 浄化槽清掃技術者 公害防止管理者 作業環境測定士 廃棄物処理施設技術管理者 ゴンドラ取扱特別教育修了者 建築清掃管理評価資格者　　　等
運転保守業務	電気・通信設備 空気調和設備 給排水設備 消防用設備 昇降機設備	電気主任技術者 電気工事士 特殊電気工事資格者 工事担任者 電気工事施工管理技士 ボイラー技士 ボイラー整備士 ボイラー据付工事作業主任者 冷凍機械責任者 冷凍空気調和機器施工技能士 浄化槽管理士 浄化槽技術管理者 消防設備士 消防設備点検資格者 危険物取扱者 昇降機検査資格者　　　　　等
点検整備業務	建物構造部の点検整備 建築設備の点検整備 昇降機設備の点検整備	建築士 特殊建築物定期調査技術者 建築設備検査資格者 建築・設備総合管理技術者　　等
保全警備業務	警備業務 防火防災業務 駐車場管理	警備員指導教育責任者 機械警備業務管理者 危険物取扱者　　　　　　　　等
ビルマネジメント業務 管理サービス業務	経営管理 受付・案内 電話交換・メールサービス	ビル経営管理士 エコチューニング技術者　　　等

第3節 警備業界・ビルメンテナンス業界の労務管理の特徴

　警備業・ビルメンテナンス業では、機械やコンピューター制御による管理など技術革新は進んでいるものの、その業務内容から両業界とも人による労働提供が中心の「労働集約型事業」です。
　労働集約型事業である以上、労働基準法（以下「労基法」という）を中心に、法律に則った労務管理をしっかりしなければならないことは、言うまでもありません。
　さて、両業界に共通する労務管理の特徴として挙げられるのが、「多くの高齢者・非正規従業員が働いている」「長時間労働である」「労災事故が多く発生する」の3点です。これらに対する労務管理は特に徹底しなければならないでしょう。

① 高齢者・非正規従業員が多い

　両業界とも人手不足となっており、必然的に高齢の従業員が多く、また、多くの非正規従業員によって支えられていることが特徴です。
　高齢者雇用の場合、労務管理で気をつけなければならないこととして、加齢に伴う身体機能の低下に配慮し、肉体的負荷をできるだけ軽減するとともに、健康・安全面での対策が必要なことが挙げられます。また、賃金や処遇に関する納得性の向上を図るなど、高齢者が働き続ける意欲が保てるような仕組み作りが重要となります。
　非正規従業員に関して労務管理上注意すべきことは、労働契約法の無期転換ルールに基づく無期転換の申込みが、平成30年度から本格的に行われていることへの対応です。さすがに対応済みの会社が大半でしょうが、就業規則の整備などまだであれば、早急に対応する必要があります。

② 長時間労働の慢性化

　両業界とも 24 時間 365 日稼働しなければならないことから、交替制による業務対応をせざるを得ず、さまざまな勤務体系が混在しています。このため、中小零細業者が多いこの業界では、これら勤務体系で働く従業員の労働時間管理を適正にできていない事業所も多く存在し、人手不足も相まって長時間労働の慢性化が問題視されています。

　長時間労働を含め適正でない労働時間管理は、社会的にも厳しい目が向けられるばかりか、労働基準監督署で問題視される業界となれば一斉に臨検（立ち入り調査）が入ります。長時間労働の抑制のため、労働時間管理を適正に行うことが重要となるでしょう。

　なお、警備業においては、池袋労基署長（ライジングサンセキュリティーサービス）事件の判決が出されたことにより、休憩時間の取扱いについても厳格化して管理する必要が出てきましたので、ご注意ください。

《池袋労基署長（ライジングサンセキュリティーサービス）事件》
（東京地判平 28.7.14）　　　　　　　　　　　　　　　　　　　　裁判例

> 　休憩時間中において緊急事態が発生した場合には、休憩時間中の警備員もこれに対応することが求められる状況にあり、少なくとも月に 2 ～ 3 回の頻度で対応を求められていたことや、休憩中の警備員は、平常時においても休憩室を離れるときには無線機を携帯しなければならず、敷地外に出ることも許されていなかったことからなどから、本件休憩時間は、実質的にみれば待機時間であって、休憩時間中も警備員らは労務の提供が義務付けられていたものと評価することができ、労働からの解放が保障されていなかったとした。

③ 労災事故が多い

　請け負った出先で業務を行うため、デスクワークとは違い労災事故が多く発生する傾向にあります。中には、交通誘導警備中に車に突っ込まれ死亡するという、痛ましい事故も発生しています。

　両業界とも労災事故が多いことから、安全に作業するための対策・教育が重要となります。

第4節 警備業界・ビルメンテナンス業界と請負・労働者派遣

　警備業界・ビルメンテナンス業界ともに、受託した業務について、従業員をその現場へ行かせ業務に就かせる形態をとることが多くあります。

　イメージ的には派遣と思えるかもしれませんが、警備業は労働者派遣法により派遣を禁じられていますし、ビルメンテナンス業においてもさまざまな法律の遵守をしなければならず、また法で定められた責任者や監督者など人員の配置責任を負っているため、基本的にはどちらも「請負」として業務を行う労働形態となります。

　請負と派遣は、法律で下記のように定められています。請負は、仕事の完結を約す契約であることから、現場での指揮命令は相手から受けないのに対し、派遣は、派遣先での指揮命令を受け仕事を行うという点において、大きく異なっています。

《法律上の請負と派遣》

○民法632条（**請負**）
　請負は、当事者の一方がある仕事を完成することを約し、相手方がその仕事の結果に対してその報酬を支払うことを約することによって、その効力を生ずる。

○労働者派遣法2条（用語の意義）
　この法律において、次の各号に掲げる用語の意義は、当該各号に定めるところによる。
　一　**労働者派遣**　自己の雇用する労働者を、当該雇用関係の下に、かつ、他人の指揮命令を受けて、当該他人のために労働に従事させることをいい、当該他人に対し当該労働者を当該他人に雇用させることを約してするものを含まないものとする。
　二　（以下略）

さて、両業界とも「請負」として業務を行うのは前述の通りですが、ビルメンテナンス業については、保全警備業務における警備業務を除き派遣が可能です。ただし、労働者派遣法で「同一の派遣労働者が、派遣先の事業所における同一の組織単位で派遣就業できる期間は3年を限度とする」という3年ルールがあるため、有期雇用での派遣の場合は、このルールを踏まえたうえで業務を行わせることとなります。（無期雇用であればこのルールは適用されません）。

　また、警備業において絶対に派遣ができないのではなく、警備業務への派遣は労働者派遣法で禁じられていますが、警備会社が労働者派遣事業を行うことをも禁じているわけではありません。

　警備業務以外で、現場で相手の会社からの指揮命令が必要な業務であれば、労働者派遣事業の許可を取っておいた方がよいでしょう。ただし、労働者派遣法の改正により、平成27年9月30日以降、特定労働者派遣事業と一般労働者派遣事業の区別が廃止され、すべての労働者派遣事業は、新たな許可基準に基づく許可制となりました。

第5節 業界の今後の流れ

1. 業界の課題

① オリンピックと人手不足問題

　2020年の東京オリンピック・パラリンピック開催が、両業界ともに抱える「人手不足」に大きな影響を与えると考えられます。

　警備業でいえば、いわゆる人的警備の課題があります。2020年東京オリンピックでは、1万4千人の警備員が必要とされています。現在、在籍している約54万人の警備員で対応できると考えられますが、現顧客への継続したサービス提供も必要であることから、オリンピックに向けた警備員の増員が求められます。

　しかし、警備員にはクオリティーの維持が求められるため、ただ単に増員すればよいという問題ではありません。警備員になるには、警備業法により定められている欠格要件（破産者で復権を得ていない者、暴力団員およびその関係者、禁錮以上の刑に処せられ、5年を経過していない者等）に該当していないことが前提とされています。

　そのうえで、都道府県公安委員会の認定を受けた警備会社に入社し、警備業務の基本原則、警備業法をはじめとする法令、事故発生時の応急措置、初期消火、護身術など法令で定められた教育を30時間※以上受けることで晴れて警備員としての仕事に就くことができます。しかし、資格が必要となる現場もあるため、簡単には警備員を増員することができ

※ 執筆現在（平成30年6月）、教育時間を短縮する方針が決められています（18頁参照）。

ない事情があります。最近では、AIやロボット、ドローンを使った監視システム等機械警備業務の開発も進められてはいますが、やはり人的警備における人手不足が今後も、大きな課題となり続けるでしょう。

　また、ビルメンテナンス業においては、サービス対象がビル等の不動産であるため、不動産市場の影響を大きく受けます。現在、オリンピック・パラリンピック開催に向けて東京を中心としたホテルなどのビル建設ラッシュが起きており、人手不足が加速すると予想され、今後、ビルメンテナンス業界の再編が進むのではないかと考えられます。

② 長時間労働の慢性化問題

　両業界とも24時間365日稼働しなければならないことから、交替制による業務で対応せざるを得ず、さまざまな勤務体系の混在、人手不足も相まって、長時間労働の慢性化が問題視されています。

　大手広告会社・電通が社員に違法な残業をさせたとして労基法違反の罪に問われた裁判で、平成29年10月6日、東京簡易裁判所は「違法な長時間労働が常態化し、サービス残業がまん延していた」などと指摘し、罰金50万円の判決を言い渡しました。この事件により、世間の目は厳しくなり、国も本腰を入れて長時間労働に対する規制に乗り出しています。

　警備業においては、前述の通り、休憩時間を与えていた場合であっても無線機を携帯させていた場合、警備敷地内から出ることを認めない休憩は、労働時間にあたるとした池袋労基署長（ライジングサンセキュリティーサービス）事件判決がありました。1号から4号業務すべてにおいてトランシーバー（無線機）を携帯させる警備業にあっては、今後、休憩時間の取扱いも含め正しい労働時間管理ができるかが重要となります。

　また、人手不足の観点からすれば、「長時間労働イコールブラック企業」のイメージが強いことから、長時間労働慢性化は絶対に解決しなければならない課題といえます。

③ 社会保険の未加入問題

　建設業の社会保険未加入対策について、警備業にも関連した問題となっています。

　特定建設業者が発注者から直接請け負った建設工事を施工するために締結した下請契約の総額が3,000万円（建築一式工事4,500万円）以上になる場合、下請・孫請など工事施工を請け負うすべての業者名等を記載する施工体制台帳の作成が義務付けられています。公共工事の建設現場で交通誘導を行う2号警備業者は、当然に施工体制台帳に記載される下請・孫請に含まれることとなるため、国土交通省の作成した「社会保険の加入に関する下請指導ガイドライン」の対象となってきます。

《ガイドラインにおける「下請企業として選定しない取扱い」》

第2　元請企業の役割と責任
(3)　下請企業選定時の確認・指導等
　元請企業は、下請企業の選定に当たっては、法令上の義務があるにもかかわらず適切に社会保険に加入しない建設企業は社会保険に関する法令を遵守しない不良不適格業者であるということ（中略・筆者）を踏まえる必要がある。
　このため、下請契約に先立って、選定の候補となる建設企業について社会保険の加入状況を確認し、適用除外でないにもかかわらず未加入である場合には、早期に加入手続を進めるよう指導を行うこと。この確認に当たっては、必要に応じ、選定の候補となる建設企業に保険料の領収済通知書等関係資料のコピーを提示させるなど、真正性の確保に向けた措置を講ずるよう努めること。なお、雇用保険については、厚生労働省の労働保険適用事業場検索サイト（URL省略・筆者）において適用状況を確認することができる。
　ついては、下請企業には、適切な保険に加入している建設企業を選定すべきであり、遅くとも平成29年度以降においては、健康保

> 険、厚生年金保険、雇用保険の全部又は一部について、適用除外でないにもかかわらず未加入である建設企業は、下請企業として選定しないとの取扱いとすべきである。

（国土交通省「社会保険の加入に関する下請指導ガイドライン（改訂版）」平成28年7月28日）

　このガイドラインにより、公共工事の建設現場で交通誘導を行う2号警備業者は、平成29年4月以降、社会保険に加入していなければ業務を受注できなくなる方向に進むのではないかといわれていました。これが29年社会保険未加入問題であり、まさに警備業界が早急に対処しなければならない問題でした。

　そもそも、厚生労働省と日本年金機構では、社会保険の加入を違法に逃れている社会保険未加入企業の約80万社に対し、厳しい指導を開始しています。日本年金機構は「国税庁の納税情報」から社会保険未加入事業所をリストアップしていますので、警備業のみならずビルメンテナンス業においても、社会保険に加入しなければならない要件に該当しているにもかかわらず未加入の場合、ある日突然、年金事務所が調査に来ることも考えられます。調査によって重大な違法性が認められ、強制的な遡り加入と数千万円に及ぶ保険料を徴収されたケースもありますので、加入しなければならない要件を備えているのであれば、速やかに社会保険に加入しましょう。

④ 同一労働同一賃金制度への対応

　執筆現在（平成30年6月）、政府は働き方改革関連法案の早期成立を目指しており、関連法案の柱である同一労働同一賃金制度については、このまま審議が進めば、平成32年4月施行予定とされています。

　そこで、「同じ仕事には同じ賃金を支払う」という考えの制度が施行されるとなれば、非正規従業員の多い両業界では、今後、非正規従業員の手当を含めた賃金体系の見直しが課題になってきます。

　平成28年12月20日に出された「同一労働同一賃金制度ガイドライン

案」では、正規従業員と非正規従業員（＝有期雇用労働者、パートタイム労働者、派遣労働者）間の不合理な待遇差の典型的な事例として、**表9**の項目を挙げています。

　＊中小企業は、同一労働同一賃金制度の適用を１年見送る予定です。

《有期雇用労働者及びパートタイム労働者への不合理待遇差の典型的事例》　　表9

基本給	①基本給(職業経験・能力に応じて支給する場合) ②基本給(労働者の業績・成果に応じて支給する場合) ③基本給(勤続年数に応じて支給する場合) ④昇給(勤続による職業能力の向上に応じて行う場合)
手当	①賞与(業績等の貢献に応じて支給する場合) ②役職手当(役職内容、責任範囲・程度に対して支給する場合) ③業務危険度、作業環境に応じて支給する特殊作業手当 ④勤務形態に応じて支給する特殊勤務手当 ⑤精皆勤手当 ⑥時間外労働手当 ⑦深夜・休日労働手当 ⑧通勤手当・出張旅費 ⑨食事手当 ⑩単身赴任手当 ⑪地域手当
福利厚生	①福利厚生施設(食堂、休憩室、更衣室) ②転勤者用社宅 ③慶弔休暇、健康診断に伴う勤務免除・有給保障 ④病気休職 ⑤法定外年休・休暇(勤続期間に応じて認めている場合)
その他	①教育訓練(職務に必要な技能・知識を習得するため実施する場合) ②安全管理に関する措置・給付

（「同一労働同一賃金制度ガイドライン案」を基に作成）

　上記に挙げている項目の中で、意外と手当は見落としがちです。両業界においては交替制勤務が多くあり、「特殊勤務手当」を支給している場合もあります。警備業においては、危険物運搬警備業務などもあることから、「特殊作業手当」の支給もあるかもしれません。これらのような手当も含め、正規従業員と非正規従業員の間で不合理な待遇差がないか、見直しの際は注意する必要があるでしょう。

2. 業界の未来

① 警備業界の未来像

大手警備業者が現在取り組み始めている業務から、警備業界の未来像を考えてみましょう。

1）テロへの対応を担う

世界的規模でのテロが発生している昨今、2020年の東京オリンピック・パラリンピックの開催に乗じていつ日本でもテロが起きないとも限りません。そのようなことから今後、警察と協力しながら警備業界がテロ対策を担っていくものと思われます。

2）サイバー攻撃への対応

日々、大量にサイバー攻撃が日本に向けてなされています。企業においても対応しきれなくなっているのが現状ですが、警備業界においてはサイバー攻撃に対する情報セキュリティサービスへの展開が始まっています。

3）災害対応によるBCP（事業継続計画）の代行

近年、日本では、従来地震とは縁がなかったような地域においても大地震が発生しています。一説では、地球全体で地震の活動期に入ったともいわれています。

東日本大震災を境にクローズアップされている企業の天災等に対応する対応力および復旧力は、今後、企業として備えていかなければなりません。とはいえ、個々の企業で対応するには限度があり、そのサポートサービスに警備業界が乗り出しています。

4）見守りサービス

少子高齢化社会となって、一人暮らしの高齢者は増加の一途をたどっています。離れて暮らす子供が高齢の親を心配して、見守りサービスの契約を結ぶ世帯も増え続けており、高齢者対象とする見守りサービスは今後も必要なサービスとして伸び続けると考えられます。

1)〜4)のように、警備業界の未来は、海外展開も含めさまざまな方面へ業務が拡大していくものと考えられ、IT・AIを含む機械化は必須となります。

そのため、業界では、大手警備業者が機械化のスケールメリットを享受するためM&Aに乗り出す一方、中小零細企業は生き残りをかけた統廃合が進むのではないかと予想されています。

また、機械化で効率化されたとしても、現場で人手不足が解消することは考え難く、機械化に伴う専門性・能力の高い人材が不足し、さらには、ホテル、商業施設、コンサート会場、特定核燃料物質取扱施設等、あらゆる場所でテロ攻撃等に備えた人員増員もセキュリティ対策の強化で必要となるため、人材確保・定着が大問題となっていくと考えられます。

② ビルメンテナンス業界の流れ

2020年の東京オリンピック・パラリンピックに向けた関連需要拡大によって、特に都心部では人材不足が深刻な状態となっています。

労働集約型のビルメンテナンス業界において、人材不足により人件費が高騰し収益を圧迫するなど、人材確保が難しい中小企業には厳しい環境となっています。清掃業務では、搭乗式床洗浄機など清掃における技術革新が進み始めています。しかし、ビルメンテナンス業界の参入には許認可が不要であるため、異業種からの参入も多く、価格競争による単価下落が止まらない状態となっていくでしょう。

また、このような状況であってもオリンピックまでは関連需要に期待されるところですが、それ以降は市場の縮小が予想されます。生き残れるのは高付加価値なサービス提供ができる大手企業と考えられ、M&Aや統廃合が、ビルメンテナンス業においても今後進んでいくものと考えられます。

人手不足対策と働き方改革

　厚生労働省が発表した平成29年平均有効求人倍率は1.50倍と、バブル期の最高水準だった1.46倍を上回り続けています。この状況は、残念ながら少子高齢化によるもののため、よほど劇的に出生数が増えない限り、今後も人手不足は解消されないでしょう。

　帝国データバンク「人手不足に対する企業の動向調査」（平成29年10月）によると、警備業・ビルメンテナンス業においては正社員・非正社員ともに高い割合で人手不足を感じており、規模の大きい企業ほど不足感が強くなる傾向があるため、その余波で中小規模企業の人材確保が困難な状況になり始めていることが分かります。

《人手不足に対する企業動向》

> ▶ 正社員が不足している企業……49.1%
>   ＊前年から7.3ポイント増加。過去最高を更新。
>   [業種別] 1位「情報サービス」70.9%
>   　　　　2位「**メンテナンス・警備・検査**」64.3%
>   　　　　3位「運輸・倉庫」63.7%
>   　　　　4位「建設」63.5%
>   [規模別] 大企業ほど不足感が高く、大企業の積極的な採用活動が中小企業の人材確保に大きな影響を与える要因になっている。
> ▶ 非正社員が不足している企業……31.9%
>   [業種別] 1位「飲食店」80.5%
>   　　　　2位「飲食料品小売」60.9%
>   　　　　3位「人材派遣・紹介」59.1%

4位「**メンテナンス・警備・検査**」55.2%
[規模別] 正社員と同様に、規模の大きい企業ほど不足感が強くなっているなか、中小企業の不足感も一段の高まりをみせている。

(帝国データバンク「人手不足に対する企業の動向調査結果(平成29年10月)より要約」)

1. 人手不足対策を考える

　警備業・ビルメンテナンス業における人手不足対策は、機械を導入するなど業務の効率化を図るのはもちろんですが、やはり労働集約的な業務である以上、人材の確保・定着は必須です。

　特に、労働集約的な業務がメインの中小規模企業では、人手不足対策を会社の人材戦略に位置付けて取り組まない限り、厳しい状況に追い込まれると考えられます。

　両業界における人手不足対策には、その業務の特性から、政府が推進する障害者雇用を含めた「一億総活躍」には難しい点もありますが、女性・高齢者をターゲットとすることは可能ではないでしょうか。

① 時代により変わる会社を選ぶ基準

　一昔前であれば、給与額が高ければある程度の人材を確保できました。しかし昨今、女性や学生など、求職者が働きたい会社を選ぶ基準が変化しつつあり、次のⒶⒷⒸのような取組みを行っている会社が注目されるようになっています。

《求職者が確認している働きたい会社を選ぶ新たな基準》

Ⓐ　ワークライフバランスへの取組み

　（取り組んでいない一部の地域もありますが、）多くの都道府県のホームページ等で、ワークライフバランス推進宣言企業となっている企業名を確認できます。よって求職者の判断材料となっています。

Ⓑ　健康経営への取組み

　健康経営とは「企業が従業員の健康に配慮することによって、経営面においても大きな成果が期待できる」との基盤に立って、健康管理を経営的視点から考え戦略的に実践するものです。協会けんぽ各支部のホームページで宣言企業などが掲載されており、企業名の確認ができることから、チェックする求職者も増えています。

Ⓒ　「くるみんマーク」の取得状況

　くるみんマークを取得した場合、会社ホームページなどで掲載している企業が多く、女性求職者が求める、女性が働きやすい会社であるかどうかの指標となっています。

　これらⒶⒷⒸに共通する特徴は、働きやすい環境の指標ということです。

　現代の求職者は、「働きやすさ」も働くための重要要素の一つであるため、今後、業界においても女性や高齢者の「働きやすい職場環境整備」が人手不足対策の一つとして考えられるでしょう。

　なお、女性や高齢者雇用を後押しする助成金も多く用意されています。「働きやすい職場環境整備」に、助成金制度を活用してはいかがでしょうか。

② 人材戦略としての福利厚生

　バブル時代は、施設投資型の福利厚生が充実していたものでした。そして、経済が低迷し始めると真っ先に会社から切られたのも、福利厚生にか

《人材戦略としての福利厚生システム》　　　　　　　　　　　　図3

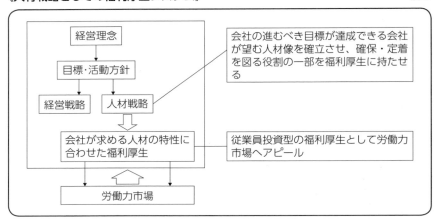

かる費用でした。

　しかし、人手不足となった今、人材戦略の一つとして従業員投資型にかたちを変えた福利厚生が再び注目されています。そのメリットとして、例えば、時代を反映した「不妊治療費補助」や「防犯対策補助」など注目を浴びる福利厚生はSNS等で拡散されやすく、それに魅力を感じる求職者の目に留まりやすいことから、人材確保のシステム作りに使える点が挙げられます。

　人材戦略としての福利厚生システムは、経営理念をしっかりと持ち、会社が進むべき方向性、会社が求める人材像が確立できているのであれば、有効に使えるシステムであるといえます（**図3**）。

　このシステムは、経営理念・目標達成のため、経営戦略や人材戦略を考えていくうえで、会社が求める人材像に向けてアピールする手段として、労働力市場に存在する会社が求める人材へピンポイントでアピールすることを可能とするものです。

　ただ、それは、会社が求める人材の特性に合わせた福利厚生を構築し、機能させることがポイントとなります。例えば、子育て世代の女性をターゲットとしたいのであれば、「ベビーシッター利用補助」や「託児施

設利用補助」があれば魅力となるかもしれません。何を福利厚生とするかは、会社が求める人材を徹底してリサーチする必要がありますが、その分、アピール力も強まります。

　情報社会である現代において、人材戦略としての福利厚生を人手不足対策の方法として考え、情報発信してはどうでしょうか。

2. 働き方改革を実践するには

　警備業もビルメンテナンス業も、労働集約型業務であり、両業界とも24時間365日稼働している業界であることから、働き方改革を進めるには難しい業界であることは間違いありません。

　そんな業界での「働き方改革」の好事例を一つご紹介しましょう。

　次頁は、ある労働局に寄せられた警備業界における働き方改革の一例です。社内で問題点を洗い出し現状を把握し、従業員が意見を出し合い、アクションプランを作成。3か月ごとに取組みを確認してフィードバックしていく方法を行った結果、社員から「ワークライフバランスの考え方を知ることによって、仕事と家庭生活の両立を図ろうという思いが強くなった。また、自主的な健康管理の大切さも再認識した」との評価の声が寄せられました。

　このように労働局では、さまざまな業種の働き方改革好事例を発表しています。「働き方改革」は何から手をつけてよいか分からないという場合、労働局の好事例等参考にして、会社にあった働き方改革を考えてみてはいかがでしょうか。

《好事例》

○○警備保障株式会社
　概要：警備業
　勤務形態：常駐警備・機械警備・ビル総合管理
　企業規模：従業員数500人
　45時間超残業人数：月平均270名
　有給所得日数：14.8日
　有給取得率：77.9％
　問題点：
　　　・新規事業所開設に伴う配置人員の増加、特別警備の増加、勤務形態の多様化等により、残業がここ数年増加
　　　・配置要員に見合う採用の拡充が必要
　　　・自主健康管理意識の向上が必要

社内検討：改善点
　　・ワークライフバランスの啓発活動の実施
　　・36協定の周知と運用実態の把握・検証・対策
　　・事業・事業所配置人員の適正配置基準の作成
　　・採用活動の強化、新人研修等の改善、育成強化
　　・長時間勤務に関する体系的な健康管理体制の構築
取組内容：<u>短期</u>
　　・安全衛生委員会の年度重点課題に設定
　　・ワークライフバランスの重要性等の啓発活動
　　・36協定の内容の周知
　　・残業実態の把握・検証・対策の構築・運用
　　・適正配置人員の見直しと採用活動の強化推進
　　・採用時教育・職場教育の拡充
　　・警備社員健康管理規程の制定
　　・長時間勤務者に対する衛生管理者の面接指導等
　　　　　　　　（定期健康診断結果のフォロー活動）
　　・安全衛生委員会(労使参加)による取組みの推進
　<u>中期</u>
　　・適正な配置人員の確保、労使協定内労働時間の遵守
　　・ワークライフバランス意識の浸透
　<u>長期</u>
　　・長時間労働を削減し、健康で明るい職場の実現

第2章

警備業・ビルメンテナンス業の労務管理ポイントを知ろう

第1節　採用・労働契約
第2節　就業規則等
第3節　労働時間・休憩・休日・休暇
第4節　賃　　金
第5節　退職・解雇
第6節　多様性のある働き方
第7節　ハラスメント

第1節 採用・労働契約

1. 従業員募集から採用の流れ

《従業員募集から採用の流れ》　　　　　　　　　　　　　　図4

従業員の募集

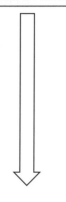

従業員の募集には、ハローワークや求人サイト等の活用が一般的です。例えばハローワークでの募集の場合は、事業所の住所を管轄するハローワークに出向き、初めてであれば事業所登録を行います。

次に求人申込書に必要事項を記入し求人票を出すことになります。警備業においては年齢制限があるため、年齢制限や必要な資格などの記載が必要となります。

採用試験・面接

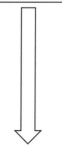

警備業においては警備業法14条に定める「警備員の制限」に該当する者は警備員になれません。例えば、執行猶予判決を受けてから5年経過しているか、過去にアルコール等の中毒と診断されていたり精神疾患の既往症がある場合には医師より「業務適正」の診断書がもらえるか、等の確認も必要です。

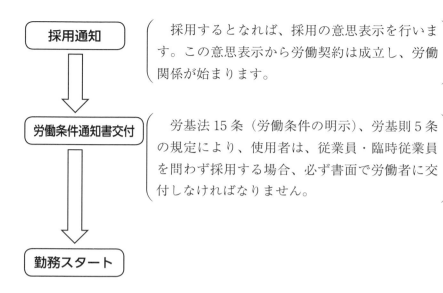

2. 採用基準

　警備員においては特に、貴重品や核燃料物質の運搬や身辺警護など、業務的に何かあってからでは遅いことが多いため、警備員となる者に、警備業法 14 条※において次の制限がかかっています。

※ 警備業法 14 条は一部制限が見直される予定です（**コーヒーブレイク**（48 頁）参照）。

《警備業法14条》

> 第14条（警備員の制限）
> 1　18歳未満の者又は第3条第一号から第七号までのいずれかに該当する者※は、警備員となってはならない。
> 2　警備業者は、前項に規定する者を警備業務に従事させてはならない。

※「第3条第一号から第七号までのいずれかに該当する者」とは、以下の者をいいます（筆者要約）。

《警備業法における警備員の制限》

> （1）成年被後見人・被保佐人、破産者で復権を得ないもの
> （2）禁錮以上の刑に処せられた者、警備業法の規定に違反して罰金の刑に処せられ、その執行を終わった者、または執行を受けることがなくなった日から起算して5年を経過していない者
> （3）最近5年間に、警備業法の規定等もしくは処分に違反した者等
> （4）集団的・常習的に暴力的不法行為をした者等
> （5）暴力団員による不当な行為の防止等に関する法12条、12条の6の命令、12条の4第2項の指示を受けた者であって、当該命令または指示を受けた日から起算して3年を経過しないもの
> （6）アルコール、麻薬、大麻、あへん、覚醒剤の中毒者
> （7）心身の障害により警備業務を適正に行うことができない者

　採用にあたっては、上記法で定められている者は採用できないこととなりますが、会社全体の認識として就業規則に採用基準を規定し、警備員として採用しないことを明らかにしておいた方がよいでしょう（**規定1**）。

《規定例》　　　　　　　　　　　　　　　　　　　　　　　規定 1

第○条（採用基準）
　警備職の採用にあたっては、以下に該当する者を従業員として採用しないものとする。
① 18歳未満の者
② 成年被後見人もしくは被保佐人または破産者で復権を得ないもの
③ 禁錮以上の刑に処せられ、または警備業法の規定に違反して罰金の刑に処せられ、その執行を終わり、または執行を受けることがなくなった日から起算して5年を経過しない者
④ 最近5年間に、警備業法の規定、警備業法に基づく命令の規定もしくは処分に違反し、または警備業務に関し他の法令の規定に違反する重大な不正行為で国家公安委員会規則で定めるものをした者
⑤ 集団的に、または常習的に暴力的不法行為その他の罪に当たる違法な行為で国家公安委員会規則で定めるものを行うおそれがあると認めるに足りる相当な理由がある者
⑥ 暴力団員による不当な行為の防止等に関する法律に違反した者（同法第12条、第12条の6の規定による命令または同法第12条の4第2項の規定による指示を受けた者であって、当該命令または指示を受けた日から起算して3年を経過しないもの）
⑦ アルコール、麻薬、大麻、あへん、覚醒剤の中毒者
⑧ 心身の障害により警備業務を適正に行うことができない者として国家公安委員会規則で定めるもの

《警備員の制限の見直し》　　　　　　　　　　　コーヒーブレイク

　前述の通り、警備業法では、成年後見制度利用者の就業を認めないと規定されています。

　平成30年1月10日、勤務先の警備会社を退職せざるを得なくなった岐阜県の30代男性が、「職業選択の自由を保障した憲法に違反する」などとして、国に100万円の損害賠償、会社に社員としての地位確認を求める訴訟を、岐阜地裁に起こしました。

　報道等によると、男性は平成26年4月から警備会社で警備員として勤務していました。軽度の知的障害があったため、平成29年2月に成年後見制度を利用し、「保佐人」として自身の財産管理を任せたことで、会社から「警備業法の規定で制度の利用者は勤務を続けられない」との指摘を受け、同年3月に退職を余儀なくされました。この裁判の行方は注視していく必要がありそうです。

　成年後見制度は、認知症や知的障害などで判断能力が不十分な人を支援する制度ですが、制度を利用することで一部の仕事に就けなくなるなど権利が制限されるという問題がありました（後見制度の欠格条項）。

　これを解消するため、約180の関連法の改正案が、執筆現在、国会に提出されています。

　この中に警備業法も含まれていますので、ゆくゆくは成年後見制度利用者でも警備の仕事に就けることとなりそうです。

3. 労働契約の締結

① 労働条件通知書の絶対記載事項

採用時には、必ず労働条件通知書を従業員に交付しなければなりません。また、労働条件には「必ず明示しなければならない事項」と「定めをした場合には明示しなければならない事項」があります。

《必ず明示しなければならない事項》

> (1) 労働契約の期間
> (2) 就業の場所・従事する業務の内容
> (3) 始業・終業時刻、所定労働時間を超える労働の有無、休憩時間、休日、休暇、交替制勤務をさせる場合は就業時転換（交替期日あるいは交替順序等）に関する事項
> (4) 賃金の決定・計算・支払方法、賃金の締切り・支払時期に関する事項
> (5) 退職に関する事項（解雇の事由を含む）
> (6) 昇給に関する事項

《定めをした場合には明示しなければならない事項》

> (7) 退職手当の定めが適用される労働者の範囲、退職手当の決定、計算・支払方法、支払時期に関する事項
> (8) 臨時に支払われる賃金、賞与などに関する事項
> (9) 労働者に負担させる食費、作業用品その他に関する事項
> (10) 安全・衛生に関する事項
> (11) 職業訓練に関する事項
> (12) 災害補償、業務外の傷病扶助に関する事項
> (13) 表彰、制裁に関する事項
> (14) 休職に関する事項

② 労働条件通知書と雇用契約書

　「労働条件通知書」と「雇用契約書」、どちらも聞いたことのある言葉だと思います。労働契約の締結時にはどちらを従業員に渡せばよいのか迷う方もいるのではないでしょうか。

　労基法は労働者保護法であるため、労働契約が成立したら「労働条件通知書」を従業員に交付することを使用者に要求しています。一方、民法に定められている「雇用契約書」は、労働契約を正式に成立させるため特に交付しなければならないものではありません。しかし、一方的に使用者から従業員に交付する「労働条件通知書」とは違い、「雇用契約書」は使用者と従業員の双方が「内容に合意した」とする署名や捺印を取り交わすものであるため、労使間での雇用に関するトラブルに発展した場合、証拠となります。

　よって、トラブル防止の観点から、労働条件通知書の内容を含んだ「労働条件通知書兼雇用契約書」を2部作成し、労使双方の署名押印を行い、それぞれ1部ずつ保管するのがよいでしょう（**書式1**）。

　「労働条件通知書兼雇用契約書」の署名に関しては、トラブルに発展した際、「印鑑を勝手に会社が押した」などと反論されないためにも、従業員の住所・氏名についてはあらかじめ印字したものに押印をしてもらう形式ではなく、自署による形式のものを用意してください。

　また、警備業・ビルメンテナンス業どちらの業界も有期雇用が多い現状から、無期転換ルールに該当する従業員がいるかと思われます（詳細は④**無期転換**（57頁）をご参照ください）。

　このルールでは、通算5年超えの有期雇用の従業員が無期転換を申し込んだときは、使用者は承諾したものとみなされ、有期契約満了日の翌日から労務が提供される無期契約が成立することになります。使用者には無期転換の周知義務は課せられていませんが、トラブル防止を考えれば、対象となる方が次回更新時に対象となる旨、労働条件通知書兼雇用契約書等に記載することが望ましいと考えられます。

《労働条件通知書兼雇用契約書記入例》（主として施設警備に従事する期間雇用） 書式1

労働条件通知書兼雇用契約書　　　年　月　日

（乙）〇川　△雄　殿　　　　（甲）事業場名称　株式会社　×××
　　　　　　　　　　　　　　　　　所在地　　東京都新宿区
　　　　　　　　　　　　　　　　　使用者職氏名　代表取締役　〇山　×哉　㊞

有期雇用は明確な記載を
無期雇用転換対象者には案内記載を

契約期間	☑期間の定めあり（平成〇〇年〇月　1 日　から　〇△年　△月　31 日）　□期間の定めなし
就業の場所	（例）上記事業場に所属し、都内各現場にて就業
従事すべき業務内容	（例）主として施設警備業　及び　これに付随する業務
始業、終業の時刻、休憩時間、所定時間外労働の有無	1　始業・終業の時刻等 　　下記労働時間は基本であり、勤務態様、業務契約内容により変更する場合がある 　日勤　始業：（ 9 時 00 分）　終業：（18 時 00 分）　休憩時間：（60 分） 　夜勤　始業：（20 時 30 分）　終業：（翌 5 時 30 分）　休憩時間：（60 分） 　当務　始業：（ 9 時 00 分）　終業：（翌 9 時 00 分）　休憩時間：（8 時間） 　　　　　　　　　　　　　　　　　　　　　　　　　　※仮眠時間含む 2　1 か月単位の変形労働時間制採用の場合、事前のシフト確定により所定労働時間特定する 3　所定時間外労働の有無　（有）、無）　所定休日労働の有無　（有）、無）
休　日	1　毎週〇曜日・〇曜日・祝祭日、その他会社が定める日 2　シフト表にて労働日を確定、残りを休日とする 3　1 か月単位の変形労働時間制採用の場合、事前のシフト確定により休日を確定する
休　暇	1　年次有給休暇　6 か月継続勤務し出勤率が 8 割以上の場合、法定どおり付与する。 2　その他　育児休業・介護休業は法令に基づき付与する
賃　金	1　給与 　| 時間給 | 〇〇 円 | 通勤手当（日単位） | 〇〇 円 | 　| 夜勤※ | 〇〇 円 | 当直※ | 〇〇 円 | 　※夜勤、当直ともに、深夜割増賃金××時間含む 2　所定時間外、休日または深夜労働に対して支払われる割増賃金率 　イ．所定時間外：所定超（25）％、法定超月 45 時間迄（〇）％、45 時間超（〇）％、60 時間超（〇）％ 　ロ．休日　法定休日（35）％、週 40 時間を超え法定休外日に勤務する場合（〇）％、ハ．深夜（25）％ 3　賃金締切日－毎月××日　賃金支払日－当月・翌月〇〇日（乙の指定銀行口座に振り込む） 4　労使協定に基づく賃金支払時の控除（有・無）　5　昇降給（有・無）　時期等：　　月） 6　賞与（有・無）但し、会社業績及び本人の貢献度によっては一時金を支給することあり 7　退職金（有・無）
退職に関する事項	1　契約期間終了時に退職とする。ただし、契約の受注状況、甲乙の合意の基づき雇用契約を更新する場合がある 　　雇用契約更新判断：雇用契約終了時の業務量、労働者の勤務態度・職務遂行能力、経営状況、客観的な判断に基づく事由による 2　自己都合退職の手続き（退職する〇か月以前までに文書により届け出ること） 3　解雇の事由が存在するとき、30 日以上前に予告するか、日数分の予告手当を支払うことで解雇することが出来る 　　解雇事由：(1) 出勤状況が悪く勤務態度不良で、数回にわたって注意を受けても改めないとき 　　　　　　　(2) 業務上の命令や指示に従わず業務に支障を来したとき 　　　　　　　(3) 他の社員との協調性に欠き業務に支障を来したとき 　　　　　　　(4) 過失等により業務に支障を来したとき 　　　　　　　(5) 不正・不信の行為をして、社員としての体面を汚したとき 　　　　　　　(6) 会社の秩序を乱すような噂や流言飛語を行ったとき 　　　　　　　(7) 本人の不注意または監督不行届のため災害または事故を発生させたとき 　　　　　　　(8) 会社、就業先の資材・金品・帳簿および重要書類を破損または紛失したとき 　　　　　　　(9) 氏名または重要なる機密を社外に漏らしたとき、または漏らそうとしたとき 　　　　　　　(10) 業務上の重大なる機密を社外に漏らしたとき、または漏らそうとしたとき 　　　　　　　(11) 数回懲戒・調戒を受けたにもかかわらず改悛が見込めないとき 　　　　　　　(12) 刑事事件に関係して有罪の判決を受け、就業に不適当なとき 　　　　　　　(13) 会社外の非違行為により、会社の名誉や信用を傷つけ、または重大な損害を与えたとき 　　　　　　　(14) 正当な理由がなく、会社の命令を拒んだとき 　　　　　　　(15) その他前各号に準ずる行為のあったとき 　　※　詳細に関しては〇〇就業規則に基づくものとする
その他	・社会保険の適用（有・無）・雇用保険の適用（有・無） ・試用期間は、入社日から〇か月とする ・その他上記に定めのない事項は、労働基準法その他関係諸法令による。

労働時間はトラブルになりやすいので、特に注意が必要

トラブル発生時、押印だけの契約書は問題になりやすいため、自筆で署名、押印を

この契約の成立を証するため、本契約書を 2 通作成し、甲乙各 1 通を保有する。
　平成　年　月　日　　上記、確認いたしました。　　　　　　乙（住所）
　　　　　　　　　　　　　　　　　　　　　　　　　　　　　　（氏名）　　　　　　　　　㊞

第 1 節　採用・労働契約

③ 採用時の提出書類

警備員として制限のある者でないかを確認する必要があるため、採用時には確認できる書類の提出を求めることとなります。

就業規則における「絶対記載事項」ではありませんが、一般的にどの業界においても「採用時の提出書類」に関しては規定されていることが多く、提出の根拠としても就業規則に規定しておいた方がよいでしょう（規定2）。

《規定例》　　　　　　　　　　　　　　　　　　　　　　　　　　規定2

> 第○条（採用時の提出書類）
> 1　採用通知を受けた者については、会社の指定した日までに次の書類を提出しなければならない。ただし、会社が認めた場合は、提出期限を延長し、または提出書類の一部を省略することができる。
> (1)　マイナンバーの取扱いに関する同意書
> (2)　身元保証書
> (3)　健康診断書（3か月以内の発行のもの）
> (4)　源泉徴収票（入社の年に給与所得のあった者）
> (5)　年金手帳または基礎年金番号通知書
> (6)　雇用保険被保険者証（既に交付を受けている者に限る）
> (7)　給与所得の扶養控除等（異動）申告書
> (8)　健康保険被扶養者届（被扶養者がいる者に限る）
> (9)　身分証明書（本籍地の市区町村役所にて発行のもの）
> (10)　誓約書（警備業法第14条における警備員制限に該当しないことの誓約書）
> (11)　診断書（アルコール、麻薬、大麻、あへんまたは覚せい剤の中毒者、心身の障害により警備業務を適正に行うことができない者として国家公安委員会規則で定めるものでないことの診断書）

（12）　住民票記載事項の証明書（3か月以内の発行のもの）
　　　（13）　守秘義務誓約書
　　　（14）　その他会社が必要とする書類（賃金振込同意書など）
　2　前項各号に掲げるいずれかの書類の提出を拒んだ者は、採用を取り消す。
　3　第1項各号の提出書類の記載事項に変更が生じたときは、速やかに書面で会社にこれを届け出なければならない。

　規定例（**規定2**）において、第1項9号〜12号が、警備員として制限のある者でないか確認するための書類となります。

　10号の誓約書（**書式2**）については、警備業法により営業所単位で備えつけなければならない書類です。不備の場合、罰則が適用されますので、必ず備え付けます。

　また、13号に規定する守秘義務誓約書については、警備業・ビルメンテナンス業はともに個人情報データベース等を事業の用に供している者として「個人情報取扱事業者」に該当すると考えられますので、情報漏洩の対策から、採用することとなった者から「守秘義務誓約書」（**書式3**）を必ずとっておきましょう。

《警備業法14条に該当しないことの誓約書例》　　　　　　　　　　　書式2

誓　約　書

私は、警備業法第14条第1項に掲げる

1　18歳未満の者

2　成年被後見人若しくは被保佐人又は破産者で復権を得ないもの

3　禁錮以上の刑に処せられ、又は警備業法の規定に違反して罰金の刑に処せられ、その執行を終わり、又は執行を受けることがなくなった日から起算して5年を経過しない者

4　最近5年間に、警備業法の規定、同法に基づく命令の規定若しくは処分に違反し、又は警備業務に関し警備業の要件に関する規則第1条各号に掲げる行為をした者

5　集団的に、又は常習的に警備業の要件に関する規則第2条各号に掲げる罪のいずれかに当たる行為を行うおそれがあると認めるに足りる相当な理由がある者

6　暴力団員による不当な行為の防止等に関する法律第12条若しくは第12条の6の規定による命令又は同法第12条の4第2項の規定による指示を受けた者であって、当該命令又は指示を受けた日から起算して3年を経過しないもの

7　アルコール、麻薬、大麻、あへん又は覚醒剤の中毒者

8　精神機能の障害により警備業務を適正に行うに当たって必要な認知、判断及び意思疎通を適切に行うことができない者

のいずれにも該当しないことを誓約します。

　　　　　　　　　　　　　　殿

　　　　平成　　年　　月　　日

　　　　　　住　　所

　　　　　　氏　　名　　　　　　　　　　　㊞

《守秘義務誓約書例》

守秘義務誓約書

　私は、貴社において業務に従事するにあたり、以下の事項を遵守することを誓約いたします。

第1条（社内規程の遵守）
　① 貴社の個人情報管理規程および営業秘密管理規程等の社内規程を遵守いたします。
　② 個人情報に関する法令等に関連して、今後の改正や就業規則変更があった場合は、これに応じます。

第2条（秘密保持）
　貴社の企業秘密（業務上の秘密その他個人情報管理規程等で定めるすべての秘密）について、貴社の事前の承諾がない限り第三者への開示、漏洩はいたしません。

第3条（個人情報の利用および報告）
　① 貴社の保有する個人情報および企業秘密を、貴社の業務上の必要性または貴社の指示がある場合を除き、利用いたしません。
　② 貴社の保有する個人情報および企業秘密を、個人情報保護法、貴社の社内規程および貴社の指示に従って適切に利用し、管理いたします。
　③ 貴社の企業秘密の創出、個人情報の取得等に関与した場合は、直ちに貴社に報告いたします。

第4条（複製・複写の禁止）
　貴社の業務に従事する間に取り扱った企業秘密および個人情報を、貴社の承諾がない限り複製または複写いたしません。また、貴社の指示に従い複製または複写した場合は、返還または消去いたします。

第5条（退職時および退職後の義務）
　貴社を退職する場合は、その時点で私が管理または保有している貴社の個人情報、企業秘密等に関する一切を、貴社の指示に従い、返還または消去いたします。なお、退職後も貴社の個人情報、および企業秘密を第三者に開示、漏洩または利用いたしません。

第6条（損害賠償等）
　前条項に違反して、会社の個人情報および特定個人情報を開示、漏洩もしくは使用した場合、法的な責任を負担するものであることを確認し、これにより貴社が被った一切の損害を賠償すること約束いたします。

平成　　年　　月　　日

〇〇株式会社
代表取締役　〇〇　〇〇　殿

　　　　　　　　　　　　　　　住所
　　　　　　　　　　　　　　　氏名　　　　　　　　　㊞

《守秘義務誓約書はいつとる？》　　　　　　　　　コーヒーブレイク

　守秘義務誓約書をとるタイミングは、採用時と退職時のどちらがよいかといえば、筆者の経験上「断然、採用時にとるべきである」といえます。なぜなら、退職時だと何らかの労働トラブルによって退職する社員に対し、守秘義務誓約書をとるのは不可能となる可能性が高いからです。

　また、採用時に守秘義務誓約書に署名押印することで情報漏洩防止の意識が高まり、この会社ではいい加減なことはできないという気持ちを社員に芽生えさせることができることから、トラブルを防止する策ともなります。

　なお、誓約書の法的効力は、絶対的なものではありません。ただし、労働契約上、秘密保持義務を社員は当然に負い、情報を漏洩についても、民法415条（債務不履行による損害賠償）や709条（不法行為による損害賠償）によって損害賠償義務を負うこととなります。よって、わざわざ誓約書をとる必要はないかもしれませんが、トラブル防止策としての意味合いで、誓約書をとった方がよいと考えられます。

　本来、誓約書に提出義務はありません。しかし、誓約書に書かれている内容が合法でかつ、誓約書の提出の必要性が就業規則に明記されていれば、提出の義務が発生します。よって、就業規則には必ず、採用時の提出書類として記載しましょう。

④ 無期転換

　警備業界・ビルメンテナンス業界は、受注内容により有期で雇用されることが多い業界です。労働契約法の改正により有期労働契約が反復更新されて通算5年を超えたときに、従業員の申込みによって使用者が無期労働契約に転換しなければならない「無期転換ルール」の導入は、影響の大きいものとなりました。

　無期転換ルールを定めた改正労働契約法は、平成25年4月1日に施行されたため、通算5年目を迎えた平成30年4月以降、無期転換雇用の対象者が多く出ています。

1）無期転換ルールとは

　　労働契約法18条に定められた、有期労働契約が反復更新されて通算5年を超えたとき、従業員の申込みにより、期間の定めのない労働契約（無期労働契約）に転換できるルールのことです（図5）。

《無期労働契約転換の考え方》　　　　　　　　　　　　　　　　　　図5

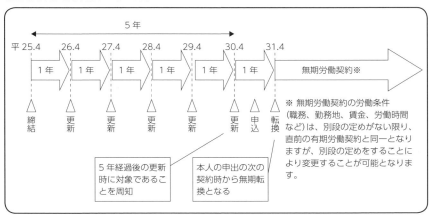

2）通算の考え方

ⓐ カウント対象となる契約期間が1年以上の場合

　　無契約期間が6か月以上あるときは、その期間より前の有期労働契約は通算契約期間に含みません。無契約期間が6か月未満のとき

は、その期間より前の有期労働契約も通算契約期間に含みます。
ⓑ **カウント対象となる契約期間が1年未満の場合**
　カウント対象となる有期労働契約の通算契約期間に応じて、無契約期間がそれぞれ**表10**の右欄に掲げる期間に該当するときは、無契約期間より前の有期労働契約は通算契約期間に含まれません（クーリングされます）。その場合、無契約期間の次の有期労働契約から、通算契約期間のカウントが再度スタートします。

《通算契約期間と無契約期間》　　　　　　　　　　　　　　　　　　表10

カウントの対象となる有期労働契約の通算契約期間	無契約期間
2か月以下	1か月以上
2か月超～4か月以下	2か月以上
4か月超～6か月以下	3か月以上
6か月超～8か月以下	4か月以上
8か月超～10か月以下	5か月以上
10か月超～	6か月以上

3）特例措置
　ただし無期転換には特例措置があり、専門的知識等をもつ有期の従業員や、定年後引き続いて雇用される有期の従業員については、「専門的知識等を有する有期雇用労働者等に関する特別措置法」（有期雇用特別措置法）の施行（平成27年4月1日）により、都道府県労働局長の認定を受けることで、無期転換申込権が発生しない特例が認められます。

4）無期への転換方法、主な3タイプ
　ⓐ **契約期間の変更**
　無期転換の申込みがなされた場合、労働契約を「期間の定めのあるもの」から「期間の定めのないもの」に、契約期間のみを変更する転換方法です。なお、定年制を定めることは認められています。

ⓑ 多様な正社員への転換

制約のない一般的にいわれる「正社員」ではなく、勤務地や労働時間、職務などの労働条件に制約を設けた「多様な正社員」へ変更する方法です。転勤がない、残業時間に制限を設けるなど、介護・子育て等により働き方に制約がある正社員が働き続けやすい制度とされています。

ⓒ 制約のない正社員への転換

働き方に制約がないため転勤等もありますが、定年に達するまで勤務することを想定した、「正社員」へ転換する方法です。

5) 無期転換時に適用される就業規則等を整備

今後、無期労働契約に転換する従業員が出る可能性がある場合、事前に対象となる従業員の労働条件を「同一のまま無期転換するのか」など雇用形態・労働条件を長期的視野で検討し、就業規則等を整備する必要があります。

規定3は、有期から無期へ労働契約を転換する場合の就業規則規定例です。

《規定例》 規定3

第○条（有期から無期への労働契約転換）

1　複数回の労働契約により、期間の定めのある契約（平成25年4月1日以降の有期労働契約に限る）が継続5年を超える従業員のうち期間の定めのない契約へ転換を希望する従業員は、会社に転換を申し込むことにより、次回更新時の労働契約より期間の定めのない従業員として継続雇用する。

2　1項における通算契約期間については、平成25年4月1日以降開始された有期労働契約の期間を通算するが、労働契約の締結がない期間が連続6か月以上ある従業員については、それ以前の契約期間は通算できないものとする。

> 3　満60歳以上の従業員が、1項の適用により、会社と期間の定めのない労働契約を締結したときは、当該従業員の定年は満65歳に達する月の末日とする。

なお、無期転換者用の就業規則を作成する場合には、無期転換者と正社員の仕事内容や労働条件など違いがないにもかかわらず、処遇等に差異をつけたままでないか注意が必要です。

4. 試用期間の考え方

　試用期間を設ける会社は少なくありません。一定期間、従業員の適性を見極めるため設けますが、本採用の拒否、試用期間の長さ、試用期間の延長については、問題となることが多々あります。

　試用期間を設けるには、試用期間は労働契約の一つと考えられることから、就業規則、労働契約等に定められている必要があります。例えば**規定4**のような就業規則に試用期間の長さ等を具体的に定めていない場合、労働条件通知書兼雇用契約書（**書式1**）において、試用期間の長さを明確にしておかなければなりません。

《規定例》　　　　　　　　　　　　　　　　　　　　　　　　　　　　規定4

> 第〇条（試用期間）
> 1　新たに採用した者については、原則、試用期間を設けるものとする。
> 2　会社が認める特殊な技能、経験を有する者には試用期間を短縮する、または設けないことがある。また、試用期間中に本採用とすることの判断ができないときは、前項の期間を延長することがあり、その者には書面にて延長する旨通知する。
> 3　本採用の可否については、試用期間中の勤務態度、健康状態、能力等を総合的に勘案したうえで、試用期間の満了日までに通知

> する。
> 4　試用期間中の者が、第△条に定める解雇事由、または懲戒解雇事由に該当する場合、試用期間中もしくは試用期間満了時に本採用せずに解雇する。ただし、採用後暦日14日を経過していない場合は、解雇予告手当を支払わず解雇する。

① 試用期間の長さ

　試用期間の長さについては、明確な規定はありません。ただし、不必要に長く設定した場合、公序良俗に反し無効となる場合もあるため、合理的な長さを設定しましょう。また、一律的に企業全体で同じ長さの試用期間を設定する必要はなく、職種等に応じて試用期間の長さを変えることも可能です。

《試用期間の法的性質》

> 　企業者が、大学卒業者を管理職要員として新規採用するにあたり、採否決定の当初においてはその者の管理職要員としての適格性の判定資料を十分に収集することができないところから、後日における調査や観察に基づく最終的決定を留保する趣旨で試用期間を設け、企業者において試用期間中に当該労働者が管理職要員として不適格であると認めたときは解約できる旨の特約上の解約権を留保したときは、その行使は、解約権留保の趣旨、目的に照らして、客観的に合理的な理由が存し社会通念上相当として是認され得る場合にのみ許されるものと解すべきである（三菱樹脂事件、最大判昭48・12・12）とされていることから、試用期間は、解約権付労働契約の成立と考えられます。

② 試用期間の延長

　試用期間は、就業規則でその延長について規定されていなければ、一

方的に延長することは認められません。また、前述の就業規則（**規定4**）のように、就業規則で延長できる旨定めたとしても、基本的には、試用期間中において適格性の判断ができなかったような特別な事情がない限り、延長は難しいです。

　それでも試用期間延長が必要と考える場合は、必ず期間を区切ったうえで、下記の点を確認し、書面にて通知してから延長するようにしましょう。

《試用期間延長確認ポイント》

> ○ 試用期間延長に関する明文規定のある就業規則がある
> ○ 長年、会社の慣行として延長制度がある
> ○ 本人の許諾がある
> ○ 不適格と認められるが本人の今後の態度により登用できる場合、もしくは即時不適格とは判断できず、本採用がためらわれるような相当な事由が認められる

③ 本採用拒否

　試用期間付きで採用した従業員は、解約権留保の趣旨、目的に照らして、客観的に合理的な理由が存し社会通念上相当として是認されうる場合にのみ本採用を拒否することができます。

　本採用拒否のための条件としては、下記の項目が挙げられます。

《本採用拒否のための条件》

> （1）採用時分からなかった従業員に関する事実が会社の調査、試用期間中の勤務状態等により判明した
> （2）上記の事実により、本採用を拒否するとの判断が相当である

　なお、試用期間中の本採用拒否についても、労基法21条により解雇予告が必要になる場合があります。試用期間が14日を超えて引き続き使用されるに至った従業員の本採用拒否には、必ず解雇予告をしてください。

《労基法 21 条》

> 前条(解雇の予告・筆者注)の規定は、左の各号の一に該当する労働者については適用しない。但し、第一号に該当する者が1箇月を超えて引き続き使用されるに至った場合、第二号若しくは第三号に該当する者が所定の期間を超えて引き続き使用されるに至った場合又は第四号に該当する者が14日を超えて引き続き使用されるに至った場合においては、この限りでない。
> 一　日日雇い入れられる者
> 二　2箇月以内の期間を定めて使用される者
> 三　季節的業務に4箇月以内の期間を定めて使用される者
> 四　試の使用期間中の者

第2節 就業規則等

1. 就業規則作成上の注意

　就業規則は、労基法89条において「常時10人以上の労働者を使用する使用者は、次に掲げる事項について就業規則を作成し、行政官庁に届け出なければならない。次に掲げる事項を変更した場合においても、同様とする」と、その作成および届出の義務が定められています。

　この第2節では、職場のルールブックでもある就業規則等を、両業界が注意しなければならない点なども含めみていきましょう。

① 定めなければならない事項

　就業規則では、労働条件に関わる必ず記載しなければならない「絶対的必要記載事項」と、退職金など支給の定めをした場合に記載しなければならない「相対的必要記載事項」、そして昨今よくみられる経営理念など、法律上定めはないものの使用者が任意に記載する「任意記載事項」があります（**表11**）。

《就業規則の記載事項》　　　　　　　　　　　　　　　　　　　表11

絶対的必要記載事項	相対的必要記載事項	任意記載事項
Ⓐ 始業終業時刻、休憩時間、休日、休暇、交替制で就業させる場合には就業時転換に関する事項 Ⓑ 賃金の決定、賃金の計算方法および支払方法、賃金の締切および支払時期、昇給に関する事項 Ⓒ 退職の事由およびその手続き、解雇の事由等	Ⓐ 退職手当に関する事項（適用される労働者の範囲、退職手当の決定・計算・支払方法、支払時期） Ⓑ 臨時の賃金等（退職手当除く）、最低賃金額 Ⓒ 食費、作業用品、その他 Ⓓ 安全・衛生に関する事項 Ⓔ 職業訓練に関する事項 Ⓕ 災害補償・業務外傷病扶助 Ⓖ 表彰・制裁の種類、程度 Ⓗ その他全労働者に適用されるもの	○ 左記以外の使用者が任意に定めたもの ・経営理念

② 就業規則作成と届出

1）就業規則の作成

　就業規則は、常時10人以上（非正規従業員を含む）の労働者を使用する使用者であれば、作成義務がありますが、9人以下でもトラブル防止を考える場合は就業規則を作った方がよいでしょう。また、警備業・ビルメンテナンス業では非正規従業員が多いことから、非正規従業員用の就業規則を別に定めておくことをお勧めします。

　10人以上の労働者が常時いるかどうかは、労基法が事業に使用される労働者に適用されること（労基法9条）、そして、就業規則が事業場単位で意見の聴取を行う必要があることから（労基法90条1項）、事業場において常時10人以上の労働者がいるかで判断します。この中には非正規従業員も含みますが、イベントの雑踏警備などで募集した臨時に使用する従業員は常時使用する従業員とはみなされません。

　事業場とは、通達によれば、それぞれの所在地内で一つの事業として成り立っているものをいいます。ただし、警備業・ビルメンテナンス業の場合、請負現場では一つの事業場として扱われないこともあ

り、事業場はどこに所属することになるのか従業員に所属事業場を明確にしておく必要があるでしょう。

《事業場の範囲》

> 個々の事業に対して労基法を適用するに際しては、当該事業の名称または経営主体等にかかわることなく、相関連して一体をなす労働の態様によって事業としての適用を定める。
>
> 事　業　場　：工場、鉱山、事務所、店舗等のごとく一定の場所において相関連する組織のもとに継続的に行われる作業の一体をいい、経営上一体をなす支店、工場等を総合した全事業を指称するものではない。
>
> 事業場の判断：一の事業場であるか否かは主として場所的観念によって決定する。同一の場所にあるものは原則一個の事業とし、場所的に分散しているものは原則として別個の事業場とする。
>
> 　　　　　　　ただし、同一場所にあっても、著しく労働の態様を異にする部門は、その部門を一の独立の事業とする。また、場所的に分散しているものであっても規模が著しく小さく、組織的な関連や事務能力等から一つの事業場として独立性がないものは、直近上位の機構と一括して一つの事業場として取り扱う。

（通達：昭22.9.13発基17号、昭23.3.31基発511号、昭33.2.13基発90号、昭63.3.14基発150号、平11.3.31基発168号を基に作成）

2）意見書

就業規則は、使用者が一方的に作成（または変更）できることから、必ず従業員の過半数で組織される労働組合、または過半数従業員を代表する者に意見を聴き、従業員に関与の機会を与えなければなりません。

絶対的必要記載事項等を記載した就業規則を作成（または変更）した場合、従業員の代表に意見を聴き、意見書（**書式4**）を添付して就業規則を所轄の労働基準監督署へ届け出ます（労基法90条）。

《労基法 90 条》（作成の手順）

> 1　使用者は、就業規則の作成又は変更について、当該事業場に、労働者の過半数で組織する労働組合がある場合においてはその労働組合、労働者の過半数で組織する労働組合がない場合においては労働者の過半数を代表する者の意見を聴かなければならない。
> 2　使用者は、前条の規定により届出をなすについて、前項の意見を記した書面を添付しなければならない。

　この際、意見書に賛同が得られないこともありますが、意見を聴いたかどうかが大切であるため、賛同が得られない場合でもその旨が記された意見書を添付してください。また、意見を従業員に求めたにもかかわらず、意見書を提出してくれない場合は、会社側が従業員に意見を求めた努力が分かるようであれば、意見書にその旨を記載することで受理されることもあります。

　意見書が必要となるのは「事業所（事業場）」単位となります。非正規従業員用の就業規則作成においても、事業場の従業員の過半数（非正規従業員を含む）で組織する労働組合または従業員の過半数を代表する者の意見を聴くことになります。

3）届出・周知

　作成（変更）した就業規則は、「意見書」（**書式 4**）、「就業規則（変更）届」（**書式 5**）とともに所轄の労働基準監督署に届け出ます。

　届出された就業規則は、労基法 106 条 1 項にて「使用者は、（中略）常時各作業場の見やすい場所へ掲示し、又は備え付けること、書面を交付することその他の厚生労働省令で定める方法によって、労働者に周知させなければならない」とされ、その周知方法は労基則 52 条の 2 において次のように定められています。

《意見書記入例》　　　　　　　　　　　　　　　　　　書式4

意　見　書

平成〇年〇月×日

〇〇株式会社
<u>代表取締役　〇〇　〇〇</u>　殿

平成　〇　年　〇　月　△　日付をもって意見を求められた就業規則案について、下記のとおり意見を提出します。

記

特に意義はありません。

ただし、下記の事項については、今後検討願います。

(1) 第〇条の勤務時間については、・・・・・・・・・・・・・。

以上

労働組合の名称又は労働者の過半数を代表する者の　職名　清掃管理業務リーダー　㊞

氏名　〇川　〇雄

労働者の過半数を代表する者の選出方法（　　投票による選挙　　）

《就業規則（変更）届記入例》 書式5

就業規則 ~~（変更）~~ 届

平成〇年〇月△日

___新　　宿___ 労働基準監督署長　殿

今回、別添のとおり当社の就業規則を㊁制定㊂ 変更いたしましたので、意見書を添えて提出します。

主な変更事項

条文	改　正　前	改　正　後

労働保険番号	都道府県	所轄	管轄	基幹番号	枝番号	被一括事業番号
	1 3	0 0	0 0	0 0 0 0 0 0	0 0 0	0 0 0 0 2

ふりがな 事業所名	まるまるかぶしきかいしゃ　しんじゅくえいぎょうしょ 〇〇株式会社　新宿営業所
所　在　地	新宿区〇〇町　〇-〇-〇　　　　　TEL 03-0000-0000
使用者職氏名	代表取締役　〇〇　〇〇　　　　　　　　　　　㊞
業　種	ビル管理業　　　企業全体　　500人／事業場のみ　15人

第2節　就業規則等　69

《周知方法》（労基則52条の2）

> 法第106条（法令等の周知義務・筆者注）第1項の厚生労働省令で定める方法は、次に掲げる方法とする。
> 一　常時各作業場の見やすい場所へ掲示し、又は備え付けること。
> 二　書面を労働者に交付すること。
> 三　磁気テープ、磁気ディスクその他これらに準ずる物に記録し、かつ、各作業場に労働者が当該記録の内容を常時確認できる機器を設置すること。

　就業規則の発効については、最高裁判決「フジ興産事件」により、就業規則の適用を受ける従業員に周知されていない就業規則は効力を発しないとされたことから、労基則52条の2に則した方法で必ず周知してください。

《フジ興産事件》（最二小判平15・10・10）　　　　　　　　　　　　裁判例

> 使用者が労働者を懲戒するには、あらかじめ就業規則において懲戒の種別および事由を定めておく必要があり、また、就業規則が法的規範としての性質を有するものとして拘束力を生じるためには、その内容の適用を受ける事業場の労働者に周知させる手続きがとられていることを要する。
> 本件は、その内容を労働者に周知させる手続きがとられていることを認定しないまま、就業規則に法的規範としての効力を肯定し、懲戒解雇が有効と判断したことは、法令の適用を誤った違法があるとした。

　ちなみに、届出された就業規則は一定の期間、所轄の労働基準監督署で保管されています。就業規則が従業員に周知されていない状態で、何かしら労働トラブルがあった場合、従業員が労働基準監督署へ就業規則の開示請求し、保存期間内であれば内容を確認することが可能です。

2. 別規程化の必要性

　平成11年までは、就業規則とは別に規程を設けることは、労基法上「賃金」「退職手当」「安全及び衛生」「災害補償及び業務外の傷病扶助」に関する事項のみしか許されていませんでした。しかし現在では、規定内容が複雑化してきたため、職種ごと、雇用形態ごと、就業規則記載事項を抜きだして別規程を作ることが可能となっています。

　別規程が、就業規則における絶対的必要記載事項や相対的必要記載事項に該当する別規程であれば、就業規則の一部として取り扱うこととなります。よって、周知・届出も就業規則の一部として取り扱う別規程として、就業規則と同じように周知・届出をしなければなりません。

　別規程にする意義は、トラブル防止のため細かなルール作りができることにあります。

① 非正規従業員の規程

　警備業界・ビルメンテナンス業界では、業務を請け負う期間の決まっている契約も多くあるため、期間を定めて非正規従業員を雇用することが多々あります。

　就業規則において、これらの者を含めて労働条件を規定することは可能ですが、その場合、期間の定めのない従業員とは別の取扱いとなるたび、その旨の記載が必要となります。また、いくら周知されている状態が確かであれば個々の従業員が正しく認識できているかは問題ではないとされているとはいえ、誤った解釈によって発生する無用なトラブルを避けるためにも、非正規従業員における別規程により労働条件等を定めておいた方がよいと思われます。

　ただし、通達では、一部労働者について別規程を設ける場合、本則において適用除外規定を設けることが望ましいとされています。

《一部労働者に適用される別個の就業規則》　　　　　　　　　　　通達

　同一事業場において、法第3条に反しない限りにおいて、一部の労働者についてのみ適用される別個の就業規則を作成することは差し支えないが、この場合は、就業規則の本則において当該別個の就業規則の適用の対象となる労働者に係る適用除外又は委任規定を設けることが望ましい。

　なお、別個の就業規則を定めた場合には、当該2以上の就業規則を合したものが法第89条の就業規則となるのであって、それぞれ単独に同条に規定する就業規則となるものではない。

(昭63.3.14 基発150号、平11.3.31 基発168号)

《規定例》　　　　　　　　　　　　　　　　　　　　　　　　　　　規定5

第○条（従業員の定義）
1　この規則で従業員とは、第△条（採用）および第×条（採用選考）の規定により採用され、会社の従業員としての身分を有する者をいう。
2　従業員は、正社員、契約社員、およびパートアルバイトに区分する。
3　正社員とは、所定労働時間就労する者で、期間を定めず常勤として雇用する者をいう。
4　契約社員とは、技能等による特定業務に従事し、1年以内の期間を定めて雇用される者をいう。
5　パートアルバイトとは、業務繁忙に応じ正社員の補完的業務に従事し、1年以内の期間を定めて雇用される者をいう。

第◎条（適用範囲）
　この規則は前条における正社員に適用するものとし、契約社員、パート、アルバイトについては別途定める「非正規従業員規則」によるものとする。

② 懲戒規定

　警備業・ビルメンテナンス業では、請け負った現場での作業であったり、危険と隣り合わせの業務もあることから、規律違反に対する厳格な対応が必要となります。しかし、就業規則に懲戒処分についての規定がなければ、懲戒処分を行うことはできません。よって、懲戒に関する規定を設ける必要があります。

　規定は、本則で設けることもできますし、別規程で定めることも可能ですが、「表彰懲戒規程」として別規程とした方が、ルールとして従業員に周知しやすいと思われます。

　懲戒処分に関しての詳細は**第2章・第5節**「退職・解雇」（168頁）をご参照ください。

1）懲罰委員会

　　就業規則において「懲罰委員会を設ける」と定めなければならない、という義務はありません。しかし、懲戒処分の手続きの規定の中で、懲戒処分の公正な取扱いを確保するため、懲戒解雇や諭旨退職など、従業員に不利益が生じる懲戒処分を下すとき、本人に弁明の機会などを与えるため、懲罰委員会を定めることは可能です。

　　ただし、「懲罰委員会」を開催しなかったことで解雇が無効となる場合と、開催しなくとも解雇有効の取扱いとなる場合があるため、その定め方や運用に注意が必要となります。

2）減給の制裁

　懲戒処分の一つに「減給」の定めをすることは多くあります。定めること自体が問題とはなりませんが、減給に制限がない場合、従業員の生活が成り立たなくなるおそれもあるため、労基法91条で「就業規則で、労働者に対して減給の制裁を定める場合においては、その減給は、1回の額が平均賃金の1日分の半額を超え、総額が一賃金支払期における賃金の総額の10分の1を超えてはならない」と制限されています。

よく相談されるのが、出勤停止とした場合、その間の賃金を支払わないことは、この減給の制限を定める91条違反となるかどうかです。あくまでも出勤しないノーワーク・ノーペイの原則に従っているだけですので、違反とはなりません。

3. 服務規律の必要性

服務規律とは、会社における従業員が守るべき行為規範として、具体的に就業規則等に定めている規定です。就業規則における懲戒規定によって、服務規律違反を企業秩序違反として懲戒対象としているのが一般的です。

① 業界における服務規律の必要性

警備業・ビルメンテナンス業においては、業務にあたるのが請負先の現場であることが多いため、乱れた服装等による業務であれば、請負契約の解除になりかねません。特に警備業においては、法律上、制服や護身用具は公安委員会への届出が義務付けられることからも、身なりを厳しく規定し、違反があった際は懲戒処分もある旨、就業規則に記載しておく必要があります。

また、両業界とも範囲の限られた時間で業務を遂行しなければならない場合があり、遅刻・欠勤などに関することは内容として盛り込んでおくべきです。

服務規律は、使用者が従業員に守ってほしい事項を定めるものです。守るべき重点も会社ごとに変わってきますが、例えば、次のような規定を盛り込むことがこの業界では多いのではないでしょうか。

《服務規程で定める具体的内容例》

> 出退勤（入退場）、遅刻・早退・欠勤・休暇等の手続き、離席・外出・面会の規制、服装、職務専念義務、上司の指示や命令への服従義務、職場の秩序の保持、安全・衛生の維持、風紀の維持、施設や物品の利用制限、信用の保持、兼職や兼業の許可制、秘密の保持等

② 服務規律違反と懲戒処分

就業規則に記載のある服務規律に違反した場合、懲戒処分の対象となる可能性はありますが、処分が有効となるかは客観的に合理的な理由があり、社会通念上相当であると認められるかどうかをポイントとして、ケースバイケースで判断されます。

以下は、服務規律違反に対して戒告処分を有効とした裁判例です。

《目黒電報電話局事件》（最三小判昭52・12・13） 　　　　　　　裁判例

> 休憩時間中であっても、局所内にビラ配布等を行うことは、局所内の施設の管理を妨げるおそれがあり、他の職員の休憩時間の自由利用を妨げひいてはその後の作業能率を低下させるおそれがある。また、その内容いかんによっては企業の運営に支障をきたし企業秩序を乱すおそれがあるから、休憩時間中にこれを行うについても局所の管理責任者の事前の許可を受けなければならない旨を定める就業規則の規定は、休憩時間の自由利用に対する合理的な制約というべきである。
>
> 本件処分が懲戒処分としては最も軽い戒告処分であることを考慮すると、それが社会観念上著しく妥当を欠くものとするに足る特段の事情も認められないとし、処分は適法とされた。

4. 異動配置転換規定の必要性

「請け負った契約が期間途中で終了となった」「現場での態度が悪く委託先から担当者を替えるよう要請があった」等、警備業・ビルメンテナンス業では配置転換を命じざるを得ないケースがあります。

その際、従業員の個別的同意なしに配転を命じるには、次の条件が満たされなければなりません。

《配転を命じる条件》

> (1) 労働協約および就業規則に、会社は業務の都合上、配転を命じる旨の定めがある
> (2) 上記規定に基づき頻繁に配転が行われた
> (3) 採用時に勤務場所等の限定合意がなかった

なお、配置転換命令が無効となるかの判断基準として、転勤命令が権利の濫用に当たらないとされた裁判例(東亜ペイント事件、最二小判昭61・7・14)により、以下のような判断基準が挙げられています。

《配転命令が無効とされる判断基準》

> Ⓐ 職種や勤務地が限定されている
> Ⓑ 業務上必要性のない配転である
> Ⓒ 業務上必要性のある配転であっても下記の場合は無効となる
> ・配転命令が他の不当な動機・目的である場合
> ・配転が労働者に対し通常甘受すべき程度を著しく超える不利益を負わせる場合

《駆けつけ警備25分ルール》　　　　　　　　　　　　コーヒーブレイク

　警備業法43条において「機械警備業者は、都道府県公安委員会規則で定める基準に従い、基地局において盗難等の事故の発生に関する情報を受信した場合に、速やかに、現場における警備員による事実の確認その他の必要な措置が講じられるようにするため、必要な数の警備員、待機所（中略）及び車両その他の装備を適正に配置しておかなければならない」と定められています。

　「速やかに」の基準に関しては、各都道府県公安委員会規則により定められていますが、一部地域を除いてほぼ、25分以内に駆けつけるという25分基準を設けています(対象となる地域での基準については各都道府県公安委員会へご確認ください)。

第3節 労働時間・休憩・休日・休暇

1. 36協定の重要性

　36協定とは、法定の労働時間を超えて労働させる場合や、法定の休日に労働させる場合に、あらかじめ労使で書面により締結し、これを所轄労働基準監督署長に届け出ることが必要のある協定であり、労働基準監督署による臨検（立入調査）の際、監督官が必ず確認する書類の一つです。

　労基法36条に規定されていることから、通称「36協定」といい、36協定が締結されていれば、その協定で定めた範囲の法定時間外・法定休日労働は、罰則の対象とならない、いわゆる免罰効果を発揮します。つまり、36協定の締結なしに法定時間外・法定休日労働を行わせた場合、労基法32条（労働時間に関する規定）違反となります。

《労基法36条》（時間外及び休日の労働）

> 1　使用者は、当該事業場に、労働者の過半数で組織する労働組合がある場合においてはその労働組合、労働者の過半数で組織する労働組合がない場合においては労働者の過半数を代表する者との書面による協定をし、これを行政官庁に届け出た場合においては、第32条から第32条の5まで若しくは第40条の労働時間（以下この条において「労働時間」という。）又は前条の休日（以下この項において「休日」という。）に関する規定にかかわらず、その協定で定めるところによって労働時間を延長し、又は休日に労働させることができる。（中略）
>
> 2　厚生労働大臣は、労働時間の延長を適正なものとするため、前

> 項の協定で定める労働時間の延長の限度、当該労働時間の延長に係る割増賃金の率その他の必要な事項について、労働者の福祉、時間外労働の動向その他の事情を考慮して基準を定めることができる。
> 3 （以下略）

　また、36協定は単に締結していればよいというものではありません。労働基準監督署による臨検では、国による昨今の過重労働問題対策の流れもあり、特に長時間労働が疑われる業界に対して、協定内容と実態が合っているか、適正な運用がなされているかを念入りに確認するため、形式的な協定とならないよう、実態に則した協定である必要があります。

　なお、36協定で締結しなければならない事項として、労基則16条において以下の事項が挙げられています。

《36協定で締結しなければならない事項》

(1) 時間外または休日の労働をさせる必要のある具体的事由
(2) 時間外または休日の労働をさせる必要のある業務の種類
(3) 時間外または休日の労働をさせる必要のある労働者の数
(4) 1日および1日を超える一定の期間について延長することができる時間または労働させることができる休日
(5) 有効期間

① 限度基準

　36協定を締結すれば無限に時間外労働や休日労働をさせられるわけではなく、厚生労働大臣の告示（「労働基準法第36条第1項の協定で定める労働時間の延長の限度等に関する基準」労働省告示第154号、平10.12.28別表1, 2）で定められた時間外労働の基準に適合したものとなるようにしなければなりません（**表12**）。

《限度基準》   表12

期　間	限度時間
1週間	15時間（ 14時間）
2週間	27時間（ 25時間）
4週間	43時間（ 40時間）
1か月	45時間（ 42時間）
2か月	81時間（ 75時間）
3か月	120時間（110時間）
1年間	360時間（320時間）

（　）内は3か月を超える期間の1年単位の変形労働時間制対象者の場合

　この限度基準から考えれば、「1日について延長することができる時間」については限度がなく、必要可能な時間を締結することができます。つまり、警備業やビルメンテナンス業で人手の手配ができなかった場合、日勤に引き続き夜勤にあたるケースが考えられるのであれば、実態とされる時間が締結時間となります。

② 特別条項付き36協定

　臨時的に限度時間を超えて時間外労働を行わなければならない特別の事情が予想される場合に、あらかじめ限度時間を超える時間を延長時間とすることができる旨の協定を締結することが認められています。

　この36協定のことを「特別条項付き36協定」といいます。これはあくまでも「臨時的」な時間外労働のみ認められる例外的な措置であることを忘れてはいけません。

　特別条項付き36協定では、下記の事項を定める必要があります。

《特別条項付き36協定において定める必要がある事項》

（1）原則としての延長時間（限度時間以内の時間）
（2）限度時間を超えて時間外労働を行わせなければならない特別の事情

> ＊ 特別の事情とは、一時的・突発的なものであり、全体として1年の半分を超えないこと。また、「使用者が必要と認めたとき」などのような漠然とした事情ではなく、具体的に定めなくてはなりません。
> (3) 一定期間途中で特別の事情が生じ、原則としての延長時間を延長する場合に労使がとる手続き
> (4) 限度時間を超える一定の時間
> (5) 限度時間を超えることができる回数
> ＊ 回数は1年の半分以下になるよう定めなくてはなりません。
> (6) 限度時間を超える時間外労働に関する割増賃金率
> ＊ 割増率は法定割増賃金率（25％）を超える率で定めるよう努力し、「1日を超え3か月以内の期間」と「1年間」それぞれ定めなくてはなりません。
> ＊ 労基法89条二号の「賃金（中略）の決定、計算及び支払の方法」、労基則5条1項三号「賃金（中略）の決定、計算及び支払の方法」に該当する事項のため、就業規則、労働条件通知書兼雇用契約書に記載しなければなりません。

③ 労働時間上限規制

　執筆現在（平成30年6月）、働き方改革関連法案の柱の一つとして、労働時間の上限についても改正が予定されています。審議状況にもよりますが、「労働時間上限規制」については「同一労働同一賃金制度」より一年早く、平成31年の施行（中小企業は1年見送る予定です）を目指しているところです。

　労働時間上限規制についてはその方針が、「働き方改革を推進するための関係法律の整備に関する法律案要綱」（以下「要綱」という）で示されており、主に次の項目が挙げられます。

《労働時間上限規制の方針》

(1) 限度時間は、1か月について45時間および1年について360時間（1年単位の変形労働時間制の対象期間として3か月を超える期間を定めて労働させる場合にあっては、1か月について42時間および1年について320時間）とする。

(2) 特別条項を締結する場合、1年について労働時間を延長して労働させることができる時間は720時間（月平均60時間）とする。

(3) 1か月について労働時間を延長して労働させ、および休日において労働させた時間は、100時間未満とする。

(4) 対象期間の初日から1か月ごとに区分した各期間に当該各期間の直前の1か月、2か月、3か月、4か月および5か月の期間を加えたそれぞれの期間における労働時間を延長して労働させ、および休日において労働させた時間の1か月当たりの平均時間は、80時間を超えないこととする。

（厚生労働省「働き方改革を推進するための関係法律の整備に関する法律案要綱」（平成29年9月8日）より筆者要約）

また、新36協定の様式については、今後、厚生労働省令により定められる予定ですが、前出要綱では、新36協定に定める事項として次の項目を挙げています。

《新36協定に定める事項》

(1) 労働時間を延長し、または休日に労働させることができることとされる労働者の範囲

(2) 対象期間（(1)により労働時間を延長し、または休日に労働させることができる期間をいい、1年間に限る）

(3) 労働時間を延長し、または休日に労働させることができる場合

(4) 対象期間における1日、1か月および1年のそれぞれの期間について、労働時間を延長して労働させることができる時間または労働させることができる休日の日数

(5) 労働時間の延長および休日の労働を適正なものとするために必要な事項として厚生労働省令で定める事項※

※厚生労働省令で定める事項とは、「時間外労働の限度時間を超えて労働した労働者に対する健康確保措置」「割増賃金率」「手続き」「時間外・休日労働時間数が1か月あたり80時間を超えないこと」の4つです。

(6) 当該事業場における通常予見することのできない業務量の大幅な増加等に伴い臨時的に限度時間を超えて労働させる必要がある場合において、労働させることができる時間。

(厚生労働省「働き方改革を推進するための関係法律の整備に関する法律案要綱」(平成29年9月8日) より筆者要約)

なお、次頁に特別条項付きの36協定届記載例を示しますが(**書式7**)、改正に伴う新様式が公表されていないため、執筆時点(平成30年6月)で使用されている様式での記載例となります。特別条項については、様式内の空いている箇所へ記載しても、協定書を別紙で添付してもかまいませんが(**書式6**)、必ず所轄の労働基準監督署に提出をしてください。

《特別条項に関する協定書例》　　　　　　　　　　　　　書式6

特別条項に関する協定書

　○○株式会社（以下「会社」という）は、突発的な臨時の受注に伴う業務等、臨時の必要性のある特別な事由が生じた場合、正社員（内勤・警備）、臨時社員（警備）は、平成○○年4月1日～平成○×年3月31日までの時間外労働について、下記の通りとすることを従業員の過半数を代表する者らと協議、合意し協定を締結する。

記

1．当該期間の延長時間は、原則1か月45時間（起算日　毎月1日）、1年360時間（起算日　平成○○年4月1日）とする。

2．突発的な臨時業務が発生するなど特別な事情が発生したときは、労使の協議を経て、前項の時間を1か月70時間、1年510時間まで延長することができる。

3．限度時間を超えることのできる回数は、年6回を限度とする。

4．時間外労働に対する割増賃金率は、次の区分に従いそれぞれ適用する。
　　1か月　45時間までの時間　・・・・・・2割5分
　　1か月　45時間を超え60時間以下・・・3割
　　1　年360時間を超えるとき　・・・・・3割
　　1か月　60時間を超えるとき　・・・・・5割

5．会社は前項までの合意にかかわらず、時間外労働を極力抑制し、休憩・休日の確保に留意し、業務状況に応じ担当者の健康状態を把握し、必要な場合、迅速かつ適切に対処する。

平成○○年3月18日

○○株式会社
代表取締役　○○　○雄　㊞

○○株式会社
従業員代表　△山　○○　㊞

《36協定届（特別条項付き記入例）》　　　書式7

様式第9号（第17条関係）

時間外労働　　　　に関する協定届
休日労働

事業の種類	事業の名称	事業の所在地（電話番号）
警備業	○○株式会社	東京都新宿区○○町×－×－×

	時間外労働をさせる必要のある具体的事由	業務の種類	労働者数（満18歳以上の者）	所定労働時間	延長することができる時間			期間
					1日	1か月（毎月1日）	1年（4月1日）	
① 下記②に該当しない労働者	臨時受注、季節的繁忙。臨時業務。	正社員（内勤）	2人	1日8時間	8時間	45時間	360時間	平成○○年4月1日から一年間
	臨時受注、季節的繁忙。臨時業務。	正社員（警備）	8人	1日8時間	8時間	45時間	360時間	
	臨時受注、季節的繁忙。臨時業務。	臨時社員	10人	1日8時間	8時間	45時間	360時間	
② 1年単位の変形労働時間制により労働する労働者								

	休日労働をさせる必要のある具体的事由	業務の種類	労働者数（満18歳以上の者）	所定休日	労働させることができる休日並びに始業及び終業の時刻	期間
	臨時受注、季節的繁忙。臨時業務のため	正社員（警備）	8人	原則週休2日間	1か月につき2回と原則日曜日 現場につき9：00～18：00 夜勤21：00～翌6：00と定める	平成○○年4月1日から一年間
		臨時社員	10人			

【特別条項】
一定期間における延長時間は、1か月45時間、1年360時間とする。ただし、突発的な臨時業務が発生することとした場合には、労使の協議を経て年6回を限度として1か月70時間、1年510時間まで延長することができる。
この場合の割増賃金率は、1か月45時間を超える時間外労働であって、1日について25％、1年につき360時間を超えた場合25％とする。

協定の成立年月日　　　年　　月　　日

協定の当事者である労働組合の名称又は労働者の過半数を代表する者の　職名　氏名

協定の当事者（労働者の過半数を代表する者の場合）の選出方法（　　　　　）

　　　年　　月　　日

使用者　職名　氏名　　　　　　　　　　　印

　　　　　　　　労働基準監督署長殿

記載心得
1 「事業の種類」の欄には、日本標準産業分類の中分類によって記入すること。
2 「時間外労働をさせる必要のある具体的事由」の欄には、できる限り具体的に記入すること。
　該当業務を他の業務と区別して記入すること。
3 「延長することができる時間」の欄の記入に当たっては、次のとおりとすること。
　(1)「1日」の欄には、労働基準法第32条から第32条の5まで又は第40条の規定により労働させることができる最長の労働時間を超えて延長することができる時間を記入すること。
　(2)「1か月」及び「1年」の欄には、労働基準法第32条から第32条の5まで又は第40条の規定により労働させることができる最長の労働時間を超えて延長することができる時間を記入すること。その場合、「1か月」にあっては45時間以内、「1年」にあっては360時間以内（対象期間が3箇月以内の期間の1年単位の変形労働時間制により労働する労働者については、1か月42時間以内、1年320時間以内）の限度に適合したものとすること。
　なお、労働基準法第32条の4の規定により労働させる場合（対象期間を3箇月以内の期間に限る。）においては、労働基準法第36条第1項の協定で定められた1日を超え3箇月以内の期間及び1年間についての延長することができる時間は、それぞれ当該期間について法定労働時間を超えて延長することができる時間に限る旨を協定すること。
4 「休日労働をさせることができる休日並びに始業及び終業の時刻」の欄には、労働させることができる休日の日数並びに当該休日の労働の始業及び終業の時刻を記入すること。
5 「期間」の欄には、時間外労働又は休日労働をさせることができる日の属する期間を記入すること。

2. 休憩・休日の考え方

① 休　憩

休憩の与え方は、労基法34条で以下のように定められています。

《労基法34条》(休憩)

> 1　使用者は、労働時間が6時間を超える場合においては少なくとも45分、8時間を超える場合においては少なくとも1時間の休憩時間を労働時間の途中に与えなければならない。
> 2　前項の休憩時間は、一斉に与えなければならない。ただし、当該事業場に、労働者の過半数で組織する労働組合がある場合においてはその労働組合、労働者の過半数で組織する労働組合がない場合においては労働者の過半数を代表する者との書面による協定があるときは、この限りでない。
> 3　使用者は、第1項の休憩時間を自由に利用させなければならない。

＊　なお、「運輸交通機関」「商業」「金融・広告業」「映画・演劇業」「通信業」「保健衛生業」「接客娯楽業」「官公署」については、一斉休憩が適用されません。

　警備業・ビルメンテナンス業では、一斉に休憩を与えることは業務上難しく、一斉休憩適用除外事業ではないため、労使協定を締結し、交替制により休憩を与えることとなります（**書式8**）。その際の労使協定は、労働基準監督署への届出は必要ありません。

　ちなみに、翌日にまたがり8時間を超えて深夜に警備につく従業員について、休憩は1時間でよいかとのご相談を多く受けますが、労基法上では1時間として問題ありません。ただし、健康面、作業能率からも考慮すべきと思われます。

《一斉休憩の適用除外に関する労使協定例》　　　　　　　書式8

一斉休憩の適用除外に関する労使協定書

　○○株式会社　と　○○株式会社　従業員代表　○○○○は、休憩時間について、下記のとおり協定する。

記

1　一斉休憩について、全従業員を対象として適用除外とする。

2　適用除外とする従業員については、交替で休憩時間を与えるものとする。

3　休憩時間は、次に定めるとおりとする。ただし、前半、後半の別は、翌月分について前月末までに定め全従業員に周知するものとする。

　① 内勤

　　　　前半　11時45分〜12時45分　（60分）
　　　　後半　12時45分〜13時45分　（60分）

　② 現場

　　　　日勤　11時30分〜14時30分　までの間　60分
　　　　夜勤　22時〜翌3時　までの間　60分
　　　　当務　仮眠時間とは別に、現場シフトごとに交替制で
　　　　　　　4時間、始業時刻から終業時刻までの間に与える

4　本協定は　　　年　　月　　日から効力を発する。

　　　　　　　年　　月　　日

使用者職氏名　○○　株式会社
　　　　　　　　　代表取締役　　○　○　○　○　　

労働者代表　　○○　株式会社
　　　　　　　　　従業員代表　　△　△　△　△

② 手待時間と休憩時間

「顧客先での異常感知などにより呼び出しを受けた場合、休憩時間でも従業員に駆けつけさせていた」というような場合でも休憩時間となるのでしょうか。

実はこのケース、大阪で実際に、労働基準監督署から是正勧告を受けたケースで、休憩時間は手待時間であったとしてその時間の未払い賃金の支払いを求められました。

判断ポイントは、「使用者は、休憩時間を自由に利用させていたか」です。労基法34条3項（86頁）では、従業員に自由に休憩時間を利用させることを使用者に求め、また通達では「休憩時間とは単に作業に従事しない手待時間を含まず労働者が権利として労働から離れることを保障されている時間の意であって、その他の拘束時間は労働時間として取り扱うこと」（昭22.9.13発基17号）とされています。

このケースのように、何かあれば顧客先へ駆けつけなければならないというような、一定の拘束を受けている状態は、休憩とはいえなくなります。

《手待時間とは》

> 通達（昭33.10.11基収6286号）によれば、労働とは一般的に、使用者の指揮監督のもとにあることをいい、必ずしも現実に精神または肉体を活動させていることを要件とはしません。したがって、例えば貨物取扱の事業場において、貨物の積込係が、貨物自動車の到着を待機して身体を休めている場合とか、運転手が2名乗り込んで交替で運転にあたる場合において運転しない者が助手席で休息し、または仮眠している時であってもそれは「労働」であり、その状態にある（これを一般的に「手待時間」という）は、労働時間であるとされています。
>
> よって、業務上、トランシーバーなど無線機を携帯させる警備業では、現実には作業していないが使用者から就労請求があれば常に

就労可能な状態であったとみなされないためにも、休憩時間はトランシーバーなど所持させないことを定めておいた方がよいでしょう。

《規定例》　　　　　　　　　　　　　　　　　　　　　　　　規定6

第○条（休憩時間）
1　会社は、原則労働時間の途中に1時間の休憩を与える。なお、別に労使協定で定めたものついては、労使協定に基づく休憩時間を交替で与えるものとする。
2　従業員は、休憩時間を自由に利用することができる。ただし、外出する場合は、上長の許可を得なければならない。
3　休憩時間に勤務を命じた場合、別途休憩時間を与えその時間帯は無給とする。

③ 休　日

休日の与え方についても、労基法35条で以下のように定められています。

《労基法35条》（休日）

1　使用者は、労働者に対して、毎週少くとも1回の休日を与えなければならない。
2　前項の規定は、4週間を通じ4日以上の休日を与える使用者については適用しない。

休日は原則、暦日（午前0時から24時間）で与えます。また、与える日数については、上記で定められているように毎週1回または4週間を通じて4日以上の休日（変形休日制）を与えなくてはなりません。このような休日を法定休日といいます。

なお、24時間・年中無休で稼働している警備業・ビルメンテナンス業においては、交替制で業務に従事している従業員の休日の取り方につい

て、8時間3交替制を採用しているケースのみ、「暦日24時間で休日を与えなければならない原則」の例外が認められています。

《交代制の場合の休日》　　　　　　　　　　　　　　　　　　　通達

> 　法35条の休日は暦日によるべきことが原則であるが、例えば、8時間3交替連続作業のような場合において休日暦日制の解釈をとることは、連続24時間以上の休息が2暦日にまたがる際は1週2暦日の休日を与えなければならないこととなり、その結果は週休制をとった立法の趣旨に合致しないこととなる。そこで、番方編成による交替制における「休日」については、下記いずれにも該当するときに限り、連続24時間を与えれば差し支えないものとして取り扱われたい。
>
> 　　　　　　　　　　　　　　記
> 一　番方編成による交替制によることが就業規則等により定められており、制度として運用されていること。
> 二　各番方の交替が規則的に定められているものであって、勤務割表等によりその都度設定されるものではないこと。

（昭63.3.14基発150号）

あくまでも例外として上記取扱ができるのは、8時間3交替連続作業の場合であって、上記要件を満たすケースだけです。24時間交代制勤務では例外は認められませんので、注意してください。

④ 就業規則での定め方

就業規則での定め方については、「毎週少なくとも1回の休日を与える」と規定すれば問題ないかというと、そうではありません。通達によって、具体的に定めることを要求されています。

《休日の特定について》　　　　　　　　　　　　　　　　　　　通達

> 1. 法第35条は必ずしも休日を特定すべきことを要求していないが、特定することがまた法の趣旨に沿うものであるから就業規則の中で単に1週間につき1日といっただけではなく具体的に一定

> の日を休日と定める方法を規定するよう指導されたい。
> 2. 常時10人未満の労働者を使用する事業においても具体的に休日を定めるよう指導されたい。

（昭23.5.5基発682号、昭63.3.14基発150号）

　休日は就業規則において絶対記載事項であるため記載する必要があり、また、上記の通達からその休日を特定する必要があります。ただし、警備業・ビルメンテナンス業では、その業務内容からシフトによる交替制で休日をとっている所が多く、休日を特定することが難しいケースもあります。

　事務職など通常、決まった日に休日が取得できる場合と、シフトにより休日を特定する場合の規定例を挙げます（**規定7**）。

《規定例》　　　　　　　　　　　　　　　　　　　　　　　　規定7

第○条（所定休日）
1　休日は、次のとおりとする。
　①　土曜日および日曜日
　②　国民の祝日（日曜日と重なったときは翌日）
　③　年末年始（12月29日～1月3日）
　④　夏季休日（8月10日～8月15日）
　⑤　その他会社が指定する日
2　前項にかかわらず、交代勤務を必要とする部署においては、従業員の所定休日は毎週につき2日とし、前月末までに翌月のシフト表を作成させ特定するものとする。
3　前項に定める休日のうち法定休日は1週間につき1日、もしくは4週間を通じて4日とし、起算日は1週の場合土曜日、4週間につき4日の起算日は毎年4月の第1土曜日とする。
4　前項の規定にかかわらず、会社は、業務上の都合その他やむを得ない事情がある場合には、全部または一部の者について、休日を他の日に振り替えることがある。

⑤ 振替休日と代休

振替休日と代休を混同して取り扱っている会社がよくあります。これらは全く別物（**表13**）であり、運用を間違えたままにしておくと、賃金の未払いが生じるおそれがあるので注意が必要です。

《振替休日と代休の違い》　　　　　　　　　　　　　　　　　　　　　表13

	振 替 休 日	代 休
法的性格	**休日**：労働契約に一時的変更により休日と所定労働日、所定労働日と休日を入れ替える制度	**休暇**：休日に出勤し労働した代償に、所定労働日の労働義務を免除する制度
制度が使われるとき	36協定が締結されていない場合などに休日労働をさせる必要が生じたとき	休日労働や長時間労働をさせた場合に、その代償として他の労働日の労働を免除するとき
実施要件	Ⓐ就業規則にあらかじめ振替休日を規定 Ⓑ振替日を特定 Ⓒ4週4休の休日を確保したうえで、振替休日を特定 Ⓓ遅くても前日までに本人に通知	就業規則等に取扱いを定めておいた方がよい
休日の指定	あらかじめ使用者が指定	使用者が指定することもあるし、労働者の申請によって与えることもある
賃　金	休日出勤日に通常の賃金を支払えばよく、振替休日に賃金を支払う必要はない（例外あり）	休日の出勤に対し割増賃金の支払いが必要、代休日に賃金を支払うかどうかは就業規則等の規定による

なお、賃金に関して、振替休日により休日を振り替えた場合であっても、賃金の支払いが必要となる例外があります。

休日の振替と時間外労働について「就業規則に定める休日の振替規定により休日を振り替える場合、当該休日は労働日となるので休日労働とはならないが、振り替えたことにより当該週の労働時間が1週間の法定労働時間を超えるときは、その超えた時間については時間外労働となり、時間外労働に関する36協定及び割増賃金の支払いが必要であることに注意されたい」（昭22.11.27基発401号、昭63.3.14基発150号）との通達があります。例えば**図6**のケースでは割増賃金の支払いが必要です。

《振替休日により休日を振り替えた場合の例外》　　　　　　　　　　　図6

法定休日　　　　　　　　　　　　　　　　　　　　　　　　　週労働
　　　　　　　　　　　　　　　　　　　　　　　　　　　　　時間　計

日	月	火	水	木	金	土	
休	8時間	8時間	8時間	8時間	8時間	休	40時間
休	8時間	8時間	8時間	8時間	**8時間**	休	40時間

　　　　　　　　　　　　　　　　　　　　　　　　　　　　割増発生

日	月	火	水	木	金	土	
8時間	8時間	8時間	8時間	8時間	8時間	休	48時間
休	8時間	8時間	8時間	8時間	休	休	32時間

《規定例》　　　　　　　　　　　　　　　　　　　　　　　　　規定8

> 第○条（休日の振替）
> 　1　会社は、業務上の都合によりやむを得ない場合は、あらかじめ所属長が振替休日を指定して、当初休日とされた日に労働させることがある。あらかじめ振替休日を指定できないときは、第△条（代休）に定めるところによる。
> 　2　前項の休日の振替は、月の初日を起算日とする4週間に4日の休日が確保できる範囲で行うものとする。
> 第△条（代　休）
> 　1　会社は、振替休日の手続きによらず休日に出勤させたとき、当該休日出勤の日数分の休暇を与えることができる。
> 　2　前項の代休の日は無給とする。

⑥ 休日労働に関わる割増賃金

　休日労働とは、労基法で定められている休日（法定休日）に労働させることをいい、法定休日に労働した場合は、その従業員に対し労基法37条で定められた割増賃金を支払わなければなりません。

　法定休日に労働させた場合は、35％以上の割増賃金を支払います。ただし、法定外休日に労働させた場合は、週の労働時間でみて、時間外労

《休日労働に関する割増賃金の考え方》　　　　　　　　　　　図7

働となるようでしたら25％以上（1か月60時間超の場合50％以上。中小企業は猶予措置あり）の割増賃金を支払うこととなります（**図7**）。

3. 労働時間の考え方

　労働時間とは、休憩時間を除いた実労働時間を指します。労基法32条において、次のように定められています。

《労基法32条》（労働時間）

> 1　使用者は、労働者に、休憩時間を除き1週間について40時間を超えて、労働させてはならない。
> 2　使用者は、1週間の各日については、労働者に、休憩時間を除き1日について8時間を超えて、労働させてはならない。

　何をもって労働している時間と判断するかは、従業員の行為が使用者の指揮命令下に置かれたものと評価できるか否かにより決まるとされます。「就業規則等で定められた所定労働時間＝労働時間」とはみなされません。
　労基法上の労働時間に関しては、三菱重工業長崎造船所事件（最一小判平12・3・9）で、次のような判断基準が示されています。

《裁判例で示された基法上の労働時間の判断基準》

> ○　労基法上の労働時間は、就業規則等でどのように規定されているかにかかわらず、客観的に決定される。

> ○ ある行為に要した時間が労基法上の労働時間か否かは、その行為が使用者の指揮命令下に置かれたと評価できるか否かにより判断される。

① 多様な勤務形態

　労働時間に関して始業・終業時刻については、明示すべき労働条件の一つであり、書面により明示が義務付けられています。また、就業規則の絶対的必要記載事項でもあるため、就業規則への記載が必要となります。

　警備業・ビルメンテナンス業では、24時間365日稼働する業務のため、従業員が交代で常に労働しており、多様な勤務体系が一つの会社に存在しています。また、現場レベルではさらに企業から請け負った業務内容により、始業・終業時刻が現場ごとに異なるため、就業規則にすべてのパターンの労働時間に関する記載をすると無理が出てきます。

　このような場合は、具体的な内容について個別の労働契約等で規定することで差し支えないと通達が出ています。

《始業・終業の時刻等が勤務態様等により異なる場合》　　　　　　　　通達

> 1　同一事業場において、労働者の勤務態様、職種等によって始業および終業の時刻が異なる場合は、就業規則には、勤務態様、職種等の別ごとに始業及び終業の時刻を規定しなければならない。
> 2　しかしながら、(中略)勤務態様、職種等の別ごとに始業及び終業の時刻を画一的に定めないこととする者については、就業規則には、基本となる始業及び終業の時刻を定めるとともに、具体的には個別の労働契約等で定める旨の委任規定を設けることで差し支えない。
> 　なお、個別の労働契約等で具体的に定める場合には、書面により明確にすること。
> 3　(以下略)

(昭63.3.14基発150号、平11.3.31基発168号)

第3節　労働時間・休憩・休日・休暇

この取扱いから、警備業・ビルメンテナンス業における多様な勤務形態での始業・終業時刻は、基本的な時刻を就業規則に規定し、個々には委任規定を設けることで、対応ができるでしょう。

　例えば、シフト勤務で施設警備にあたる従業員に関しては、基本的なシフト勤務の始業・終業時刻を就業規則上で定めて、個別にはシフト表によるとすることで対応ができます。

　また、日ごとに現場の変わる雑踏警備などの場合、基本的な雑踏警備の始業・終業時刻を就業規則に規定したうえで、個々には労働契約等で書面により始業・終業時刻を示します。しかし、現場によってさらに始業・終業時刻が変更する場合があることから、就業規則等に、現場の都合により始業・終業時刻に変更がある旨を規定しておくとよいでしょう。

《規定例》　　　　　　　　　　　　　　　　　　　　　　　　　　規定9

第○条（始業・終業時刻）
1　労働時間は、1週間については40時間以内、1日については8時間以内とする。
2　始業・終業の時刻及び休憩時間は、次のとおりとする。ただし、請負現場の都合等業務の都合その他やむを得ない事情により、これらを繰り上げ、または繰り下げることがある。この場合、前日までに従業員に通知する。

職種	始業	終業
一般勤務	9：00	18：00
営業	9：00	18：00
警備（日勤）	8：30	17：30
警備（夜勤）	20：30	翌5：30
警備（当務）	9：00	翌9：00

3　交替勤務におけるシフト勤務従業員については、別に定めるシフト表により始業・終業時刻を定め前月の○日までに通知する。

② 労働時間の使用者把握義務

　平成27年に大手広告代理店・電通で起きた新入女性社員過労自殺を発端に、平成29年、「労働時間の適正な把握のために使用者が講ずべき措置に関するガイドライン」が、約16年ぶりに策定されました。

　ガイドラインでは、通達により示されていた「労働時間の適正な把握のために使用者が講ずべき措置に関する基準について」（平13.4.6基発339号）に対し、新たに次の事項を加え、新ガイドラインとして企業指導を強化することになりました。

《ガイドラインの新たな事項》

> ○ 労働者の「実労働時間」と「自己申告した労働時間」に乖離がある場合、使用者は実態調査を行うこと
> ○「使用者の明示または黙示の指示により自己啓発等の学習や研修受講をしていた時間」は労働時間として取り扱わなければならないこと
>
> 　　　　　　　　　　　　　　　……等を明確化する。

　ガイドラインにおいて、「使用者には労働時間を適正に把握する責務があること」とし、労働時間の適正な把握のために使用者が講ずべき措置として次のような項目を挙げています。

《労働時間の適正な把握のために使用者が講ずべき措置》

> （1）始業・終業時刻の確認および記録
> （2）始業・終業時刻の確認および記録の原則的な方法
> 　・使用者が、自ら現認することにより確認し、適正に記録すること。
> 　・タイムカード、ICカード、パソコンの使用時間の記録等の客観的な記録を基礎として確認し、適正に記録すること。
> （3）自己申告制により始業・終業時刻の確認および記録を行う場合の措置

> ＊上記（2）の方法によることなく、自己申告制によりこれを行わざるを得ない場合、使用者は、自己申告制の対象となる労働者に対して本ガイドラインを踏まえ、労働時間の実態を正しく記録し、適正に自己申告を行うことなどについて十分な説明を行う等、措置を講ずること。
> (4) 賃金台帳の適正な調製
> (5) 労働時間の記録に関する書類の保存

（厚生労働省「労働時間の適正な把握のために使用者が講ずべき措置に関するガイドライン」平成29年1月20日より筆者要約）

　使用者が、事業場で働く従業員の労働時間を適正に管理できていない場合、時間外労働に関する割増賃金の未払いが発生するばかりでなく、健康障害を引き起こしていることを見過ごすことにもなりかねません。

　昨今、労働基準監督署の臨検（調査）では、労働時間に関しては厳しく指摘される傾向になっています。特に、始業・終業時刻に関しては、客観的な記録を基礎として確認するように指導されるため、出勤簿等への押印などではなく、タイムカードやICカードなど客観的な記録が残る方法をとるようにした方がよいでしょう。

　ただし両業界の業務上、タイムカード等が置けない現場もあり、自己申告制による始業・終業時刻の確認しかできないケースも中にはあるかと思われます。その場合の措置として、次の措置がガイドラインで示されています。

《自己申告制により始業・終業時刻の確認及び記録を行う場合の措置》

> 4　労働時間の適正な把握のために使用者が講ずべき措置
> 　　　　　　　　　（中略）
> (3) 自己申告制により始業・終業時刻の確認及び記録を行う場合の措置
> 　　　　　　　　　（中略）
> ア　自己申告制の対象となる労働者に対して本ガイドラインを踏

まえ、労働時間の実態を正しく記録し、適正に自己申告を行うことなどについて十分な説明を行うこと。
イ　実際に労働時間を管理する者に対して、自己申告制の適正な運用を含め、本ガイドラインに従い講ずべき措置について十分な説明を行うこと。
ウ　自己申告により把握した労働時間が実際の労働時間と合致しているか否かについて、必要に応じて実態調査を実施し、所要の労働時間の補正をすること。特に、入退場記録やパソコンの使用時間の記録など、事業場内にいた時間の分かるデータを有している場合に、労働者からの自己申告により把握した労働時間と当該データで分かった事業場内にいた時間との間に著しい乖離が生じているときには、実態調査を実施し、所要の労働時間の補正をすること。
エ　自己申告した労働時間を超えて事業場内にいる時間について、その理由等を労働者に報告させる場合には、当該報告が適正に行われているかについて確認すること。その際、休憩や自主的な研修、教育訓練、学習等であるため労働時間ではないと報告されていても、実際には、使用者の指示により業務に従事しているなど使用者の指揮命令下に置かれていたと認められる時間については、労働時間として扱わなければならないこと。
オ　自己申告制は、労働者による適正な申告を前提として成り立つものである。このため、使用者は、労働者が自己申告できる時間外労働の時間数に上限を設け、上限を超える申告を認めない等、労働者による労働時間の適正な申告を阻害する措置を講じてはならないこと。また、時間外労働時間の削減のための社内通達や時間外労働手当の定額払等労働時間に係る事業場の措置が、労働者の労働時間の適正な申告を阻害する要因となっていないかについて確認するとともに、当該要因となっている場合においては、改善のための措置を講ずること。さらに、労

> 働基準法の定める法定労働時間や時間外労働に関する労使協定（いわゆる36協定）により延長することができる時間数を遵守することは当然であるが、実際には延長することができる時間数を超えて労働しているにもかかわらず、記録上これを守っているようにすることが、実際に労働時間を管理する者や労働者等において、慣習的に行われていないかについても確認すること。

（厚生労働省「労働時間の適正な把握のために使用者が講ずべき措置に関するガイドライン」平成29年1月20日より抜粋）

　なお、この措置は、やむを得ず自己申告制により始業時刻や終業時刻を把握する場合に講ずべき措置を示したものであるため、客観的な記録が取れるのであれば、その方法を採用します。ちなみに、労働時間を記録したタイムカード・帳簿等は3年間保存が必要です。

　タイムカードによる労働時間管理について注意が必要な点があります。労働時間に関して争われたとき、また、労働基準監督署の臨検（調査）が行われたとき、タイムカードによる労働時間時間数がそのまま労働時間とされてしまうか否かです。

　「終業時に打刻する際、おしゃべりに夢中で終業時刻をかなりオーバーして打刻した」というような時間まで労働時間として認められてしまうのかというようなご相談をよく受けます。労働時間数を認定するとした裁判例として三晃印刷事件（東京高判平10・9・16）があり、否定した裁判例に北陽電気事件（大阪地決平1・4・20）があり、裁判ではケースバイケースで認定しています。裁判や労働基準監督署の臨検の傾向としては、タイムカードに打刻された労働時間数を労働時間としてみなす流れになっています。

　タイムカードの打刻に関しては、適正に打刻するように徹底指導する必要があります。また、残業などに関しては、必ず「残業命令書」がない限り残業させないとし、残業に対する報告書なども提出させるなど厳格な対応が必要となります。

4. 時間外労働の考え方

①法定外と所定外の時間外労働

労基法では、労基法32条で定められている法定労働時間（1週40時間、1日8時間）を超えて労働した場合、その超えた時間を時間外労働としています。

就業規則上定めた就労時間は所定労働時間といい、仮に所定労働時間が7時間の従業員が1時間残業した場合、その時間は所定労働時間外とされますが、法定労働時間内に収まっているわけですから、法定の労働時間外とはなりません。

②時間外労働に関する割増賃金

労基法37条において、法定の時間外労働、法定の休日労働、深夜労働に関して割増賃金を支払わなければならないと定められています（**表14**）。

本書では原則、労基法上に定められている時間外労働を基本として話を進めていきますが、就業規則において「所定労働時間を超えて労働した場合には割増賃金を支払う」等の定めがある場合には、所定労働時間が法定労働時間以下の6時間であろうと7時間であろうと会社の規定に則ってその割増率による割増賃金を支払うこととなります。

《割増賃金率》　　　　　　　　　　　　　　　　　　　　　　　　　表14

割増賃金の支払いが必要なケース		割増率
時間外労働	法定労働時間を超えた労働に対して	25％以上
		1か月60時間超えの部分に50％以上※
深夜労働	22時～5時までの労働に対して	25％以上
休日労働	法定休日の労働に対して	35％以上

※中小企業においては猶予措置あり

《労基法37条》（時間外、休日及び深夜の割増賃金）

> 1　使用者が、第33条又は前条第1項の規定により労働時間を延長し、又は休日に労働させた場合においては、その時間又はその日の労働については、通常の労働時間又は労働日の賃金の計算額の2割5分以上5割以下の範囲内でそれぞれ政令で定める率以上の率で計算した割増賃金を支払わなければならない。ただし、当該延長して労働させた時間が1箇月について60時間を超えた場合においては、その超えた時間の労働については、通常の労働時間の賃金の計算額の5割以上の率で計算した割増賃金を支払わなければならない。
> 2　前項の政令は、労働者の福祉、時間外又は休日の労働の動向その他の事情を考慮して定めるものとする。
> 3　（略）
> 4　使用者が、午後10時から午前5時まで（厚生労働大臣が必要であると認める場合においては、その定める地域又は期間については午後11時から午前6時まで）の間において労働させた場合においては、その時間の労働については、通常の労働時間の賃金の計算額の2割5分以上の率で計算した割増賃金を支払わなければならない。
> 5　（略）

　例を挙げて、時間外労働に関する割増賃金の考え方を整理してみましょう。

《例》

> 　就業規則において、「法定労働時間を超えて労働した場合、割増賃金を支払う」旨定められた会社において、所定労働時間7時間、週35時間の従業員がいます。始業時間は9時、終業時間は17時、休憩1時間の完全週休2日制で働いていましたが、ある週に2日間だけ残業を行ないました。さて、割増賃金はどのように支払ったらよいでしょうか。

《時間外労働における割増賃金の考え方》 図8

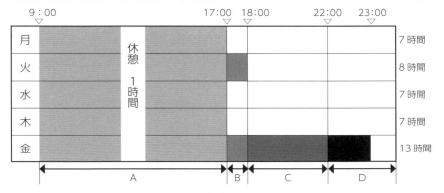

A：所定労働時間　　　B：所定労働時間外
C：法定労働時間外　　D：法定労働時間外＋深夜労働

　割増賃金は、1日単位で時間外を確認し、次に週単位で時間外を確認します。ある週の労働が図8のようであった従業員の場合、月曜日・水曜日・木曜日は所定労働時間内で労働しているので、割増賃金は発生していません。

　18：00まで残業していた火曜日には、所定労働時間を1時間超えて労働しましたが、この場合、法定労働時間の8時間は超えていませんので割増賃金は発生せず、1時間の所定労働時間外については通常単価での賃金が発生します。

　23：00まで残業していた金曜日には、所定外労働時間1時間、法定外労働時間5時間（1時間の深夜労働含む）の労働をしていたことになります。この場合、所定外労働時間1時間については通常単価での賃金を支払い、法定外労働分のうち、深夜分を除く4時間は時間外労働の割増賃金、深夜労働1時間に関しては時間外労働の割増賃金に深夜労働の割増賃金を加えた割増賃金の支払いが必要となります。

　さて、割増賃金は、まず1日単位、次に週単位で時間外を確認するのは前述の通りですが、例えば日々の労働時間を見た場合、残業はあっても法定労働時間内の残業であれば、割増賃金は発生しません。ところが、

週の総労働時間で見た場合、法定の40時間を超える場合も出てきます。その場合は、週の法定時間外に対する時間外労働の割増賃金を支払わなければなりません。

週6日勤務で日々所定労働時間が6時間半と短い従業員が残業発生した場合、このケースに該当する場合がありますので、残業がある場合は、週の労働時間数にも注意して確認してください。

《ダブルワークにおける割増賃金》 コーヒーブレイク

警備業・ビルメンテナンス業では、労働時間の短い働き方での業務があり、特に清掃管理業務においては、早朝や夜間、数時間の業務にあたる働き方があります。

昨今、ダブルワークで働く方も多くいますが、ダブルワークであっても労働時間は2社分を通算して、合計8時間が法定労働時間となります。ダブルワークの場合、法定労働時間を超えた際の割増賃金はどちらの会社が支払うのでしょうか。

ダブルワークで2社分を通算して法定労働時間を超えて働いた場合、「通常は、当該労働者と時間的に後で労働契約を締結した事業主と解すべき」との見解が示されています。ただし、先に契約した会社で何時間労働したのか、先に契約した会社が後で契約した会社に伝えなくてはならない義務はないとされているため、実際にはダブルワークにおける割増賃金を支払ってる会社は少ないと思われます。この点も今後、改正されるのではないかと思われます。

③ 2暦日にわたる勤務の時間外労働とは

　警備業・ビルメンテナンス業における夜勤など、2暦日にわたる勤務がある場合、時間外労働はどのように考えればよいでしょうか。

　昭和63年1月1日基発1号によれば、「継続勤務が2暦日にわたる場合には、たとえ暦日を異にする場合でも1勤務として取り扱い、当該勤務は始業時刻の属する日の労働として、当該月の「1日」とするものであること」とされていることから、2暦日にわたる勤務であっても一つの勤務日として扱い割増賃金を計算することになります（後述する監視断続的労働従事者、宿日直勤務者について所轄労働基準監督署長の許可を得られた場合、深夜割増を除く労働時間等の規定は適用されません）。

　よって、法定労働時間を超えれば時間外割増賃金はもちろんのこと、22時から翌5時までの間は深夜労働となるため、深夜割増賃金の支払いが必要です。

④ 時間外労働が60時間を超える場合

　時間外労働が60時間を超える場合、労基法37条1項但書において「ただし、当該延長して労働させた時間が1箇月について60時間を超えた場合においては、その超えた時間の労働については、通常の労働時間の賃金の計算額の5割以上の率で計算した割増賃金を支払わなければならない」とされています。

　また、労働者の健康確保の観点から、労使協定により、1か月について60時間を超えて時間外労働を行わせた労働者について、法定割増賃金率の引上げ分の割増賃金の支払いに代えて、有給の休暇を与えることもできます。ただし、これらに関して下記に掲げる中小事業主の事業については、執筆時現在、当分の間、法定割増賃金率の引上げ適用を猶予されています。

《中小事業主の範囲》

> 中小事業主とは、下記（1）または（2）に該当する事業主です。
> (1) 資本金の額または出資の総額が
>
> | 小売業・サービス業 | 5,000万円以下 |
> |---|---|
> | 卸売業 | 1億円以下 |
> | 製造業その他 | 3億円以下 |
>
> (2) 常時使用する労働者数が
>
> | 小売業 | 50人以下 |
> |---|---|
> | サービス業・卸売業 | 100人以下 |
> | 製造業その他 | 300人以下 |

＊上記は事業場単位でなく、企業単位で判断します。

　60時間を超える時間外労働に対応するため、どのように運用されればよいか、ポイントを挙げます。

《運用ポイント》

> (1) 時間外労働をカウントするため、1か月の起算日は、賃金計算期間の初日、毎月1日、36協定の期間の初日などに合わせ各事業場で定めます。
> 　＊ 起算日をどの日に合わせるのかは、各事業場で運用しやすい日を定めればよいと思われます。例えば、賃金計算が絡むため、賃金計算期間の初日と合わせる事業場もあります。
> (2) 割増賃金率および1か月の起算日については、労基法89条二号に定める「賃金（中略）の決定、計算及び支払の方法」に関するため、就業規則に規定しなければなりません。
> (3) 1か月の起算日からの時間外労働時間数を累計して60時間を超えた時点から、50％以上の率で計算した割増賃金を支払います。なお、45時間以下は25％、45時間超え～60時間以下は協定で定める率で計算します。

1）深夜割増賃金との関係

月60時間を超える時間外労働を行わせたときに深夜の時間帯（22：00～翌5：00）が含まれていた場合、深夜割増賃金率25％以上も合わせて支払わなければなりません（図9）。

《時間外割増賃金と深夜割増賃金》　　　図9

| 時間外割増賃金率 50％以上 | ＋ | 深夜割増賃金率 25％以上 | ＝75％以上 |

2）法定休日との関係

1か月60時間の時間外労働の算定は、あくまでも時間外労働の累計をみていくため、法定休日（1週間に1日または4週間に4回の休日）に行った労働は休日労働とされ算定に含まず、35％以上の率で計算した割増賃金を支払います。

それ以外の休日（所定休日）に行った労働は、休日労働とはされないため、週法定労働時間を超すのであれば算定することになります。なお、労働条件を明示する観点や割増賃金の計算を簡便にする観点から、法定休日とそれ以外の休日を明確に分けておくことが望ましいでしょう。

《法定休日を定めていない場合の判断》

土日を休日とした週休2日制の場合、法定休日を定めず両日労働させたケースだと、割増賃金の計算に困る場合があります。

この場合、暦週において後順に位置する日を法定休日とします。「1週間とは、就業規則その他の別段の定めがない限り、日曜日から土曜日までのいわゆる暦週をいうものであること」（昭63.1.1 基発1号）とされていることから、就業規則等で1週間や法定休日の定めがない場合には、土曜日が法定休日となります。

3）時間外労働が 60 時間を超える割増賃金の考え方

例えば、**図 10**（要件）のようなケースの場合、時間外労働が 60 時間を超えたときの割増賃金の考え方は次のようになります。

《時間外労働が 60 時間を超える場合の割増賃金》　　　　　　　　　図 10

要件：1）1 か月の起算日は毎月 1 日・休日は土曜日、日曜日（法定休日は日曜日・割増賃金率は 35％）
　　　2）時間外労働の割増賃金率
　　　　　45 時間以下＝ 25％、45 時間超〜 60 時間以下＝ 30％、60 時間超＝ 50％
　　　3）カレンダーの○数字は時間外労働時間数

日	月	火	水	木	金	土
	1	2 ⑤	3	4 ⑤	5 ⑤	6 休
7	8 ⑤	9 ⑤	10 ⑤	11 ⑤	12 ⑤	13 ⑤
14 休	15	16	17 ⑤	18 ⑤	19 ⑤	20 休
21 休	22	23 ⑤	24 ⑤	25	26	27 休
28 休	29	30	31 ⑤			

法定休日労働 35％

45 時間以下　　　：2, 4, 5, 8, 10, 11, 12, 13, 17 日・・・25％
45 時間〜60 時間：18, 19, 23 日・・・・・・・・・・・30％
60 時間〜　　　　：24, 31 日・・・・・・・・・・・・50％

＊ 起算日から時間外労働時間数を累計し、時間数に応じた割増賃金率で計算します。ただし法定休日労働は累計から除きます。

《規定例》 規定10

> 第○条（時間外労働の割増賃金）
> 1 法定労働時間を超えた時間外労働の割増賃金は、次の算式により計算して支給する。なお、この場合の1か月の起算日は賃金計算期間と同じとする。
> （1）1か月45時間以下の時間外労働について
> $$\frac{基本給＋○○手当＋△△手当}{1か月平均所定労働時間数} \times 1.25 \times 時間外労働時間数$$
> （2）1か月45時間を超え60時間以下の時間外労働について
> $$\frac{基本給＋○○手当＋△△手当}{1か月平均所定労働時間数} \times 1.3 \times 時間外労働時間数$$
> （3）1か月60時間を超える時間外労働について
> $$\frac{基本給＋○○手当＋△△手当}{1か月平均所定労働時間数} \times 1.50 \times 時間外労働時間数$$
> 2 法定労働時間を超えない時間外労働に関しては、次の算式により計算して支給する。
> $$\frac{基本給＋○○手当＋△△手当}{1か月平均所定労働時間数} \times 1 \times 時間外労働時間数$$

4）代替休暇

1か月60時間を超える時間外労働について、割増賃金の支払いに代えて代替休暇を付与する場合、労使協定を締結する必要があります（労働基準監督署への提出は不要です）。協定で定める事項は以下の通りです。

《労使協定で定めるべき事項》

> Ⓐ 代替休暇の時間数の具体的な算定方法
> Ⓑ 代替休暇の単位
> Ⓒ 代替休暇を与えることができる期間

Ⓓ　代替休暇の取得日の決定方法、割増賃金の支払日

＊　労使協定は、代替休暇制度を設けることを可能にするためのもので、個々の労働者に対し代替を強制するものではなく、個々の労働者が実際に代替休暇を取得するかは、労働者の意思により決定されます。

《規定例》　　　　　　　　　　　　　　　　　　　　　　　　　　　　規定11

第○条（代替休暇）
1　会社は、1か月（賃金計算期間）の時間外労働が60時間を超えた従業員に対して、本人の希望等により代替休暇を与えるものとする。なお、代替休暇の付与は、第×条に規定する時間外勤務手当のうち次の算式により算定される部分の支給に代えて付与するものである。
〔時間当たり算定基準額〕×0.25×〔1か月60時間を超える時間外勤務の時間数〕
2　代替休暇には、所定労働時間を勤務したときに支払われる通常の給与を支給する。
3　代替休暇付与に関する具体的な取扱いは、労使協定により定める。

5. 変形労働時間制は使えるか

　業務上、業務量が一定していない企業では、変形労働時間制という労働時間を弾力的に設定する制度を採用しています。警備業・ビルメンテナンス業においても、コンスタントに労働時間を設定することができない業務もあるため、多くの会社が変形労働時間制を採用しています。

① 変形労働時間制の種類

1）1か月単位の変形労働時間制（労基法32条の2）

　　1か月以内の一定期間について、1週間平均労働時間数が法定労働時間を超えていなければ、1日8時間、1週40時間を超える労働をさせ

ることができる制度。
2）フレックスタイム制度（労基法32条の3）
　1か月以内の一定期間の総労働時間を定め、その範囲内で労働者が各日の始業・終業時刻を選択して働くことができる制度。
3）1年単位の変形労働時間制（労基法32条の4）
　1か月を超え1年以内の一定の期間を平均し、1週間の労働時間が法定労働時間を超えなければ、1日および1週の法定労働時間を超えて労働させることができる制度。
4）1週間単位の非定型的変形労働時間制（労基法32条の5）
　労働者数29人以下の小売業、旅館、料理・飲食店について、1週間単位で労働時間が40時間内におさまれば、1日8時間を超えて労働させることができる制度。

② 1か月単位の変形労働時間制

　1か月ごとにシフトを組んで業務にあたらせる警備業・ビルメンテナンス業において、変形労働時間制を採用するのであれば、1か月単位の変形労働時間制が運用しやすいと思われます。
　1か月単位の変形労働時間制を導入するには、就業規則または労使協定などにより具体的な要件を定め、労働基準監督署への届出が必要です。
1）就業規則または労使協定に定める具体的な要件
ⓐ変形労働時間制を採用する旨の定め
　　就業規則または労使協定により、変形労働時間制を採用する旨を定めます。常時、従業員10人以上の事業場では、就業規則において変形労働時間制を採用する旨のほか、後述するⓑ〜ⓓの要件を記載し労働基準監督署へ提出することで、この変形労働時間制を採用することができます（**規定12**）。

《変形労働時間制一覧》　　　　　　　　　　　　　　　　　　表15

	1か月単位の変形労働時間制	フレックスタイム制度	1年単位の変形労働時間制	1週間単位の非定型的変形労働時間制
就業規則作成/届出（規模10人以上）	○ / ○※1	○ / ○	○ / ○	○ / ○
労使協定の届出	○（締結した場合）		○	○
1日労働時間数上限			10時間	10時間
1週労働時間数上限			52時間	
1週平均労働時間数上限	40時間（特例措置対象事業※2 44時間）	40時間（特例措置対象事業※2 44時間）	40時間	40時間

※1　従業員数9人以下の事業場においては、就業規則またはこれに準ずるものに規定し周知する方法でもよく、また、この就業規則の届出義務はありません。

※2　特例措置対象事業とは、次に掲げる業種に該当する常時10人未満の従業員を使用する事業場のことで、法定労働時間が1日8時間、1週44時間とされています。

（特例措置対象事業場）
商　　　　業：卸売業、小売業、理美容業、倉庫業、その他の商業
映画・演劇業：映画の映写、演劇、その他興業の事業
保 健 衛 生 業：病院、診療所、社会福祉施設、浴場業、その他の保健衛生業
接 客 娯 楽 業：旅館、飲食店、ゴルフ場、公園・遊園地、その他の接客娯楽業

《規定例》　　　　　　　　　　　　　　　　　　　　　　　　規定12

第○条（労働時間等）
1　従業員の所定労働時間は、毎月1日を起算日とする1か月単位の変形労働時間制を採用する。
2　所定労働時間は、1か月を平均して1週間40時間以内とする。なお、始業、終業時刻は以下のとおりとする。

職　種	始　業	終　業
一般勤務	9：00	18：00
営　業	9：00	18：00
警備（日勤）	8：30	17：30
警備（夜勤）	20：30	翌5：30
警備（当務）	9：00	翌9：00

　従業員9人以下の事業場の場合、就業規則に準ずるもの（就業規則作成義務がないため）に規定することで、1か月単位の変形労働時間制を採用することができるようになります。ただし、就業規則に準ずるものの従業員への周知が必要です。

　労使協定については、就業規則で採用する旨定めた場合、締結は必要ありません。しかし、就業規則において「労使協定に基づき、1か月単位の変形労働時間制で労働させることがある」と定めた場合、労使協定では下記について協定（**書式9**）し、従業員に周知したうえで、就業規則とともに所轄の労働基準監督署へ届出を行わなければなりません（**書式10**）。

《労使協定締結事項》

・変形期間と変形期間の起算日　　・対象となる労働者の範囲
・変形期間中の各日、各週の労働時間　　・協定の有効期間

ⓑ労働日、労働時間の特定

　会社が勝手に労働時間を変えないよう、具体的に変形期間における各日、各週の労働時間を定めておかなければなりません。

　これは、単に「1日の労働時間は8時間とする」というような定め方では足りず、始業・終業時刻を具体的に定め、従業員へ周知しなければならないものとされています。

ⓒ変形期間の所定労働時間

　変形期間の所定労働時間については、平均して1週の労働時間数を法定労働時間内におさめなくてはならないため、次の式によって計算された範囲内とする必要があります。

> 法定労働時間　×　変形期間の暦日（1か月以内）　÷　7（1週間）

《1か月の労働時間の総枠》　　　　　　　　　　　　　　　　表16

1か月暦日数	労働時間の総枠（40時間制とした場合）
31日	177.1時間
30日	171.4時間
29日	165.7時間
28日	160.0時間

ⓓ変形期間の起算日

　起算日は、始期を明らかにするためのものです。例えば「毎月1日」とする、賃金計算と揃えるため「賃金締め日の翌日」と定める等、運用がしやすい起算日にするとよいでしょう。

《1か月単位の変形労働時間制に関する労使協定例》　　　書式9

　　　　　　　　　1か月単位の変形労働時間制に関する労使協定

　　○○株式会社と従業員代表○川○雄は、1か月単位の変形労働時間制に関し、下記のとおり協定をする。

（勤務時間）
第1条　所定労働時間は、1か月単位の変形労働時間制によるものとし、1か月を平均して週40時間を超えないものとする。
　2　所定労働時間、始業・終業時刻、休憩時間は次のとおりとする。
　　　①始業8時～終業17時・休憩正午から60分の所定労働時間8時間
　　　②始業15時～終業0時・休憩20時から60分の所定労働時間8時間
　　　③始業23時～終業8時・休憩3時から60分の所定労働時間8時間

（起算日）
第2条　起算日は毎月○日とする。

（休日）
第3条　対象期間における休日は原則、月間9日およびその他会社が指定する日とする。
　2　前項における休日は、前月末までに翌月のシフト表を作成させ特定するものとする。
　3　会社は、業務上の都合その他やむを得ない事情がある場合には、シフト表における休日を同一週内の他の日に振り替えることがある。

（対象となる従業員の範囲）
第4条　本協定による変形労働時間制は、次のいずれかに該当する従業員を除き、全従業員に適用する。
　　　①18歳未満の年少者
　　　②妊娠中または産後1年を経過しない女性従業員のうち、本制度の適用免除を申し出た者
　　　③育児や介護を行う従業員、職業訓練または教育を受ける従業員その他特別の配慮を要する従業員に該当する者のうち、本制度の適用免除を申し出た者

（有効期間）
第5条　本協定の有効期間は平成○年○月○日から1年間とする。

平成○年　○月　×日

　　　　　　　　　　　　　　　　○○株式会社　代表取締役　○○　○○　㊞
　　　　　　　　　　　　　　　　従業員代表　　　　　　　　○川　○雄　㊞

《1か月単位の変形労働時間制に関する協定届例》　　　　　書式10

様式第3号の2（第12条の2の2関係）

1箇月単位の変形労働時間制に関する協定届

事業の種類	事業の名称	事業の所在地（電話番号）	常時使用する労働者数
ビルメンテナンス業	○○株式会社	東京都新宿区新宿○-○-○（電話 03-0000-0000）	50人

業務の種類	該当労働者数（満18歳未満の者）	変形期間（起算日）	変形期間中の各日及び各週の労働時間並びに所定休日	協定の有効期限
設備管理	15人（　　人）	1か月　平成○年○月○日	別紙　シフト表、労使協定書添付	平成○年○月○日から1年間

労働時間が最も長い日の労働時間数（満18歳未満の者）	労働時間が最も長い週の労働時間数（満18歳未満の者）
8 時間 0 分（　　時間　　分）	46 時間 0 分（　　時間　　分）

協定の成立年月日　平成 ○ 年 ○ 月 △ 日

協定の当事者である労働組合の名称又は労働者の過半数を代表する者の　職名　設備管理　係
　　　　　　　　　　　　　　　　　　　　　　　　　　　　　　　　氏名　○田 □雄

協定の当事者（労働者の過半数を代表する者の場合）の選出方法（投票による選挙　　　　　）

　　　　　　　　　　　　　　　　　　　　平成 ○ 年 ○ 月 × 日

　　　　　　　　×　×　　　労働基準監督署長　殿

　　　　　　　　　　　　　　　　　　　使用者　職名　○○株式会社　代表取締役
　　　　　　　　　　　　　　　　　　　　　　　氏名　○○　○○　　　　　　　印

記載心得
1　法第60条第3項第2号の規定に基づき満18歳未満の者に変形労働時間制を適用する場合には、該当労働者数欄、「労働時間が最も長い日の労働時間数」及び「労働時間が最も長い週の労働時間数」の各欄に括弧書きすること。
2　「変形期間」の欄には、当該変形労働時間制における時間通算の期間の単位を記入し、その起算日を括弧書きすること。
3　「変形期間中の各日及び各週の労働時間並びに所定休日」の欄中に当該事項を記入しきれない場合には、別紙に記載して添付すること。

2）割増賃金の考え方

　原則として、法定労働時間を超える労働時間については、割増賃金の支払いが必要となります。具体的には次の**(1)**〜**(3)**です。

《1か月単位の変形労働時間制における時間外労働となる時間》

> **(1) 1日についての時間外労働**
> 　就業規則等、または労使協定で1日8時間を超える時間を定めた日はその時間を超えて、それ以外の日は8時間を超えて労働した時間
>
> **(2) 1週についての時間外労働**
> 　就業規則等、または労使協定で1週40時間を超える時間を定めた週はその時間を超えて、それ以外の週は1週40時間を超えて労働した時間
> 　＊　(1)で時間外とした時間は除きます。
>
> **(3) 対象期間についての時間外労働**
> 　対象期間（変形制をとる期間）の法定労働時間総枠を超えて労働した時間
> 　＊　(1)(2)で時間外とした時間は除きます。

　1か月単位の変形労働時間制での時間外労働をみる際は、**(1)** 日々をみて、**(2)** 週をみて、**(3)** 変形期間の順で時間数を確定していきます。

　例として、変形期間1か月、起算日毎月1日、所定労働時間月間176時間（1日8時間所定労働22日）の3交替制の従業員が**図11**のシフトで働いた場合の残業についてみていきましょう。

　＊　労基法上、番方編成による交代制勤務の場合、例外的に継続24時間をもって休日と認められる場合があります（昭63.3.14 基発150号）。

《1か月単位の変形労働時間のシフト例》　図11

日付	曜日	時間
1日	日	休
2日	月	8
3日	火	8
4日	水	8
5日	木	8
6日	金	16
7日	土	8
8日	日	休
9日	月	8
10日	火	8
11日	水	残2　10
12日	木	非
13日	金	8
14日	土	8
15日	日	休
16日	月	休
17日	火	8
18日	水	16
19日	木	残2　非2
20日	金	8
21日	土	8
22日	日	休
23日	月	4
24日	火	残5　9
25日	水	休
26日	木	8
27日	金	休
28日	土	16
29日	日	非
30日	月	休
31日	火	8

- ア．1日～7日：週所定労働時間56時間…残業なし
- イ．8日～14日：週所定労働時間40時間…11日2時間残業あり
- ウ．15日～21日：週所定労働時間40時間…19日当務明け2時間残業あり
- エ．22日～28日：週所定労働時間32時間…24日5時間残業あり
- オ．29日～31日：週所定労働時間　8時間

ア．この期間に関しては、残業がありませんので、割増賃金は発生しません。

イ．この期間のうち、11日は所定労働時間を2時間超え、またこの日は所定労働時間が法定労働時間と同じ8時間となっていることから、2時間分の割増賃金が発生します。

ウ．この期間は19日に当務明けの残業が2時間あり、週でみると40時間を2時間超えているため、2時間の割増賃金が発生します。

エ．この期間は、24日に所定労働時間を5時間超えて労働していますが、法定労働時間としてみると1時間の割増賃金が発生します。しかし、週でみると40時間以内であるため、1週では割増賃金は発生しません。

割増賃金の発生については、日と週でみると11日の2時間、19日2時間、24日の残業のうち法定外となる1時間、計5時間が発生します。

　次に変形期間の総枠でみてみると、総労働時間185時間となるため、法定労働時間総枠177.1時間を超える7.9時間分の割増賃金が発生することになりますが、日と週で5時間分の割増賃金が確定しているため、変形期間でみた場合、残り2.9時間分の割増賃金が発生することになります。

③ 1年単位の変形労働時間制

　1年単位の変形労働時間制とは、業務に繁閑のある事業場で、繁忙期には長い時間労働させ、閑散期には短い労働時間の設定を行うことで、年間の総労働時間の短縮を図ることを目的とした制度です。

　1年単位の変形労働時間制を採用する場合、労使協定により次の項目を定め、従業員へ周知したうえで所轄労働基準監督署へ届け出なくてはなりません。

《労使協定により定めなくてはならない項目》

(1) 対象労働者の範囲
(2) 対象期間（1か月を超え1年以内の期間に限ります）および起算日
(3) 特定期間
(4) 対象期間における労働日および労働日ごとの労働時間
(5) 労使協定の有効期間

　また、常時10人以上の従業員を使用している事業場は、1年単位の変形労働時間制の採用を定めた就業規則を所轄労働基準監督署に提出します。

1）対象期間における労働日および労働日ごとの労働時間

　対象期間を平均し、1週間の労働時間が40時間を超えないよう、対象期間の各日、各週の労働時間を労使協定により定めます。なお、対象期間を1か月以上の期間に区分するとした場合、次の内容を定めればよいことになっています。

《対象期間を1か月以上の期間に区分する場合、定めるべき内容》

> （1）最初の期間における労働日
> （2）最初の期間における労働日ごとの労働時間
> （3）最初の期間を除く各期間における労働日数
> （4）最初の期間を除く各期間における総労働時間

　上記のうち、（3）最初の期間を除く各期間における労働日数、（4）最初の期間を除く各期間における総労働時間については、その期間の始まる少なくとも30日前に過半数労働組合もしくは過半数代表の従業員の同意を得て書面により定めなくてはなりません。

2）1日、1週間の労働時間の限度

　1年単位の変形労働時間制には、1日、1週間の労働時間の限度が定められており、1日10時間、1週52時間が限度です。

　警備業・ビルメンテナンス業において、業務によっては1日10時間以上労働する場合もあり、その点からすると限度時間が定められている1年単位の変形労働時間制は採用しにくい制度と考えられます。

　また、この業界ではシフト制を採用していることが多く、最初の期間を除く各期間の労働日、労働日ごとの労働時間については、30日前にシフトを確定させ過半数労働組合もしくは過半数代表の従業員の同意を得て書面により定めることは現実的ではありません。変形労働時間制を採用するのであれば、1年単位ではなく、1か月単位の変形労働時間制の採用が適していると考えられます。

6. 仮眠時間の取扱い

　「仮眠時間」の取扱いは、警備業・ビルメンテナンス業なども含め、夜勤がある業種では問題になりがちなものの一つです。

　仮眠時間を休憩時間として取り扱う会社も多くありますが、通達（昭22.9.13発基17号）では「休憩時間とは単に作業に従事しない手待時間を含まず労働者が権利として労働から離れることを保障されて居る時間の意であって、その他の拘束時間は労働時間として取り扱うこと」としていることから、警備業・ビルメンテナンス業における夜勤での仮眠時間は、仮眠室で睡眠等をとることは認められているものの、緊急事態等の一定の事態が発生した際、直ちに対応して作業等を行うことが義務付けられている時間であるため、休憩時間として取り扱うことは難しいと考えられます。

　また、仮眠時間と労働時間性に関する重要判例である**大星ビル管理事件**の判決以降、仮眠時間において、労働者が労働から離れることを保障されている時間でない限り、仮眠時間を休憩時間とすることは難しいとされています。

　一方、警備員の仮眠時間について、実作業に従事する必要性が皆無に等しいケースでは、実質的に警備員として対応する義務がなかったとして、仮眠時間は休憩時間に当たると判断された裁判例（**ビル代行事件**）もあります。

　このことから、仮に休憩時間として仮眠時間の取扱いをする場合は、仮眠時間中に業務に対応しないように別室の仮眠室を設け、電話等は仮眠室へ置かず、トランシーバーも仮眠室には持ち込まないようにしたうえ、複数人の夜勤従事者を配置することで、仮眠室では一定の仮眠（睡眠）が確保できるような体制を整えられるようであれば、仮眠時間を休憩時間としてみなされる可能性が高くなると思われます。

もし現在、仮眠時間を休憩時間として扱いながら、労働者の権利として労働から離れることが保障されていないのであれば、前述のような対策をとる必要があります。

　また、どうしてもこれらの対策がとれないのであれば、仮眠時間に対して賃金の支払いをするか、または、仮眠時間が発生しない8時間3交替制による勤務体制とするなど、早急に検討した方がよいでしょう。

《仮眠時間と労働時間制》　　　　　　　　　　　　　　　　　　　　裁判例

○仮眠時間を労働時間とした裁判例
「大星ビル管理事件」（最一小判平14・2・28）
　ビル管理会社の従業員が従事する泊り勤務の間に設定されている連続7時間ないし9時間の仮眠時間は、従業員が労働契約に基づき仮眠室における待機と警報や電話等に対して直ちに相当の対応をすることを義務付けられており、そのような対応をすることが皆無に等しいなど実質的に上記義務付けがされていないと認めることができるような事情もないなど判示の事実関係の下においては、実作業に従事していない時間も含め全体として従業員が使用者の指揮命令下に置かれているものであるとして、仮眠時間は労基法32条の労働時間にあたるとした。

○仮眠時間を労働時間でないとした裁判例
「ビル代行事件」（東京高判平17・7・20）
　本件の仮眠時間については、実作業への従事の必要が生じることが皆無に等しいなど実質的に警備員として相当の対応をすべき義務付けがされていないと認めることができる。したがって、本件の仮眠時間について労基法32条の労働時間にあたると認めることはできないとした。

《規定例》 規定13

> 第○条（仮眠時間）
> 1 警備職に就く従業員の勤務については、休憩時間の他、仮眠時間を与える。
> 2 仮眠時間は、労働時間途中に与えるものとし、具体的な時間に関しては、シフト表に基づきその都度決定する。
> 3 仮眠時間中においては、天災事変等による非常災害時を除き、自由に利用できるものとする。なお、事業場外への外出は、事前に上長の許可を得る必要がある。
> 4 仮眠は交替制とし、従業員は仮眠中の従業員の仮眠を妨げてはならない。なお、仮眠は別室に設けた仮眠室でとることとし、トランシーバーの持ち込みを禁ずる。

7. 管理監督者の取扱い

　筆者の経験上、管理監督者の取扱いを間違っている会社は少なからず存在しています。肩書をつければ管理監督者であるとの思い込みから、労基法41条に定める労働時間等の適用除外について問題を発生させるケースが見受けられます。

《労基法 41 条》（労働時間等に関する規定の適用除外）

> この章、第 6 章及び第 6 章の 2 で定める労働時間、休憩及び休日に関する規定は、次の各号の一に該当する労働者については適用しない。
> 一　別表第 1 第六号（林業を除く。）又は第七号に掲げる事業に従事する者
> 二　事業の種類にかかわらず監督若しくは管理の地位にある者又は機密の事務を取り扱う者
> 三　監視又は断続的労働に従事する者で、使用者が行政官庁の許可を受けたもの

　二号にいう、いわゆる管理監督者等とは、一般に部長・工場長等労働条件の決定その他労務管理について経営者と一体的な立場にある者をいいます。労働時間等に関する規制を適用することがなじまないものかは実態的に判断されるため、肩書をつけるだけでは管理監督者として労働時間等に関する規定の適用除外にはなりません。

　なお、管理監督者として判断される場合においても、深夜業、深夜業に関する割増賃金、年次有給休暇については適用除外とするものではありません（昭 63.3.14 基発 150 号、平 11.3.31 基発 168 号、昭 22.11.26 基発 389 号）。

① 管理監督者の判断基準

　管理監督者とは、一般的には局長・部長・工場長等労働条件の決定、その他労務管理について経営者と一体的な立場にある者の意ですが、通達では、名称にとらわれず出社退社等について厳格な制限を受けない者について実態的に判別すべきとされています。

《監督又は管理の地位にある者の範囲》　　　　　　　　　通達

(1) 原則
　法に規定する労働時間、休憩、休日等の労働条件は、最低基準を定めたものであるから、この規制の枠を超えて労働させる場合には、法所定の割増賃金を支払うべきことは、すべての労働者に共通する基本原則であり、企業が人事管理上あるいは営業政策上の必要等から任命する職制上の役付者であればすべてが管理監督者として例外的取扱いが認められるものではないこと。

(2) 適用除外の趣旨
　これらの職制上の役付者のうち、労働時間、休憩、休日等に関する規制の枠を超えて活動することが要請されざるを得ない、重要な職務と責任を有し、現実の勤務態様も、労働時間等の規制になじまないような立場にある者に限って管理監督者として法第41条による適用の除外が認められる趣旨であること。従って、その範囲はその限りに、限定しなければならないものであること。

(3) 実態に基づく判断
　一般に、企業においては、職務の内容と権限等に応じた地位（以下「職位」という。）と、経験、能力等に基づく格付（以下「資格」という。）とによって人事管理が行われている場合があるが、管理監督者の範囲を決めるに当たっては、かかる資格及び職位の名称にとらわれることなく、職務内容、責任と権限、勤務態様に着目する必要があること。

(4) 待遇に対する留意
　管理監督者であるかの判定に当たっては、上記のほか、賃金等の待遇面についても無視し得ないものであること。この場合、定期給与である基本給、役付手当等において、その地位にふさわしい待遇がなされているか否か、ボーナス等の一時金の支給率、その算定基礎賃金等についても役付者以外の一般労働者に比し優遇措置が講じ

らているか否か等について留意する必要があること。なお、一般労働者に比べ優遇措置が講じられているからといって、実態のない役付者が管理監督者に含まれるものではないこと。
(5) スタッフ職の取扱い
　法制定当時には、あまり見られなかったいわゆるスタッフ職が、本社の企画、調査等の部門に多く配置されており、これらのスタッフの企業内における処遇の程度によっては、管理監督者と同様に取扱い、法の規制外においても、これらの者の地位からして特に労働者保護に欠けるおそれがないと考えられ、かつ法が監督者のほかに、管理者も含めていることに着目して、一定の範囲の者については、同法第41条第2項該当に含めて取扱うことが妥当であると考えられること。

（昭 22.9.13 発基 17 号、昭 63.3.14 基発 150 号）

② 警備業・ビルメンテナンス業における管理監督者の判断

　警備業・ビルメンテナンス業においては、現場ごとに多くの非正規従業員を束ねる従業員がいることから、その従業員を管理監督者として扱ってよいか悩むところも多いかと思います。

　この判断に関しては、上記通達の他、「多店舗展開する小売業、飲食業等の店舗における管理監督者の範囲の適正化について」（平 20.9.9 基発 0909001 号）が参考になります。

　ただし、この通達内容は、いずれも管理監督者性を否定する要素にかかるものであり、これらの否定要素が認められないケースでも管理監督者性が肯定されることになるものではありません。よって、実態がどうであるか十分な検討のうえ、判断をする必要があります。

《多店舗展開する小売業、飲食業等の店舗における管理監督者の範囲の適正化について》

通達

1 「職務内容、責任と権限」についての判断要素

(中略)

(1) 採用

店舗に所属するアルバイト・パート等の採用(人選のみを行う場合も含む。)に関する責任と権限が実質的にない場合には、管理監督者性を否定する重要な要素となる。

(2) 解雇

店舗に所属するアルバイト・パート等の解雇に関する事項が職務内容に含まれておらず、実質的にもこれに関与しない場合には、管理監督者性を否定する重要な要素となる。

(3) 人事考課

人事考課(昇給、昇格、賞与等を決定するため労働者の業務遂行能力、業務成績等を評価することをいう。以下同じ。)の制度がある企業において、その対象となっている部下の人事考課に関する事項が職務内容に含まれておらず、実質的にもこれに関与しない場合には、管理監督者性を否定する重要な要素となる。

(4) 労働時間の管理

店舗における勤務割表の作成又は所定時間外労働の命令を行う責任と権限が実質的にない場合には、管理監督者性を否定する重要な要素となる。

2 「勤務態様」についての判断要素

(中略)

(1) 遅刻、早退等に関する取扱い

遅刻、早退等により減給の制裁、人事考課での負の評価など不利益な取扱いがされる場合には、管理監督者性を否定する重要な要素となる。

ただし、管理監督者であっても過重労働による健康障害防止や深夜業に対する割増賃金の支払の観点から労働時間の把握や管理が行われることから、これらの観点から労働時間の把握や管理を受けている場合については管理監督者性を否定する要素とはならない。
(2) 労働時間に関する裁量
　　営業時間中は店舗に常駐しなければならない、あるいはアルバイト・パート等の人員が不足する場合にそれらの者の業務に自ら従事しなければならないなどにより長時間労働を余儀なくされている場合のように、実際には労働時間に関する裁量がほとんどないと認められる場合には、管理監督者性を否定する補強要素となる。
(3) 部下の勤務態様との相違
　　管理監督者としての職務も行うが、会社から配布されたマニュアルに従った業務に従事しているなど労働時間の規制を受ける部下と同様の勤務態様が労働時間の大半を占めている場合には、管理監督者性を否定する補強要素となる。
3 「賃金等の待遇」についての判断要素
(中略)
(1) 基本給、役職手当等の優遇措置
　　基本給、役職手当等の優遇措置が、実際の労働時間数を勘案した場合に、割増賃金の規定が適用除外となることを考慮すると十分でなく、当該労働者の保護に欠けるおそれがあると認められるときは、管理監督者性を否定する補強要素となる。
(2) 支払われた賃金の総額
　　一年間に支払われた賃金の総額が、勤続年数、業績、専門職種等の特別の事情がないにもかかわらず、他店舗を含めた当該企業の一般労働者の賃金総額と同程度以下である場合には、管理監督者性を否定する補強要素となる。

> (3) 時間単価
>
>   実態として長時間労働を余儀なくされた結果、時間単価に換算した賃金額において、店舗に所属するアルバイト・パート等の賃金額に満たない場合には、管理監督者性を否定する重要な要素となる。
>
>   特に、当該時間単価に換算した賃金額が最低賃金額に満たない場合は、管理監督者性を否定する極めて重要な要素となる。

(平 20.9.9 基発 0909001 号より抜粋)

8. 監視断続的勤務は認められにくい

監視断続的労働従事者、宿日直勤務者については、所轄労働基準監督署長の許可を得られれば、労働時間、休憩、休日に関する規定は適用しないこととされています（労基法 41 条三号）。

なお、一般的許可基準として通達（昭 22.9.13 基発 17 号、昭 23.4.5 基発 535 号、昭 63.3.14 基発 150 号）では下記の基準が挙げられています。

> 《一般的許可基準》
> 1. 監視に従事する者
>   原則、一定の部署で監視することを本来の業務とし、常態として身体の疲労または精神的緊張の少ないものについて許可する。
> 2. 断続的労働に従事する者
>   休憩時間は少ないが手待時間の多い者。例えば、修繕係等通常は業務閑散であるが、事故発生に備えて待機するものは許可する。

警備業務では、依頼者から委託を受けて警備業法の規制のもとに業務が行われるため、警備業務に従事する者の身体の疲労ないし精神的緊張は少なくありません。

よって、警備業務においては、監視または断続的労働に該当するかは、

通達（平5.2.24基発110号）により示されており、実態に即して判断されることとなります。

《警備業者が行う警備業務にかかる監視または断続的労働の許可》

○警備業務にかかる監視に従事する者
(1) 一定部署にあって監視することを本来の業務とし、かつ、常態として身体の疲労および精神的緊張の少ないこと。
(2) 勤務場所が危険でなく、また、湿度、温度、騒音、粉塵濃度などの諸点からみて有害ではないこと。
(3) 1勤務の拘束時間が12時間以内であること。
(4) 勤務と、次の勤務との間に10時間以上の休息期間が確保されていること。

以下の業務にあたる者は、監視に従事する者に該当しません。
・交通誘導業務
・必要に応じ、身体や荷の点検を行う業務
・常態として警備業務用機械装置によって監視する業務

○警備業にかかる断続的労働に従事する者
(1) いわゆる「宿日直業務の代行」として行われる業務であること。すなわち、常態としてほとんど労働する必要がなく、定期的巡視、施錠および開錠、緊急の文書または電話の収受、不意の来訪者への対応、非常事態発生の対応などの業務であること。
(2) 1勤務の拘束時間が12時間以内であること（ただし、当該勤務中の夜間に継続4時間以上の睡眠時間が与えられる場合には16時間以内）。
(3) 勤務と次の勤務との間に10時間以上の休息期間が確保されて

いること（ただし、当該勤務中の夜間に継続4時間以上の睡眠時間が与えられる場合には8時間以上）
(4) 巡視の回数が1勤務当たり6回以下であり、かつ、巡視1回の所要時間が1時間以内であって、その合計が4時間以内であること。

以下の業務にあたる者は、断続的労働に従事する者に該当しません。
・コンビナート、空港、遊園地など警備対象が広大である警備
・その構造上外部からの侵入を防止することが困難な警備
・高価な物品が陳列、展示または保管されている場所の警備

（平5.2.24 基発110号を基に作成）

これらのことから、警備業において監視断続的労働従事者、宿日直勤務者として許可を得て、労働時間、休憩、休日に関する規定の適用除外の適用を得ることは難しいとされています。

9. 年次有給休暇

① 年次有給休暇の要件

年次有給休暇とは、次の **(1)(2)** の2つの要件を満たした従業員に対して、労働契約上労働の義務のある日について労働の義務を免除、労働から解放し、これを有給とすることで身体および精神的に休養がとれるようにした休暇のことです。

《年次有給休暇が付与される要件》

(1) 雇入れの日から6か月以上継続勤務
(2) 全労働日の8割以上の出勤

1) 継続勤務

労基法39条において「使用者は、その雇入れの日から起算して」とあるように、起算日は雇入れ日となり、労働契約の存続期間が継続して6か月以上続いていることをいいます。

2) 出勤率

雇入れ日から6か月間やそれ以後1年間ごとの出勤率を見て8割以上でなければ、そもそも年次有給休暇は発生しません。

出勤率の計算は、次の計算によって割り出します。

$$出勤率 = \frac{出勤日^{※1}}{全労働日^{※2}}$$

② 付与日数

雇入れの日から起算して6か月間継続勤務し全労働日の8割以上出勤した従業員に対して、10労働日の有給休暇を与え、その後は**表17**に掲げる日数の年次有給休暇を付与することになります。もちろん全労働日の8割未満である者に対しては、年次有給休暇は与えません（労基法39条1項、2項）。

※1 出勤日には、「遅刻、早退日」「業務上傷病による休業日」「産前産後休業期間」「育児・介護休業期間」「年休取得期間」も含まれる。
※2 全労働日……6か月（1年）の総暦日数から所定休日を除いた日。

《年次有給休暇の付与日数》　　　　　　　　　　　　　　　　　表17

勤続年数	6か月	1年6か月	2年6か月	3年6か月	4年6か月	5年6か月	6年6か月以上
付与日数	10日	11日	12日	14日	16日	18日	20日

1）途中で雇用契約が変更された場合

　人手不足の折、両業界とも人材確保に苦労していますが、非正規従業員として雇った者の働きが良ければ、契約途中であっても正規従業員に契約を変更して人材確保につなげるケースがあります。この場合、年次有給休暇の付与日数はどのように考えればよいでしょうか。

　年次有給休暇は、雇入れ日を基準に6か月後に付与した後は、1年ごとに付与されます。付与される日数は、予定の労働日数に応じた日数の年次有給休暇を付与するものであることから、次に付与されるまでの間に労働日数が増加したとしても、付与日数を見直す必要はありません。逆のケースでも同様の扱いとなります。

（例）年次有給休暇の付与日に、週3日の非正規従業員であった警備員を、契約期間途中の8か月目に「期間の定めのない」正規従業員の警備員に契約を変更したケースで考えてみましょう。

　　　このケースでは、雇入れ日から6か月後、5日の年次有給休暇が付与されました。雇入れ8か月目に雇用契約を変更し、週5日勤務の正規従業員となりましたが、契約変更時点ではすでに付与されている年次有給休暇は引き継がれるため、雇入れ日から1年6か月後に付与される年次有給休暇付与日までの間は付与日数を見直しません（図12）。

《契約変更された場合》 図12

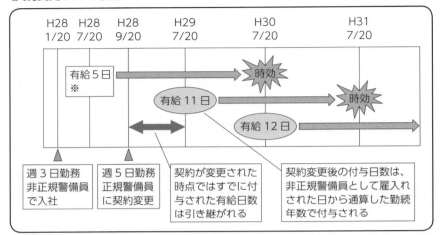

＊ 所定労働日、所定労働時間の短い者に付与される年次有給休暇の日数については⑦**比例付与**（141頁）をご参照ください。

2）時　効

　年次有給休暇は2年で時効となります。例えば、付与された有給日数は、使わなければ翌年に付与された有給日数と合算され、その次の年の付与日前に時効で消滅します（**図13**）。

　なお実務上、多くの従業員の雇入れ日が違う場合、付与日ごとに各従業員の有給日数を管理する作業が煩雑となるため付与日を統一する会社もありますが、その際は、法定要件を下回らないように配慮する必要があります。

《付与日と付与日数と時効の関係》　　　　　　　　　　　　　　図13

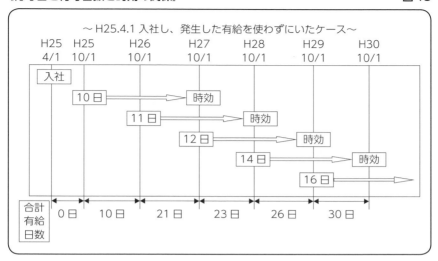

③ 時間単位年休

　平成22年4月1日から、労使協定で次の事項を定めることで、年に5日（繰越分を含む）を限度に、時間単位で年次有給休暇を与えることができることになりました（**書式11**）（**規定14**）。

　ただし、原則、日を単位として与えるのが労基法の趣旨であるため、年5日を超える時間単位の年休を労使で定めることはできません（法定を上回る付与部分に関しては除きます）。

《時間単位年休に係る労使協定で定める事項》

Ⓐ　**対象労働者の範囲**
　・事業の正常な運営が妨げられる場合、対象労働者の範囲を限定することが可能
　・利用目的による範囲の制限は不可

Ⓑ　**時間単位年休の日数**（5日以内に限る）
　・労基法により与えられる1年間の付与日数のうち5日以内の範

囲内で定める
　・前年度から繰越分を含めて5日以内とする
Ⓒ　**時間単位年休1日の時間数**
　・時間数は、有給休暇1日の所定労働時間数を下回らないものとする
　　＊　日によって所定労働時間数が異なる場合は、1年間の1日平均所定労働時間数とする
　・1時間に満たない時間数は、1時間に切り上げる
Ⓓ　**1時間以外の単位で与える場合の時間数**
　・原則は、1時間単位とされるが、労使協定でそれ以外の時間単位とした場合、1日の所定労働時間数以上とならないよう定める

　時間単位の年次有給休暇の取扱いについては、以下の点に注意し運用する必要があります。

《時間単位の年次有給休暇の取扱い注意点》

Ⓐ　必ず時間単位で与えること
Ⓑ　時間単位の年次有給休暇で支払われる賃金は、日単位の年次有給休暇と同じベースとする
Ⓒ　時季変更権も可能とする
Ⓓ　時間単位の年次有給休暇による計画的付与は不可とする

《年次有給休暇の時間単位付与に関する労使協定例》　　　　　書式11

時間単位年休に関する労使協定

（対象者）
第1条　時間単位年休の対象はすべての従業員とする。
（日数の上限）
第2条　時間単位で取得する年次有給休暇の日数は5日以内とする。
（1日の年次有給休暇に相当する時間単位年休）
第3条　年次有給休暇を時間単位で取得する場合は、1日の年次有給休暇に相当する時間数を8時間とする。
（取得単位）
第4条　年次有給休暇を時間単位で取得する場合は、1時間単位で取得するものとする。

　　　　　　　平成　年　月　日
　　　　　　　　　　○○株式会社　代表取締役　○○○○
　　　　　　　　　　　　　　　　　労働者代表　○○○○

《規定例》　　　　　規定14

第○条（年次有給休暇の時間単位での付与）
　労使協定に基づき、前条の年次有給休暇の日数のうち、1年について5日の範囲内で、次により時間単位の年次有給休暇（以下「時間単位年休」という。）を付与する。
(1) 時間単位年休付与の対象者は、すべての従業員とする。
(2) 時間単位年休を取得する場合の、1日の年次有給休暇に相当する時間数は、以下のとおりとする。
　① 所定労働時間が5時間を超え6時間以下の者……6時間
　② 所定労働時間が6時間を超え7時間以下の者……7時間
　③ 所定労働時間が7時間を超え8時間以下の者……8時間
(3) 時間単位年休は1時間単位で付与する。

(4) 本条の時間単位年休に支払われる賃金額は、所定労働時間労働した場合に支払われる通常の賃金の1時間当たりの額に、取得した時間単位年休の時間数を乗じた額とする。
(5) 上記以外の事項については、前条の年次有給休暇と同様とする。

④ 時季変更権

年次有給休暇は、原則として従業員が請求した時季に与えなければなりません。

しかし、請求された時季に有給休暇を与えることが事業の正常な運営を妨げる場合には、他の時季に変更できる権利が使用者には与えられています。これを時季変更権といいます。

ただし、事業の正常な運営を妨げる場合とは、客観的に見てやむを得ないと認められる場合でなければならず、単に「忙しい」というだけでは認められません。

シフト勤務を行うことの多い警備業やビルメンテナンス業において、時季変更権行使については、勤務割による勤務体制がとられている会社での事業の正常な運営を妨げるか否かの判断要素を示した裁判例「弘前電報電話局事件」が参考になります。

《弘前電報電話局事件》（最二小判昭62・7・10）　　　　　　　裁判例

> 勤務割における勤務予定日につき年次休暇の時季指定がされた場合であっても、使用者が、通常の配慮をすれば勤務割を変更して代替勤務者を配置することが可能であるときに、休暇の利用目的を考慮して勤務割変更のための配慮をせずに時季変更権を行使することは許されないとされた。

シフト勤務を採用している場合、代替勤務者の配置が可能であるにもかかわらずなされていないケースでは、時季変更権の行使は認められないということになります。

⑤ 計画的付与

「年次有給休暇の計画的付与」とは、労使協定によって計画的付与の対象となる年次有給休暇の日数のうち、5日を超える部分について時季を指定し付与する制度のことをいいます。よって、年次有給休暇の日数のうち5日は個人が自由に取得できるよう日数を残しておきます。

前年度から繰り越された日数は、繰り越された年次有給休暇を含めて5日を超える部分を計画的付与の対象とすることが可能です。この労使協定の届出は必要ありません。

《労使協定で定める項目》

Ⓐ 計画的付与の対象者（あるいは対象から除く者）
Ⓑ 対象となる年次有給休暇の日数
Ⓒ 計画的付与の具体的な方法
Ⓓ 対象となる年次有給休暇を持たない者の扱い
Ⓔ 計画的付与日の変更

年次有給休暇の計画的付与制度は、「事業場全体の休業による一斉付与」「班・グループ別の交替制付与（**書式12**）」「年次有給休暇付与計画表による個人別付与」などさまざまな方法で活用できるため、警備業・ビルメンテナンス業のような24時間365日稼動の業務であっても、実態に応じた方法で導入することができます。

《グループ別付与方式の場合における労使協定例》　　　　書式12

年次有給休暇の計画的付与に関する労使協定

○○株式会社と同社従業員代表○○○○とは、年次有給休暇の計画的付与に関し、次のとおり協定する。

1　各課所属の社員をA、Bの2グループに分けるものとする。その調整と決定は各課長が行う。
2　各社員が保有する○年度の年次有給休暇のうち5日分については各グループの区分に応じて、次表のとおり与えるものとする。

Aグループ	8月5日～9日
Bグループ	8月12日～16日

3　社員のうち、その保有する年次有給休暇の日数から5日を差し引いた日数が「5日」に満たないものについては、その不足する日数の限度で特別有給休暇を与える。
4　この協定の定めにかかわらず、業務遂行上やむを得ない事由のため指定日に出勤を必要とするときは、会社は従業員代表と協議の上、指定日を変更するものとする。
5　以下の社員には年次有給休暇の計画的付与に関する規定は適用しない。
　①　計画的付与の期間中に退職するもの
　②　休職中のもの
　③　業務上の疾病、ケガ等による療養のため休業しているもの
　④　産前産後休業、育児・介護休業中のもの
　⑤　その他会社が適用除外と認めるもの

　　　　平成○年○月○日

　　　　　　　　　　　　　　　　○○株式会社
　　　　　　　　　　使用者　取締役総務部長　○○○○㊞

　　　　　　　　　　　　　　　　○○株式会社
　　　　　　　　　　従業員代表　○○○○　㊞

⑥ 年次有給休暇の賃金

年次有給休暇を取得した期間においては、何をもとに賃金を計算するか就業規則等で定め、その日数に応じ賃金を支払うこととなります。年次有給休暇の賃金については、次の3つの方式があります。

《年次有給休暇の賃金の3方式》

(1) 平均賃金をもとにする

$$\text{平均賃金} = \frac{3\text{か月間に支払われた賃金総額}}{3\text{か月間の総日数}}$$

(2) 通常の賃金をもとにする
(3) 標準報酬日額（健康保険法）をもとにする
　＊標準報酬日額をもとに支払う場合、労使協定が必要となります。

⑦ 比例付与

非正規従業員（パート、アルバイト等）についても所定労働時間や所定労働日数に応じた年次有給休暇を付与することになります。付与日数は、**表18**の日数を与えることとなります。

《付与日数》　　　　　　　　　　　　　　　　　　　　　　　　表18

	週所定労働日数	1年間の所定労働日数	継続勤続年数						
			6か月	1年6か月	2年6か月	3年6か月	4年6か月	5年6か月	6年6か月～
付与日数	5日	217日～	10日	11日	12日	14日	16日	18日	20日
	4日	169日～216日	7日	8日	9日	10日	12日	13日	15日
	3日	121日～168日	5日	6日	6日	8日	9日	10日	11日
	2日	73日～120日	3日	4日	4日	5日	6日	6日	7日
	1日	48日～72日	1日	2日	2日	2日	3日	3日	3日

なお、非正規従業員の年次有給休暇に関する賃金についても、**❻年次有給休暇の賃金**（141頁）によりますが、日々労働時間が異なる臨時従業員の場合、年次有給休暇をとる日によって賃金額が異なるため「平均賃金をもとにする」支払方法が合理的と考えられます。

⑧ 夜勤者・24時間勤務者（当務）の年次有給休暇

年次有給休暇の付与は暦日付与が原則です。1勤務が2日にわたる場合の年次有給休暇について通達では「法第39条の「労働日」は原則として暦日計算によるべきものであるから、一昼夜交替制の如き場合においては、1勤務を2労働日として取扱うべきである」（昭26.9.26基収3964号、昭63.3.14基発150号）とされています。

ただし、施設警備・設備管理において、上記取扱いとなると1勤務で2日の年次有給休暇が常に消化される不合理な取扱いとなることから、同じ通達において、「また、交替制における2日にわたる1勤務及び常夜勤勤務者の1勤務については、当該勤務時間を含む継続24時間を1労働日として取扱って差支えない。なお、交替制勤務の場合で、番方交替日に連勤を行い、1暦日に長時間勤務をする場合については、その日の所定労働時間の長さにかかわらず、一労働日として取扱うこと」と示されています。8時間3交替制を採用している場合や、常に夜勤勤務を行うものに関しては、有給休暇については勤務時間を含めた継続24時間を1労働日として、1日分の賃金支給による有給休暇の取得が認められます。

10. 勤務間インターバル制度

　勤務間インターバル制度とは、長時間労働抑制のため適切に労働時間を把握し、勤務と勤務の間に一定期間の休息時間を設定する制度のことをいいます。

　図14のように、勤務間インターバル制度は休息時間を中心に設定する制度であることから、長時間労働の抑制だけでなく、一定の睡眠時間を確保することが可能となり、疲労回復効果と生産性向上が期待できるとされています。

《勤務間インターバル制度》　　　　　　　　　　　　　　　　　　図14

① 勤務間インターバル制度の必要性

　本書執筆時点で、勤務間インターバル制度を導入している企業は1.4％（厚生労働省「平成29年 就労条件総合調査の概況」平成29年12月27日発表より）と、制度導入が進んでいません。

　しかし、警備業・ビルメンテナンス業は、業務の性質上、24時間年中稼働している業界です。従業員は「交替制」で勤務し、また、常に緊張を強いられる業務であることから、休息時間を中心に設定する勤務間インターバル制度の導入は、安全配慮義務（「使用者は、労働契約に伴い、労働者がその生命、身体等の安全を確保しつつ労働することができるよう、必要な配慮をするものとする」労契法5条）の観点からも、また、昨今の労災行政訴訟などの傾向が、勤務間の休養がある程度確保されていたかを争点していることからも、今後、企業にとって必要になるものと思われます。

② 勤務間インターバル制度導入の進め方

　勤務間インターバル制度導入は法で定まっているわけではありません。よって、制度を導入した先進企業の例を参考に、自社にあった制度へ修正して、制度導入・運用を進めていくこととなります。

　ここでは、一般的な制度導入の流れおよび注意点等を挙げておきましょう（**図15**）。

《勤務間インターバル制度導入の流れ》　　　　　　　　　　図 15

- **1. 状況調査：社内すべての部署、社員における労働時間の調査**
  調査に難色を示す場合、「労働基準法により、使用者は労働時間を適切に管理する責務を有している」ことを理解してもらい、協力を要請します。

- **2. 制度検討：調査実態から休息確保のあり方を検討**
  制度になじまない働き方の社員や部署には、別のかたちで休息時間が確保できるよう制度構築を考える必要があります。

- **3. 制度説明：社員側に対し、勤務間インターバル制度を導入したい旨の説明**
  制度導入の目的、休息時間の考え方、勤務間インターバルによる勤務免除等の考え方などを社員側へ説明します。

- **4. 労使交渉：制度内容を議論し労使双方納得のいく制度を目指すため、労使間で長時間労働の危険性、休息時間確保の必要性等認識の一致を図る**
  制度がなし崩しとならないよう、突発的トラブルなど例外ケースや、休息時間の確保による翌日の勤務時間における免除時間の賃金の取扱いなども労使間で定めておく必要があります。

- **5. 協定締結：労使協定の締結、就業規則等の改定**

《規定例》 規定15

> Ⓐ **休息時間と翌所定労働時間が重複する部分を労働とみなす場合（賃金減額なし）**
>
> 第○条（勤務間インターバル）
>   1　原則、従業員ごとに1日の勤務終了後、次の勤務の開始までに、少なくとも○○時間の継続した休息時間を与えるものとする。ただし、災害その他避けることができない場合は、その限りではない。
>   2　前項の休息時間の満了時刻が、次の勤務の所定始業時刻以降に及んだ場合、当該始業時刻から満了時刻まで間は労働したものとみなし、賃金は減額しない。
>
> Ⓑ **始業時刻を繰り下げる場合（賃金減額あり）**
>
> 第○条（勤務間インターバル）
>   1　原則、従業員ごとに1日の勤務終了後、次の勤務の開始までに、少なくとも○○時間の継続した休息時間を与えるものとする。ただし、災害その他避けることができない場合は、その限りではない。
>   2　前項の休息時間の満了時刻が、次の勤務所定始業時刻以降に及んだ場合、翌日の始業時間を前項の休息時間の満了時刻まで繰り下げ、その間は労働を免除するが、不就労時間に応じ賃金を減額する。

　確保すべき休息時間については、平成28年3月に厚生労働省労働基準局が発表した「勤務間インターバル制度の導入状況」によれば、11時間未満でインターバルを設定する企業が多い結果となっています。また、日本は通勤時間が長い社員が比較的多いことから、通勤時間を含むとする考え方が主流のようです。

　しかし両業界とも、精神的にも肉体的にも過酷な業務も含まれることから過労死等の訴訟リスクも考え、有効なインターバルを設定するので

あれば、過重労働の目安である「過労死ライン」から設定時間を検討する方法も考えられます。

11. 労使協定の締結が必要なものは

　労使協定とは、簡単にいえば労働者と使用者が結ぶ協定のことです。「使用者と、当該事業場において労働者の過半数で組織される労働組合またはこのような労働組合がない場合は労働者の過半数を代表する者との間で取り決める協定」をいい、労基法において**表19**に挙げるケースに関して労使協定の締結を必要としています。
　また、労使協定の中には労使協定の締結後、労働基準監督署への届出が必要な協定もあり、注意が必要です。

《労基法による労使協定が必要なケース》　　　　　　　　　　　　　表19

労使協定が必要なケース	届出	有効期間の定め	労基法の規定
労働者の貯蓄金をその委託を受けて管理しようとするとき	要		18条2項
賃金の一部を控除して支払うとき			24条1項
休憩時間を一斉に与える方法によらないとき			34条2項
1か月単位の変形労働時間制を採用するとき	要	要	32条の2
フレックスタイム制を採用するとき			32条の3
1年単位の変形労働時間制を採用するとき	要	要	32条の4
1週間単位の非定型的変形労働時間制を採用するとき	要	要	32条の5
時間外・休日労働を行わせるとき（36協定）	要	要	36条1項
月60時間超え時間外労働をさせた場合に代替休暇制度を設けるとき			37条3項
事業場外のみなし労働時間制を採用するとき	要	要	38条の2
専門業務型裁量労働制を採用するとき	要	要	38条の3
年次有給休暇を時間単位で与えるとき			39条4項
年次有給休暇の計画的付与を行うとき			39条6項
年次有給休暇に関する賃金の算定基礎を健康保険法上の標準報酬日額にするとき			39条7項

＊　網掛けのケースに関しては、「労働時間等設定改善委員会」（労働時間等設定改善について調査審議する機関であり、事業主委員と労働者委員で構成）の5分の4以上の多数による決議により変えることができ、また、その場合は36協定以外は労働基準監督署への届出も不要です。

① 労働者の過半数を代表する者の決め方

　事業場において従業員の過半数で組織される労働組合がない場合、従業員の過半数を代表する者を決めなければなりません。その決め方に関しては、労基則6条の2において以下のように定められています。

《労働者の過半数を代表する者の決め方》（労基則6条の2）

> 1　法第18条第2項、法第24条第1項ただし書、（中略）に規定する労働者の過半数を代表する者（以下この条において「過半数代表者」という。）は、次の各号のいずれにも該当する者とする。
> 　一　法第41条第二号に規定する監督又は管理の地位にある者でないこと。
> 　二　法に規定する協定等をする者を選出することを明らかにして実施される投票、挙手等の方法による手続により選出された者であること。
> 2　前項第一号に該当する者がいない事業場にあっては、（中略）労働者の過半数を代表する者は、前項第二号に該当する者とする。
> 3　使用者は、労働者が過半数代表者であること若しくは過半数代表者になろうとしたこと又は過半数代表者として正当な行為をしたことを理由として不利益な取扱いをしないようにしなければならない。

1)「法第41条第二号に規定する監督又は管理の地位にある者でないこと」

　管理監督者とは、一般的には部長・工場長など、労働条件の決定その他労務管理について経営者と一体的な立場にある人を指します。労使協定は、労使対等な立場での合意によって、労働時間等、労働条件の内容を決めていくため、過半数代表者の選出にあたっては、管理監督者に該当する可能性のある人は避けた方がよいでしょう。

　過半数代表者となるのは、「法41条第二号に規定する管理監督者で

ないこと」とされていますが、過半数代表者を選ぶ労働者については、労基法9条で定められている「労働者」であることから、管理監督者を含めたすべての労働者を対象としています。

2)「協定を締結するための過半数代表者を選出することを明らかにしたうえで、投票、挙手などにより選出すること」

会社の代表者・管理監督者が指名した過半数代表者は、使用者の意向によって選出されたとみなされるため、協定が無効となる可能性があります。よって、以下の手続きにより選出します。

《選出手続》

- 「投票」「挙手」「従業員の話し合いや持ち回り決議」などによります。
- 従業員の過半数が支持した人が選任されたことが明確となる民主的な手続きであることが必要です。
- パートやアルバイト、嘱託などであっても民主的な手続きによって選出された場合、過半数代表者となることができます。

② 周知義務

従業員の権利および義務をあらかじめ従業員に周知するとともに、適正な労務管理と紛争の防止をするため、就業規則同様、各種労使協定も掲示、備え付け、書面の交付等によって従業員に周知しなければなりません。

周知方法について、使用者は、次のいずれかの方法で周知しなければならないとされてます。

《周知方法》

Ⓐ 常時各作業場の見やすい場所に掲示・備え付ける
Ⓑ 書面で交付する
Ⓒ 磁気テープ、磁気ディスクその他これらに準ずる物に記録し、かつ、各作業場に労働者が当該記録の内容を常時確認できる機器を設置する

第4節 賃金

1. 賃金とは

① 労基法での賃金とは

「この法律で賃金とは、賃金、給料、手当、賞与その他名称の如何を問わず、労働の対償として使用者が労働者に支払うすべてのものをいう」（労基法11条）とされ、使用者が支払うもので、労働の対償であれば賃金と判断されます。

警備業・ビルメンテナンス業では資格取得が必要な業務の場合、資格取得時に資格取得奨励金などお祝い金を出す場合もありますが、これは恩恵的なものの扱いとなり、賃金となりません。ただし、毎月定期的に資格手当として支給される場合は別です（**表20**）。

また、退職金は就業規則等により支給条件が明確に定められていれば、労基法11条の賃金となります。もし、定められていないようであれば、退職金は必ずしも使用者が支払わなくてはならないものではありません。

《賃金》　　　　　　　　　　　　　　　　　　　　　　　　　　　　表20

賃金となるもの	賃金とならないもの
・給与（定期の賃金） ・諸手当（住宅手当、職務手当等） ・ボーナス	・制　服 ・就業規則等に定められていない任意的・恩恵的なもの ・住宅の貸与など福利厚生施設 ・出張旅費など実費弁償的なもの

② 賃金の支払い方

　非正規従業員の多い業界では、正規従業員とは別に賃金の締切・支払い日を設けているケースがあり、警備業・ビルメンテナンス業もその一つです。ただし、労基法24条において、賃金の支払い方が定められており、会社が勝手な方法で支払うことがないように、ルールが定められています。

《労基法24条》（賃金の支払）

> 1　賃金は、通貨で、直接労働者に、その全額を支払わなければならない。ただし、法令若しくは労働協約に別段の定めがある場合又は厚生労働省令で定める賃金について確実な支払の方法で厚生労働省令で定めるものによる場合においては、通貨以外のもので支払い、また、法令に別段の定めがある場合又は当該事業場の労働者の過半数で組織する労働組合があるときはその労働組合、労働者の過半数で組織する労働組合がないときは労働者の過半数を代表する者との書面による協定がある場合においては、賃金の一部を控除して支払うことができる。
> 2　賃金は、毎月一回以上、一定の期日を定めて支払わなければならない。ただし、臨時に支払われる賃金、賞与その他これに準ずるもので厚生労働省令で定める賃金（第89条において「臨時の賃金等」という。）については、この限りでない。

③ 賃金支払いの5原則

1）通貨で支払う

　賃金は「通貨」で支払わなければなりません。通貨とは、「貨幣及び日本銀行法（中略）の規定により日本銀行が発行する銀行券をいう」（通貨法2条3項）と定められていることから、賃金は日本国内で強制通用力のある貨幣で支払うこととなります。ただし以下の場合には、

通貨以外の支払いが認められています（労基法24条1項但書）。

《**通貨以外で支払いが認められる場合**》

> Ⓐ 法令に別段の定めがある場合
> Ⓑ 労働協約※に別段の定めがある場合
> Ⓒ 厚生労働省令で定める賃金について確実な支払いの方法で厚生労働省令で定めるものによる場合

2）直接従業員に支払う

　賃金は、直接労働者に支払わなければなりません。なお通達では、従業員本人から委任を受けた任意代理人であったとしても、その者に支払うのは違反となりますが、本人が病気等で出社できず、給与の受取りを単なるお使いとして妻等が行う場合は、使者として問題ないとされています。

《**賃金の直接払と民法上の委任**》　　　　　　　　　　　　　　　　　　通達

> 　法第24条第1項は、労働者本人以外の者に賃金を支払うことを禁止するものであるから、労働者の親権者その他の法定代理人に支払うこと、労働者の委任を受けた任意代理人に支払うことは、いずれも本条違反となり、労働者が第三者に賃金受領権限を与えようとする委任、代理等の法律行為は無効である。ただし、使者に対して賃金を支払うことは差し支えない。

（昭63.3.14 基発150号）

※ 労働協約……労働組合法に規定された労働組合と使用者によって、労働条件その他に関し書面にて協約を結ぶこと。

3）全額を労働者に支払う

賃金は、その全額を支払わなければなりません。よって、原則控除ができないこととなっていますが、労基法24条1項但書により、以下については控除が認められています。

《控除が認められる場合》

> Ⓐ **法令に別段の定めがある場合**
>   所得税、社会保険料などは控除が認められています。
> Ⓑ **労使協定がある場合**
>   購買代金、社宅、寮その他福利厚生施設の費用、社内預金、組合費等、事理明白なものについてのみ、労使協定によって賃金から控除することができます（昭和27.9.20基発675号、平11.3.31基発168号）。なおこの労使協定は、労働基準監督署への届出は不要です。

Ⓑ**労使協定がある場合**の控除については、協定様式は決められておらず、「控除対象となる具体的な項目」「各項目に定める控除を行う賃金支払日」を協定で定めればよいとされています（**書式13**）。

《賃金控除に関する労使協定例》　　　　　　　　　　　　　　　書式13

賃金控除に関する協定書

○○株式会社と従業員代表○川○雄は、労働基準法第24条第1項但書に基づき、賃金控除に関して下記のとおり協定する。

記

1．○○株式会社は、毎月　25日、賃金支払の際に次の掲げるものを控除して支払うことができる。

（1）寮費

（2）親睦会費

（3）財形貯蓄

（4）積立金研修・検定費用の本人負担分の立替分

（5）退職時におけるクリーニング代（実費）

2．この協定は平成　○年　○月　○日から有効とする。

3．この協定はいずれかの当事者が、90日前に文書によって破棄通告しない限り効力を有するものとする。

　　平成　○年　○月　×日

　　　　　　　　使用者　○○株式会社
　　　　　　　　　　　　代表取締役　○○　○○　㊞
　　　　　　　　　　　　従業員代表　○川　○雄　㊞

4）毎月1回以上支払わなければならない

　賃金は、労働者にとって生活の糧です。賃金が数か月に1回の支払いとなれば生活も不安定になることから、少なくとも毎月1回以上の賃金を支払わなければならない、とされています。

　ただし、賞与、臨時に支払われる賃金、査定期間が1か月を超える精勤手当等は、毎月払いでなくともよいとされています。

5）一定の期日を定めて支払う

　賃金は、一定の期日を定めて支払わなければなりません。いつ賃金が支払われるか分からなければ生活設計も立てにくくなるため、一定期日に賃金を支払うよう定めています。

　例えば、「支払期日は、毎月25日とする」と特定しなければならず、「第4金曜日に支給する」などと日にちを特定しない定めをした場合、月によって支払われる日が変動するため認められません。

《規定例》　　　　　　　　　　　　　　　　　　　　　　　　規定16

> 第○条（賃金の計算期間および支払日）
> 1　賃金の計算期間および支払日は下記のとおりとする。
> （1）原則、前月21日から当月20日までの分は、当月25日に支払う。
> （2）非正規従業員に関しては以下のとおりとする。
>
> | | 賃金計算期間 | 賃金支払日 |
> |---|---|---|
> | 月払 | 1日～当月末日 | 翌月1日 |
> | 半月払 | 毎月1日～15日 | 月末支払 |
> | | 毎月16日～末日 | 翌月15日支払 |
> | 週払 | 水曜日～翌週火曜日 | 締日翌週火曜日 |
>
> 2　前項に定める賃金支払日が銀行の休日にあたる場合、その前日（銀行営業日）に支払うものとする。

④ 平均賃金とは

「この法律で平均賃金とは、これを算定すべき事由の発生した日以前3か月間にその労働者に対し支払われた賃金の総額を、その期間の総日数（編注：暦日数）で除した金額をいう」（労基法12条）とされています。法で定められている手当や補償、減給制裁の制限額を算定する際に基準となる金額です。

《平均賃金の計算はこんなときに使います》　　　　図16

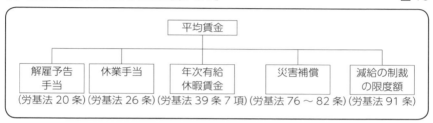

1）平均賃金の算定

原則、次のような計算式によって平均賃金を算定します。

《平均賃金の算定》

$$平均賃金 = \frac{算定すべき事由の発生した日以前3か月間の賃金総額^{※☆}}{算定すべき事由の発生した日以前3か月間の休日を含む暦日数^{☆}}$$

※　算定期間中に支払われる、通勤手当、精皆勤手当、年次有給休暇の賃金、通勤定期券代および昼食料補助等も含めたすべての賃金のこと。 なお、次の賃金については賃金総額から控除します。 (1) 臨時に支払われた賃金（結婚手当、私傷病手当、加療見舞金、退職金等） (2) 3か月を超える期間ごとに支払われる賃金（賞与であっても3か月ごとに支払われる場合は算入されます） (3) 労働協約で定められていない現物給与 (4) 産前産後休業期間など算定期間から除かれる期間中に支払われた賃金	☆　3か月間に次の期間がある場合、その期間の日数、賃金額を除外します。 (1) 業務上負傷し、または疾病にかかり療養のために休業した期間 (2) 産前産後の休業をした期間 (3) 使用者の責任によって休業した期間 (4) 育児・介護休業期間 (5) 試みの使用期間（試用期間） ＊2暦日にわたる勤務（一昼夜交替勤務のように明らかに2日の労働と解する場合を除く）の場合、通達（昭45.5.14基発374号）では当該勤務の始業時刻の属する日に事由が発生したものとして取り扱うとしています。

2）平均賃金の最低保障

　平均賃金は、1）の原則による計算で算定しますが、賃金が日額や時間給で決められ労働日数が少ない場合、賃金総額を実労働日数で除した6割にあたる額が1）の原則より高い場合は、その額を適用とする最低保障の定めがあります。

　警備業・ビルメンテナンス業では、この最低保障を適用しなくてはならない非正規従業員もいるため、平均賃金と最低保障を比べ、平均賃金が最低保障を下回るようであれば、最低保障を平均賃金とします。

　なお、特殊な事案での平均賃金算定は、使用者が平均賃金決定申請をすることにより都道府県労働局長が算定賃金を決定する方法をとります。1）の原則で平均賃金の算定ができない場合は、所轄の労働基準監督署にご相談ください。

$$\left(\text{最低保障} = \frac{\text{賃金総額}}{\text{実労働日数}} \times \frac{60}{100} \right)$$

3）雇入れから3か月経たないケースの算定

　警備業・ビルメンテナンス業では、雇入れから日が浅く、業務に不慣れな従業員による労災事故が少なからず発生しています。その際、雇入れ日から3か月に満たない者のケガによる休業の平均賃金算定について、通達（昭27.4.21基収1371号）で示されています。

　雇入れ後3か月に満たない者については、雇入れ後の期間とその期間中の賃金で算定することになりますが、賃金締切日がその間にある場合、直前の賃金締切日を起算日とします。ただし、直前の賃金締切日より計算すると賃金算定期間が1か月を下回る場合は、雇入れ後の期間の賃金総額と総日数で計算します。

　この算定方法で算出した金額と最低保障を比べ、最低保障を下回るようであれば、最低保障を平均賃金とします。

2. 割増賃金の考え方

① 割増賃金額を計算するための基礎となる賃金

割増賃金額を計算するための基礎となる賃金は、「通常の労働日または労働時間の賃金」が基になります。また原則として、日給制でも月給制でも時給に換算した金額で計算するため、1時間当たりの賃金額の計算方法は労基則19条により、**表21**のように定められています。

《1時間当たりの賃金額の計算方法》　　　　　　　　　　　　　　　　表21

時間給	時間によって定められた金額
時間給	その金額
日 給	1週間における1日平均所定労働時間数で除した金額（日によって所定労働時間が異なる場合、1週間における1日平均所定労働時間数で除した金額）
週 給	4週間における1週平均所定労働時間数で除した金額（週によって所定労働時間が異なる場合、4週間における1週平均所定労働時間数で除した金額）
月 給	1年間における1か月平均所定労働時間数で除した金額（月によって所定労働時間が異なる場合、1年間における1月平均所定労働時間数で除した金額）

② 算定基礎から除外される賃金

算定の基礎となる「通常の労働日または労働時間の賃金」には、労基法37条5項と労基則21条に列挙されている賃金を除き、すべて算入します。

《除外される賃金》

> (1) 家族手当
> (2) 通勤手当
> (3) 別居手当
> (4) 子女教育手当
> (5) 住宅手当
> (6) 臨時に支払われた賃金
> (7) 1か月を超える期間ごとに支払われる賃金

＊ 上記に掲げるものは、名称にかかわらず実質によって取り扱います。

③ 割増賃金の定額化

　月々同じような残業時間が発生する場合、割増賃金を定額制にして支払っている企業が時々見受けられます。

　定額制は違法ではありません。ただし、実際の時間外労働が定額の割増賃金で計算した時間を上回るのであれば差額分を別途支払わなければ賃金の未払いとなってしまいます。

　昨今、司法の流れは「割増賃金の定額制」の考え方を否定する方向になっていましたが、平成29年の判決（地位確認等請求事件、最二小判平29・7・7）を受け、厚生労働省から通達（平29.7.31 基監発0731第1号）が出され、割増賃金の定額制について使用者が留意すべき点が改めて示されました。

　この通達では、割増賃金の定額制に対して使用者が留意しなければならない点として、次の2点Ⓐ Ⓑを挙げています。

《割増賃金の定額制の留意点》

> Ⓐ 基本賃金等の金額が労働者に明示され、時間外労働、休日労働および深夜労働に対する割増賃金に当たる部分について、相当する時間外労働等の時間数または金額を書面等で明示し、通常の労働時間の賃金に当たる部分と割増賃金に当たる部分とを明確に区別できるようにする。
>
> Ⓑ 割増賃金に当たる部分の金額が、実際の時間外労働等の時間に応じた割増賃金の額を下回る場合には、その差額を追加して所定の賃金支払日に支払わなければならない。

　実際に割増賃金に対する運用が正しくできるのであれば問題ありませんが、昨今の流れからして、割増賃金の定額制について積極的に採用することは、あまりお勧めできません。

3. 割増賃金計算における端数処理の仕方

　割増賃金計算における端数処理に関して、端数処理の仕方を間違えている事業所を多く目にします。以前に比べ、労働基準監督署の臨検で細かい所も指摘されるケースが増えてきていますので、端数処理にも注意が必要です。

　端数処理の仕方については、次のような取扱いが通達（昭63.3.14基発150号）で示されています。

《割増賃金計算における端数処理》

労働時間の端数処理	割増賃金額等の端数処理	
1か月の時間外労働、休日労働、深夜労働について、それぞれの時間数の合計に1時間未満の端数がある場合	1時間あたりの賃金額および割増賃金額に1円未満の端数が生じた場合	1か月間の時間外労働、休日労働、深夜労働について、それぞれの割増賃金に1円未満の端数を生じた場合
～処理～ 30分未満の端数を切り捨て、それ以上を1時間に切り上げる	～処理～ 50銭未満の端数を切り捨て、それ以上を1円に切り上げる	

　なお、賃金の支払いにおける端数処理は、就業規則等に定めをしたうえで、以下のような処理ができます。
(1) 1か月の賃金額（賃金の一部を控除して支払う場合には控除した残額）に100円未満の端数が生じた場合は50円未満の端数を切り捨て、50円以上の端数を100円に切り上げて支払うことができます。
(2) 1か月の賃金額に1,000円未満の端数がある場合は、その端数を翌月の賃金支払日に繰り越して支払うことができます。

4. 賃金支払に関するトラブルを防ごう

① 最低賃金を下回らないように注意

1）最低賃金とは

　賃金は法によって最低賃金が定められています。最低賃金には次のⓐⓑの2種類があり、ほぼ毎年改正があります。

ⓐ **地域別最低賃金**

各都道府県ごとに決定される最低賃金で、その地域すべての労働者・使用者に適用されます。

ⓑ **特定最低賃金**

各都道府県ごとの特定の産業について設定されている最低賃金のことで、その地域における定められた産業に適用されます。特定最低賃金が定められていない産業については、地域別最低賃金が適用されます。

2）最低賃金から除かれるもの

最低賃金の対象となるのは、労働者に支払われる賃金のうち、毎月支払われる基本的な賃金であり、基本給や諸手当などです。ただし、次のものは含まれませんので注意が必要です。

《最低賃金の対象から除かれるもの》

Ⓐ臨時に支払われる賃金	Ⓓ精皆勤手当
Ⓑ１か月を超える期間ごとに支払われる賃金	Ⓔ通勤手当
Ⓒ割増賃金	Ⓕ家族手当

最低賃金は下記の計算で時間額に換算し、その額が最低賃金より低額となる場合、最低賃金法違反ということになります。「地域別最低賃金」は例年10月前後に改定が行われますので、その時期には注意して改定額をチェックするようにしましょう。

$$\frac{月給額}{1日の所定労働時間 \times 年間所定労働日数 \div 12} > 最低賃金$$

② 通勤手当は不正請求されやすい

1）通勤手当は賃金の一部

通勤手当は、通勤に要する費用を支弁するために支給される手当で、「労働の対償」として支払われるものとして、労基法上の「賃金」の一部とされます。

通勤に要する費用は、使用者が支給することを義務付ける法律はありませんが、実際には多くの会社で通勤手当を支給しており、その支払い方も全額であったり、上限があったり、定期券等の現物支給であったりと、会社によってさまざまです。

　なお「旅費」は、通勤手当とは違い、通常使用者が負担すべきものとして実費弁償で支給されるため、「労働の対償」としての「賃金」の一部にはなりません。

2）通勤経路の把握

　警備業・ビルメンテナンス業に限ったことではありませんが、通勤手当は就業規則等に支給要件として、「合理的かつ経済的通勤経路により決定する」等と定めていることが多くあります。

　しかし、従業員の中には「バスで最寄り駅まで行くと申請しておきながら、実際は、最寄り駅まで自転車で行き、バスの定期代を稼いでいる」「自宅から遠回りして電車代を上乗せして申請する」などという不正をはたらくケースも、よくあります。

　最近は、インターネット上で自宅近辺の地図を確認することができ、合理的かつ経済的な通勤ルートを探すこともできます。通勤手当の申請があった際は、これらの方法をもって通勤経路を把握したうえで、実際に申請した交通手段で通勤経路を使い通勤しているか、不定期にICカードの履歴や定期券のコピーを提出させることも、通勤手当不正請求の抑止力になります。

《規定例》　　　　　　　　　　　　　　　　　　　　　　　規定17

第○条（通勤手当）
1　通勤に電車、バス等の交通機関を利用する従業員に対して、実費を通勤手当として支給する。ただし、通勤の経路および方法は、最も合理的かつ経済的であると会社が認めたものに限ることとする。
　なお、会社は不定期にICカードの履歴や定期券のコピーの提示を求めることがある。

> 2　住居、通勤経路もしくは通勤方法を変更し、または通勤のため負担する運賃等の額に変更があった場合には、1週間以内に会社に届け出なければならない。この届出を怠ったとき、または不正の届出により通勤手当その他の賃金を不正に受給したときは、その返還を求め、懲戒処分を行うことがある。

③ 賃金計算ミスの対応

　賃金計算にミスがあってはなりませんが、ヒューマンエラーはどうしても防ぎようがないものです。

　仮に計算ミスにより、賃金に不足があったことが発覚した場合、賃金支払いの5原則（**第4節 1**③（152頁））にある「全額払い」が基本であるため、ミスのあった支払い月に不足分を支払わなければいけません。

　逆に過払いがあった場合、翌月の賃金から差し引くことになりますが、原則として労使協定で控除協定がなければできません。ただし、金額が大きくなければ協定がなくとも問題ないとされています。

④ 休業手当を知っておこう

　警備業・ビルメンテナンス業において、1年間なり半年間なりで委託された契約が、契約期間の途中で施設側の都合により委託解除となる場合があります。

　この場合、従業員が次の現場に異動できないときは自宅待機となりますが、使用者の責に帰すべき事由によって労働できないわけですから、使用者は従業員に対して休業期間中に平均賃金の60％以上を休業手当として支払わなければなりません（労基法26条）。

⑤ 研修時の取扱い

1）研修時間の賃金

　警備業・ビルメンテナンス業では、法に基づく研修受講や資格取得が必要となります。働く従業員にはこれら研修を受講してもらわなけ

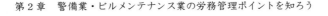

れば、そもそも業務に就けないこともあるわけです。業務上で必要な研修の受講は強制となることから、この時間は労働時間にあたります。

ただし、この時間に関する賃金は、通常業務のように緊張を有する業務とは違うため、賃金規程により業務内容によって賃金に幅を持たせる規定を設けることは可能です。よって、最低賃金とすることも、通常の賃金のまま支払うことも、各会社により定めることができます。

中には、研修時の賃金を支払わない会社もあるようですが、法定研修への参加は、あくまでも労働とみなされますので、必ず規定したうえ、最低限、最低賃金以上の額は支払う必要があります。

なお、法で定められた資格取得のため検定試験を受けている時間についても、法定研修と同じ考えから、最低賃金以上の支払いが必要となります。

2）検定試験の費用負担

検定試験を受験するための費用に関しては、会社が負担する場合が多くあります。

検定試験の費用を会社が負担する代わりに、「一定期間の在職要件を設け、要件期間の途中で退職した場合、かかった費用について損害賠償する」といった規定を設ける会社がありますが、これは、労基法16条「使用者は、労働契約の不履行について違約金を定め、又は損害賠償額を予定する契約をしてはならない」という定めに抵触するおそれがあります。

検定試験が業務命令として行われた場合、本来、会社がその費用等を負担すべきものであると考えられることから、たとえ前記のような定めや従業員の合意があったとしても、従業員を不当に拘束するものとみなされ、労基法16条違反になると判断された富士重工業研修費用返還請求事件（東京地判平10・3・17）および新日本証券事件（東京地判平10・9・25）から、法律上必要な資格で業務命令として取得させるのであれば、その費用は会社が負担すべきものと考えられます。

⑥ 減給の制裁に段階を設けることの可否

第2節「就業規則等」でも触れた「減給の制裁」(73頁)は懲戒処分の一つです。減給に一定の制限を定めなければ、従業員の生活が成り立たなくなるおそれもあるため、労基法91条で「就業規則で、労働者に対して減給の制裁を定める場合においては、その減給は、1回の額が平均賃金の1日分の半額を超え、総額が1賃金支払期における賃金の総額の10分の1を超えてはならない」と制限を定めています。

警備業・ビルメンテナンス業は、請け負った業務を時間内に行うことが重要であり、「1人、交通誘導警備員が遅刻しました」では、夜間、交通規制をしながら行われる工事のような場合、工事全体に影響が出てしまい、最悪、契約解除となりかねない事態を生みます。遅刻者に対するペナルティを厳格に定めたいと考える会社は、この業界では特に多くあります。

減給の制裁によって遅刻者にペナルティを与える場合、労基法91条の範囲で定めなければなりません。

《減給の制裁の範囲》

> Ⓐ 1回の事案に対する減給総額が、平均賃金1日分の半額以内でなければならない。
> 　＊ 1回の事案に対する減給を数か月にわたって行う場合でも、その総額が平均賃金1日分の半額以内でなければなりません。
> Ⓑ いくつもの事案に対する減給総額が、賃金の総額の10％を超えてはならない。
> 　＊ 超えてしまう場合、その部分については翌賃金支払期に伸ばす必要があります。

また、事案ごとに減給の制裁に基準を設け運営することも可能で、例えば「遅刻1回につき1,000円〜（到着時間数により増額、ただし平均賃金の半額の範囲）」や「当日欠勤は1回につき平均賃金の半額」などの

規定も可能です。ただし、1賃金支払期にいくつもの事案の制裁が重なった減給総合計額が、当該賃金支払期における賃金月額の10％を超えてはなりません。

《仮想通貨での給与支払いは認められるか》　　　　　　　　　　コーヒーブレイク

　IT大手GMOインターネットは平成29年12月、国内従業員約4,000人を対象に、給与の一部を仮想通貨ビットコインで受け取れる制度を、翌年2月給与分から導入すると発表しました。さて、仮想通貨による給与支払いは認められるのでしょうか。

　労基法で定められている「賃金支払いの5原則」では、通貨（貨幣および日本銀行が発行する銀行券である法定通貨を指す）で支払わなければなりません。仮想通貨は、法定通貨と交換し得るものですが、日本銀行が発行した通貨ではないため、通貨払いの原則から外れます。

　よって、仮想通貨による給与支払いは原則できないことになります。ただし、労働協約で別段の定めをすれば、通貨以外である仮想通貨での給与支払いも可能となります。

　いずれは仮想通貨での給与支払いを行う警備業やビルメンテナンス業の会社も出てくるかもしれません。

　とはいえ、平成30年1月には、仮想通貨取引所コインチェックで、580億円相当の仮想通貨NEMが不正送金された問題も発生しており、従業員の不利益とならない体制づくりができなければ、仮想通貨による給与支払いの普及は難しいものと考えられます。

第5節 退職・解雇

　解雇・退職等、労働契約の解消は、最もトラブルに発展しやすいのでどの業界においても注意が必要です。トラブルを防ぐために適正な退職・解雇の手続きをとることはもちろん、就業規則・労働契約において、退職・解雇に関する事項を明確に記載しておく必要があります。

1. 退職・解雇の考え方

　「労働契約の終了」とは、従業員が会社を辞めることをいいますが、会社から一方的に労働契約を解除する「解雇」と、それ以外の労働契約の終了となる「退職」に分かれます（**図17**）。

《労働契約終了の種類》　　図17

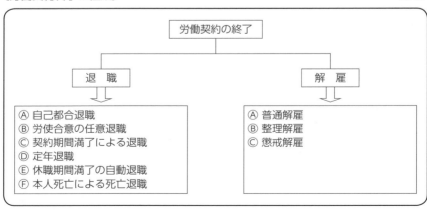

① 退　職

　「Ⓐ自己都合退職」は、従業員からの一方的な意思表示による労働契約終了をいい、「Ⓑ労使合意の任意退職」は、労使合意による労働契約終了をいいます。

　昨今、人手不足により人手が集まらない業界においては、退職を認めず辞めさせてもらえないという労働トラブルが発生していますが、そもそも従業員からの退職の申出に対し、使用者の承諾は必要ありません。民法627条1項に「当事者が雇用の期間を定めなかったときは、各当事者は、いつでも解約の申入れをすることができる。この場合において、雇用は、解約の申入れの日から2週間を経過することによって終了する」と定められており、労働者からの一方的な労働契約終了の申出があれば、2週間経過後に効力が生じます。

　ただし、2項では「期間によって報酬を定めた場合には、解約の申入れは、次期以後についてすることができる。ただし、その解約の申入れは、当期の前半にしなければならない」と、月給者に限っては、賃金計算期間前半に申出をする必要があるとされています。

　さて、「Ⓒ契約期間満了による退職」「Ⓓ定年退職」「Ⓔ休職期間満了の自動退職」「Ⓕ本人死亡による死亡退職」は、あらかじめ就業規則等に規定されている退職事由に該当した場合、労使いずれの意思にも関係なく退職することから「自然退職」といわれます。

　自然退職の中で、「Ⓒ契約期間満了による退職」はあくまでも期間満了による退職をいい、仮に期間途中での従業員からの一方的な意思表示による労働契約終了となった場合は、「Ⓐ自己都合退職」となります。

　有期契約の場合、期間途中で従業員が使用者に退職を申し出るには「やむを得ない事由」がなければならないため（民法628条）、原則として、有期契約労働者の場合「Ⓐ自己都合退職」はありません。ただし、有期契約が1年を超える者は別です。労基法（附則）137条において、「（略）民法628条の規定にかかわらず、当該労働契約の期間の初日から

1年を経過した日以後においては、その使用者に申し出ることにより、いつでも退職することができる」と定めがあり、自己都合退職ができることになります。

《規定例》 規定18

　第○条（退　職）
　　　従業員が、次の各号のいずれかに該当するに至ったときは退職とし、次の各号に定める事由に応じて、それぞれ定められた日を退職の日とする。
　(1)　本人が死亡したとき……死亡した日
　(2)　定年に達したとき…定年年齢に達した日の属する月の末日
　(3)　休職期間が満了しても休職事由が消滅しないとき……期間満了の日
　(4)　本人の都合により退職を願い出て会社が承認したとき……会社が退職日として承認した日
　(5)　前号の承認がないとき……退職届を提出して2週間を経過した日
　(6)　役員に就任したとき……就任日の前日
　(7)　従業員の行方が不明となり、1か月以上連絡がとれないときで、解雇手続をとらない場合……1か月を経過した日
　(8)　従業員が解雇された場合……解雇の日
　(9)　その他、退職につき労使双方が合意したとき……合意により決定した日

　第△条（退職手続）
　1　従業員が自己の都合により退職しようとするときは、原則として退職予定日の1か月前までに、会社に申し出なければならない。退職の申出は、やむを得ない事情がある場合を除き、退

職届を提出することにより行うものとする。
2　退職の申出が、所属長により受理されたときは、会社がその意思を承認したものとみなす。この場合において、原則として、従業員はこれを撤回することはできない。
3　退職を申し出た者は、退職日までの間に必要な業務の引継ぎを完了しなければならず、退職日からさかのぼる2週間は現実に就労しなければならない。これに反して引継ぎを完了せず、業務に支障をきたした場合は、懲戒処分を行うことがある。
4　退職を申し出た者は、退職時までに会社から貸与された物品その他会社に属するものを返還し、会社に債務があるときは退職の日までに精算しなければならない。また、紛失等により返還できないものについては、相当額を弁済しなければならない。
5　賃金等については、次の各号に定める時期に支払うものとする。
　（1）　通常の賃金……退職日を含む賃金支払期間に係る賃金支払日
　（2）　臨時の賃金……原則、前号と同様。ただし、退職者から請求があった場合に限り、請求があった日から7日以内
6　会社は、その他必要な手続きを行う。また、従業員の権利に属する金品について返還するものとする。
7　退職した従業員は、退職した後もその在職中に行った職務、行為ならびに離職後の守秘義務に対して責任を負うものとする。
8　退職した従業員が、前項に違反し、会社が損害を受けたときには、その損害を賠償しなければならない。

② 解　雇

　解雇は、「普通解雇」「整理解雇」「懲戒解雇」の3種に分けて考えます。

《解雇の種類》

> Ⓐ**普通解雇**：能力不足、健康上の理由、協調性を著しく欠くなど債務不履行を理由とする解雇で、整理解雇・懲戒解雇に該当しないもの
> Ⓑ**整理解雇**：企業経営悪化による事業縮小など人員整理を目的とする解雇
> Ⓒ**懲戒解雇**：刑法上の犯罪を犯したとき、重大な経歴詐称があったときなど、従業員の職務規律違反や著しい非行に対し、処分行為として行う解雇

　解雇権は会社が行使できる権利ですが、客観的合理的な理由を欠く解雇は解雇権濫用とされ、解雇が無効となる場合もありトラブルが多く発生していることから、本書では「Ⓐ**普通解雇**」「Ⓒ**懲戒解雇**」について、**2.**で詳しくみていくことにします。

2. 「普通解雇」「懲戒解雇」

　いざ「解雇」とするにあたり、解雇が有効であると認められるためには、いくつかの条件をクリアしなければなりません。

① 普通解雇が正当と認められるためには

前述の通り「能力不足、健康上の理由、協調性を著しく欠くなど債務不履行を理由とする解雇で、整理解雇、懲戒解雇に該当しないもの」を普通解雇といいます。

解雇するためには、債務不履行が存在していることの他に、解雇が有効であるとするためのポイントをクリアしなければなりません。

▶ ポイント１：解雇が社会通念上相当であること

「解雇は、客観的に合理的な理由を欠き、社会通念上相当であると認められない場合は、その権利を濫用したものとして、無効とする」（労契法16条）とされていることから、解雇に関し、客観的に合理的な理由があり、社会通念上相当であると認められる必要があります。

社会通念上相当であるかに関しては、ケースバイケースとなりますが、おおむね次のようなものが挙げられます。

《社会通念上相当とされる場合》

- Ⓐ　事業者が適切な指導、注意、監督を行った場合
- Ⓑ　配置転換や懲戒処分などの改善努力があった場合
- Ⓒ　他の関連違反者に対する処分と比較して妥当である場合

▶ ポイント２：就業規則等に普通解雇事由の定めがあること

あらかじめ就業規則（**規定20**）等に普通解雇の事由を定め、また、労働契約においても労働条件通知書に解雇事由を明示する必要があります。

なお、普通解雇事由を規定することにより、解雇事由が限定されていると判断される場合があるため、包括的な条項も定めておく必要があります。

また警備業の場合、警備業法により制服等の扱いも厳しいものがあることから、服務規定において禁止規定を設け、服務規律違反があった場合に処分する旨を定めておいた方がよいでしょう。

《規定例》 規定 19

第○条（解雇事由）
　従業員が次の事由の一つに該当するときは解雇する。
(1)　精神または身体の障害により、業務に耐えることが困難と会社が認めたとき
(2)　正当な理由なくして法律に基づく研修を拒んだとき
(3)　業務能力不足または勤務成績が不良で、就業に適さないと判断したとき
(4)　協調性を欠き、業務遂行に悪影響を及ぼすとき
(5)　勤務態度が不良で注意しても改善しないとき
(6)　採用後、業務に就くことが認められない事由に該当することが発覚したとき
(7)　事業の縮小、廃止、その他やむを得ない業務の都合によるとき
(8)　打切補償を支払ったとき
(9)　災害により事業継続が難しくなったとき
(10)　試用期間中および試用期間満了後、雇用を継続しないとき
(11)　第○章（服務規程）に違反したとき
(12)　その他前各号に掲げる事由に準ずる事由があるとき

　これらポイントの他にも労基法等で定められている規制や手続も遵守している必要があります。規制については③（178頁）、手続きについては④（179頁）をご参照ください。

② 懲戒解雇を有効とするには

　懲戒解雇については、フジ興産事件（最二小判平 15・10・10）において、国労札幌支部事件（最三小判昭 54・10・30）を援用し、「使用者が労働者を懲戒するには、あらかじめ就業規則において懲戒の種別および

事由を定めておかなければならない」と明言されていることから、就業規則において解雇事由を限定列挙しなければなりません。

1）処分の種別

懲戒処分は軽い順から、戒告（将来を戒める）、けん責（始末書を提出させて将来を戒める）、減給（賃金から一定額を差し引く）、出勤停止（就労を禁止する。通常賃金は支払わず）、懲戒休職（数か月以内の出勤停止）、降格（労働者の職位を下げる）、諭旨解雇（退職願の提出を勧告し、即時退職を求める。応じない場合は懲戒解雇にする）とし、最も重いものを懲戒解雇などとしているものが一般的です。

会社により処分の種別について、名称や種別数に違いはありますが、主なものは上記の通りです。

《規定例》　　　　　　　　　　　　　　　　　　　　　　規定20

第○条（懲戒の種類および程度）
1　懲戒の種類および程度は、その情状により次のとおりとする。
　（1）　けん責……始末書を提出させ、書面において警告を行い、将来を戒める。この場合、事前に面接を行う場合と行わない場合とがある。
　（2）　減給……始末書を提出させて減給する。ただし、1回につき平均賃金の1日分の半額、総額においては一賃金支払期の賃金総額の10分の1を超えない範囲でこれを行う。
　（3）　出勤停止……始末書を提出させ、14労働日以内の出勤を停止する。その期間の賃金は支払わない。
　（4）　降格……職位または職能資格を低下させる。
　（5）　諭旨解雇……懲戒解雇相当の事由がある場合で、本人に反省が認められるときは退職届を提出するように勧告する。ただし、勧告に従わないときは懲戒解雇とする。
　（6）　懲戒解雇……予告期間を設けることなく即時解雇する。この場合において、労働基準監督署長の認定を受けたとき

は、解雇予告手当を支給しない。
2 懲戒は、当該非違行為に関する教育指導とともに前項第1号から第4号または第5号の順に段階的に行うものであり、各号の懲戒を行ったにもかかわらず、改悛の見込みがなく、かつ、非違行為を繰り返す場合には、上位の懲戒を科することを原則とする。

2) 懲戒解雇事由の列挙

　懲戒解雇を有効とするには、就業規則において懲戒解雇事由を限定列挙する必要があります。ただし懲戒事由は企業秩序維持義務違反行為でなくてはならず、また、懲戒解雇は他の懲戒処分の事由とは分けて定めた方がよいと考えられます。

　規定22は懲戒事由の定めの一例です。実際に定める場合は、自社の企業秩序維持義務違反行為となる事由を懲戒事由として記載してください。

《規定例》　　　　　　　　　　　　　　　　　　　　　　　　規定21

第△条（懲戒の事由）
1 　従業員が次のいずれかに該当するときは、情状に応じ、けん責、減給または出勤停止とする。
　(1) 正当な理由なく無断欠勤が〇日以上に及んだとき
　(2) 正当な理由なくしばしば欠勤、遅刻、早退をしたとき
　(3) 過失により会社に損害を与えたとき
　(4) 素行不良で社内の秩序または風紀を乱したとき
　(5) その他この規則に違反し、または前各号に準ずる不都合な行為を行ったとき
2 　従業員が次のいずれかに該当するときは、懲戒解雇とする。
　(1) 重要な経歴詐称により雇用されたとき
　(2) 正当な理由なく無断欠勤が〇日以上に及び、出勤の督促に

応じないとき
(3) 正当な理由なく無断でしばしば欠勤、遅刻、早退を繰り返し、度重なる注意を受けても改めないとき
(4) 正当な理由なく、しばしば業務の指示・命令に従わないとき
(5) 故意または重大な過失により会社に重大な損害を与えたとき
(6) 素行不良で著しく社内の秩序または風紀を乱したとき
(7) 度重なる懲戒処分によっても、なおも勤務態度等に改善の見込みがないと認められたとき
(8) 相手の望まない性的言動により、職務遂行を妨げ、あるいは職場環境を悪化させ、またはその性的言動に対する相手方の対応をとらえ一定の不利益を与えるような行為をしたとき
(9) 職務上の地位を利用して私利を図り、または取引先等より不当な金品を受け、もしくは求め、または供応を受けたとき
(10) 会社の業務上重要な秘密並びに職務上知り得た個人情報を外部に漏洩して会社に損害を与え、または業務の正常な運営を阻害したとき
(11) 会社内において刑法その他刑罰法規の各規定に違反する行為を行い、その事実が明らかとなったとき
(12) 許可なく職務以外の目的で会社内の物品等を使用したとき
(13) その他前各号に準ずる程度の不適切な行為があったとき

3）処分が有効となるための要件

懲戒処分をするにあたって、「使用者が労働者を懲戒することができる場合において、当該懲戒が、当該懲戒に係る労働者の行為の性質及び態様その他の事情に照らして、客観的に合理的な理由を欠き、社

会通念上相当であると認められない場合は、その権利を濫用したものとして、当該懲戒は、無効とする」と労契法15条に定められており、一般的に次の(1)～(4)が有効要件とされています。

《懲戒処分の有効要件》

(1) 罪刑法定主義の原則

就業規則等に懲戒事由、懲戒内容を明示しなければなりません。ただし、根拠規定として規定される以前に行った違反に対しては遡って適用することはできず（不遡及の原則）、さらに原則、同一違反に対する二重の懲戒処分を行うことはできません（二重処罰の禁止）。

(2) 平等待遇の原則

同じ規定に同じ程度に違反した者に対しては、懲戒は同一種類、同一程度であるべきとされます。

(3) 相当性の原則

規律違反の種類・程度その他の事情に照らして相当なものでなければならず、懲戒解雇が争われた場合、裁判では特にチェックされるところです。

(4) 適正手続

懲戒処分を行うには適正手続の保障が要求されます。本人に弁明の機会を与えることは最低限必要であり、弁明の機会が与えられない懲戒処分は懲戒権の濫用として無効とされる可能性が高くなります（東北日産電子事件、福島地判昭52・9・14等）。また、非違行為と処分の時間的間隔が相当大きい場合、懲戒処分が有効とはなりにくくなる可能性があります。

③ 解雇が制限される場合

労基法19条に定められている解雇制限が、その他法律に定められている解雇制限事由に該当している場合は、解雇できません。

《解雇が制限されるケース》

> (1) 打切補償[※1]があった場合を除き、業務上のケガや病気による療養のため休業している期間およびその後30日間[※2]
> (2) 産前（6週間）、産後（8週間）の休業期間およびその後30日間[※2]
> (3) 結婚・妊娠・出産などを理由にする解雇
> (4) 労働者が労働組合の組合員である、または組合に加入しようとしたこと等を理由とした解雇
> (5) 労働者が個別労働紛争の援助を求めたことを理由とした解雇

④ 労基法上の解雇手続

労基法20条において、解雇する場合の手続きが定められています。

《労基法20条》（解雇の予告）

> 1　使用者は、労働者を解雇しようとする場合においては、少くとも30日前にその予告をしなければならない。30日前に予告をしない使用者は、30日分以上の平均賃金を支払わなければならない。但し、天災事変その他やむを得ない事由のために事業の継続が不可能となった場合又は労働者の責に帰すべき事由に基いて解雇する場合においては、この限りでない。
> 2　前項の予告の日数は、1日について平均賃金を支払った場合においては、その日数を短縮することができる。
> 3　（略）

つまり、解雇する際は解雇の予告を30日前にするか、それに代わる解

[※1] 打切補償……療養補償に対する免責措置として労基法81条[※3]に定められた制度。
[※2] 天災事変等により事業継続が困難な場合、所轄労働基準監督署長の認定があれば解雇は可能となります。
[※3] 労基法81条……「第75条の規定によって補償を受ける労働者（＝業務上の傷病により療養している労働者・筆者注）が、療養開始後3年を経過しても負傷又は疾病がなおらない場合においては、使用者は、平均賃金の1,200日分の打切補償を行い、その後はこの法律の規定による補償を行わなくてもよい。」

第5節　退職・解雇

雇予告手当を支払うことが必要とされています。

《トラブルを防ぐための解雇予告》

> **(1) 書面にて解雇予告を行う**
> 　特に書面で行わなければならないと定められていませんが、解雇通知書による予告を行った方が、後で「言った」「言わない」というようなトラブルを避けることができます。
>
> **(2) 解雇日は特定する**
> 　「○月○日付けで解雇する」と、解雇日を特定しましょう。
> ＊　解雇日まで30日以上日にちが取れないときには、30日に不足する日数分の解雇予告手当を支払う必要があります。解雇と同時に支払わなければなりません。

なお、解雇予告が必要でない者が労基法21条で定められており、**表22**に掲げる者に関しては、解雇予告や解雇手当の支払いなく即日解雇をすることができます。

ただし、一定期間を超えた場合には、解雇予告が必要となりますので注意が必要です。

《解雇予告が必要となる場合》　　　　　　　　　　　　　　　　　表22

労働者	解雇予告が必要となる場合
試用期間中の者	14日を超えて引き続き使用される場合は解雇予告が必要
4か月以内の季節労働者	所定期間を超えて引き続き使用される場合は解雇予告が必要
契約期間が2か月以内の者	所定期間を超えて引き続き使用される場合は解雇予告が必要
日雇い労働者	1か月を超えて引き続き使用される場合は解雇予告が必要

《規定例》　　　　　　　　　　　　　　　　　　　　　　　　　　規定22

> 第○条（解雇手続）
> 　1　第×条の規定により解雇された場合は、会社から貸与された物品その他会社に属するものを直ちに返還し、会社に対し債務があるときは退職または解雇の日までに精算しなければならない。また、紛失等により返還のできないものについては、相当

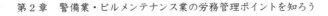

額を弁済しなければならない。
　2　従業員が解雇されたときは、会社は、賃金等について次の各号に定める時期に支払うものとする。
　　（1）　通常の賃金……退職日を含む賃金支払期間に係る賃金支払日
　　（2）　臨時の賃金……原則、前号と同様。ただし、退職または解雇した者から請求があった場合に限り、請求があった日から7日以内
　3　会社はその他必要な手続きを行う。また、従業員の権利に属する金品について返還する。
　4　解雇された従業員が、退職証明書、解雇理由証明書等を請求したときは、会社は遅滞なくこれを交付する。
　5　解雇された従業員は、解雇された後もその在職中に行った職務、行為ならびに離職後の守秘義務に対して責任を負うものとする。
　6　解雇された元従業員が、前項に違反し、会社が損害を受けたときには、当該元従業員はその損害を賠償しなければならない。

⑤ 解雇予告が不要なケース

　地震による倒壊等天変地異やその他やむを得ない事由で事業の継続が不可能となったときや、横領・傷害等、従業員の責に帰すべき事由によって解雇するとき、解雇の意思表示をする前に所轄労働基準監督署の認定を受けることで、解雇予告なしに即時解雇することが可能となります。
　この認定を「解雇予告除外認定」といい、図18の流れで申請を行います。

《解雇予告除外認定の流れ》　　　　　　　　　　　　　図18

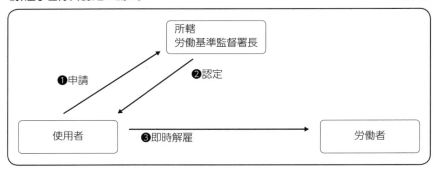

　なお、警備業界・ビルメンテナンス業界だけに限ったことではありませんが、不意に出勤してこなくなる従業員もいます。この無断欠勤する従業員を、解雇予告除外認定を申請して即時解雇できないものか相談を受けることもあります。

　労働基準監督署の判断基準としては「2週間以上正当な理由のない無断欠勤」であれば認定対象とされていることから、就業規則等に懲戒解雇事由の定めがあり、解雇理由が客観的かつ合理的で社会通念上相当と認められる場合、2週間以上の無断欠勤であれば所轄労働基準監督署長に除外認定の申請をすることになります。

　ただし、申請を出したとしても使用者、労働者の双方に労働基準監督署の事実確認がなされるため、認定までに時間を要します。また、認定は総合的な判断からなされるため、申請によりすべて認定されるものではありません。

　申請する場合は、就業規則の写し、事実関係を裏付ける資料等も添付します。労働基準監督署へ添付資料等を確認のうえ、申請してください（**書式14**）。

《解雇予告除外認定申請書記入例》　　　書式14

様式第3号（第7条関係）

解雇予告除外認定申請書

事業の種類	事業の名称	事業の所在地
警備業	○○株式会社	新宿区新宿○−○−○

労働者の氏名	性別	雇入年月日	業務の種類	労働者の責に帰すべき事由
○川 ○雄	男	平成○・○・○	施設警備	出勤不良のため、再三にわたり注意するも改めることなく、また、正当な理由のない無断欠勤が2週間以上にわたり、出勤督促に応じないため。
		・　・		
		・　・		
		・　・		

○○　年　×　月　×　日

　　　　　　　　　　　　　使用者　職　名　○○株式会社
　　　　　　　　　　　　　　　　　氏　名　代表取締役　○○　○○　㊞

○○労働基準監督署長　殿

3. 退職勧奨と合意書

　退職勧奨とは、会社が従業員に退職を促すことをいいます。従業員の責に帰すべき事由があり会社が退職をして欲しいと思う従業員に対して行う場合や、会社の経営上の理由があり、退職をしてもらうための条件を提示したうえで、退職を従業員本人に勧め、本人の自由意志で退職に合意した場合成立する、労働契約終了の形態の一つです。

① 退職勧奨を行う際に注意すべきこと

　退職勧奨は、会社が従業員に退職を積極的に勧めるものであることから、その手段・方法が退職の強要などといった不法行為としてとらえられた場合、その退職勧奨は無効となることはもちろん、損害賠償請求にまで発展する場合があるため、あくまでも従業員本人の自由意志で退職を決められる状況でなくてはいけません。

《退職勧奨が無効となる行為》

> (1) 退職の強要・脅迫・暴行・長時間におよぶ監禁等が行われた場合
> (2) 執拗な退職を迫る行為を行った場合
> (3) 退職勧奨を業務命令によって行った場合

　なお、会社が行うべき退職勧奨を近親者に依頼することは社会的相当性を逸脱する行為であるとして、違法とされた裁判例（鳥屋町職員事件、金沢地判平13・1・15）があります。

② 退職勧奨に合意を得られたら

　退職勧奨については十分な説明をもって対応するべきですが、いかんせん、口頭による言葉だけだとトラブルに発展する場合もあります。
　よって、トラブル防止のため、退職勧奨に合意した際には、退職合意書を作成し、退職勧奨時に提示した条件を記載のうえ、本人から署名押

印を得るようにしましょう（**書式 15**）。

また、いったん退職勧奨に合意したとしても、「家族に相談したら撤回した方がよいと言われた」「よく考えたら、退職金をもう少し上げてもらわなければ合意できない」「これは解雇だ」など、後日、退職勧奨の合意を翻される場合があります。

しかし、退職を労働者の自由意志で決めたうえで退職合意書を会社が受理しているのであれば、基本的に、会社は方針を変更せず対応した方がよいでしょう。

《急に出社しなくなり退職届だけ送付してきた社員の制服問題》　　コーヒーブレイク

　退職の際、特に警備業では、制服等貸与したものを、必ず返却してもらう必要があります。転売されて悪用されたら一大事となるからです。

　制服貸与後に出社しなくなり、そのまま退職してしまう従業員から制服の返却がなされない場合、いくら「退職の際は制服等貸与品は返却する」旨、就業規則上定めていたところで、辞めたいと思う従業員には効果はありません。

　そんな問題の対応策の一つとして、制服貸与時に補償金を預かり、退職時に「制服返却と引き換えに、補償金を全額返金します」とすれば、比較的、スムーズに制服を回収することができます。

第 5 節　退職・解雇

《退職合意書例》　　　　　　　　　　　　　　　　　　　　書式 15

退 職 合 意 書

　〇〇株式会社（以下「甲」という）と〇川〇雄（以下「乙」という）とは、甲乙間の雇用契約に関して、以下の通り合意する。

1　甲と乙は、甲が行った平成〇年〇月〇日の退職勧奨に応じ、平成×年×月×日（以下「退職日」という）付けをもって合意退職する。

2　甲は乙に対して、退職金として金●●円を支払うものとし、これを平成×年〇月〇日限り、乙の通常の給与振込口座に振込送金する方法で支払う。なお振込手数料は甲の負担とする。

3　甲は本件に関し、雇用保険の離職証明書の離職事由は、甲からの退職勧奨の受け入れ扱いで処理する。

4　乙は、本合意書の成立および内容ならびに本件の経緯を第三者に漏洩しないものとし、今後甲乙共に誹謗中傷しないものとする。

5　甲と乙は本合意書に定める他、乙の退職後の守秘義務等乙が退職後も負うべきものとされる義務を除き、甲乙間において何らの債権債務が存在しないことを相互に確認する。

6　乙は本合意書締結前の事由に基づき、甲の役員、従業員、株主に対し、一切の訴訟上、訴訟外の請求を行わないことをここに同意し、確認する。

　　甲乙間の合意の証として本合意書を2通作成し、署名または記名押印して各々1通を保管するものとする。

　　平成×年×月△日

　　　　　　　（甲）〇〇株式会社

　　　　　　　　　　代表取締役　　〇〇　〇〇　　　　　　　㊞

　　　　　　　（乙）住所　東京都中野区〇〇町〇－〇－〇

　　　　　　　　　　氏名　　〇川　〇雄　　　　　　　　　　㊞

4. 雇止めの考え方

　警備業・ビルメンテナンス業は、施設からの委託契約により業務を行うケースがあることから、有期労働契約で雇用される従業員も多く存在しています。

　有期労働契約で問題となるのが「雇止め」であり、これに関しては雇止め法理（東芝柳町工場事件、最一小判昭49・7・22。日立メディコ事件、最一小判昭61・12・4）を基に、労契法19条で以下のように定められています。

《労契法19条》（有期労働契約の更新等）

> 　有期労働契約であって次の各号のいずれかに該当するものの契約期間が満了する日までの間に労働者が当該有期労働契約の更新の申込みをした場合又は当該契約期間の満了後遅滞なく有期労働契約の締結の申込みをした場合であって、使用者が当該申込みを拒絶することが、客観的に合理的な理由を欠き、社会通念上相当であると認められないときは、使用者は、従前の有期労働契約の内容である労働条件と同一の労働条件で当該申込みを承諾したものとみなす。
> 　一　当該有期労働契約が過去に反復して更新されたことがあるものであって、その契約期間の満了時に当該有期労働契約を更新しないことにより当該有期労働契約を終了させることが、期間の定めのない労働契約を締結している労働者に解雇の意思表示をすることにより当該期間の定めのない労働契約を終了させることと社会通念上同視できると認められること。
> 　二　当該労働者において当該有期労働契約の契約期間の満了時に当該有期労働契約が更新されるものと期待することについて合理的な理由があるものであると認められること。

　まとめると、次の場合、雇止めが無効となります。

《雇止めが無効になる場合》

> (1) 有期労働契約が過去に反復して更新され、その契約期間の満了時に有期労働契約を更新しないことによる労働契約終了が、期間の定めのない労働契約の解雇と社会通念上同視できると認められる。
> (2) 当該労働者が有期労働契約の契約期間の満了時に契約が更新されるものと期待することに合理的な理由があると認められる。

(1)(2) いずれかに該当する場合

> 労働者が有期労働契約の締結の申込みをしたが、使用者が当該申込みを拒絶することが客観的に合理的な理由を欠き、社会通念上相当であると認められないとき、雇止めは無効となります。

＊無効となるかの判断は、あらゆる事情を総合的に考慮して判断されます。

① 雇止めの基準

　雇止め等に関しては、指針（平成15年厚労省告示357号）「有期労働契約の締結、更新及び雇止めに関する基準」が出されており、この中で下記の基準が挙げられています。

《有期労働契約の締結・更新・雇止めの基準》

> (1) 使用者は、有期労働契約の締結に際し、更新の有無（自動的に更新する、契約する場合があり得る、契約の更新はしない等）や更新の判断基準（労働者の勤務成績・能力、従事している業務の進捗状況、会社の経営状況等）を明示しなければなりません。
> 　＊　これらの事項は、労働条件通知書の交付などの「書面」による明示が義務付けられています（労基則5条）。
> (2) 有期労働契約が3回以上更新されているか、1年を超えて継続

勤務している有期契約労働者について、有期労働契約を更新しない場合には、少なくとも30日前までに予告をしなければなりません。
（3）雇止めの予告後に労働者が雇止めの理由について証明書を請求したときには、遅滞なく証明書を交付しなければなりません。
（4）有期労働契約が1回以上更新され、かつ、1年を超えて継続勤務している有期契約労働者について、有期労働契約を更新しようとする場合には、契約の実態および労働者の希望に応じて、契約期間をできる限り長くするよう努めなければなりません。

　この基準によって、雇止め時には少なくとも30日前までに予告をしなければならず、また、労働者が雇止めの理由について証明書を請求したときには、遅滞なく証明書を交付しなければならないとされています。
　証明書で明示すべき雇止めの理由は、「契約期間の満了」とは別の理由とすることが必要で、例えば「契約更新上限が設けられており、本契約がその上限にあたるため」等、理由を記載しなければなりません。

② 無期転換と雇止め

　有期労働契約で働いていた者が、反復更新されて通算5年を超えたときに、労働者の申し込みによって使用者が無期労働契約に転換しなければならない「無期転換ルール」が平成25年4月1日より施行されています。5年を前に無期転換ルールを避けることを目的とした雇止めは、労働契約法の趣旨に照らして望ましいものではありません。

＊　無期転換ルールについては、**第2章・第1節3**④「無期転換」（57頁）をご参照ください。

多様性のある働き方

　警備業・ビルメンテナンス業において、多様性のある働き方に対応することは業務上、難しいケースもあるかもしれません。とはいえ、人手不足は今後も出生率が上がらない限り解消されることは考えづらく、また、両業界が労働集約的業務である以上、人材確保の観点から多様性のある働き方を認めていく必要があるでしょう。
　以下、いくつかの多様性のある働き方に関して検討します。

1. 仕事と治療の両立支援・休職制度の検討

　病気になっても働き続けられる多様性のある働き方の一つとして、休職制度を考えてみましょう。
　休職制度とは、労務に従事させることができない従業員について、使用者が労働関係を維持したまま一定期間労務への従事を免除または禁止する制度です。

① 休職制度を設ける

　従業員を休職させるためには、就業規則において規定を定めなければなりません。
　休職について就業規則で定める際、使用者からの一方的な意思表示として定めるのが一般的ですが、労使の合意による休職との定めをすることもできます。ただし、傷病休職を定めた場合、治癒していないとき自然退職とするためには、解雇猶予措置としての意味合いを持った休職制度としなければならず、そのためには会社が休職を命令する形式とした

方がよいでしょう（**規定例23**、第○条２項）。

私傷病による休職者の対応は、**図19**のような流れで考えます。

《私傷病による休職者の対応》　　　　　　　　　　　　　　　図19

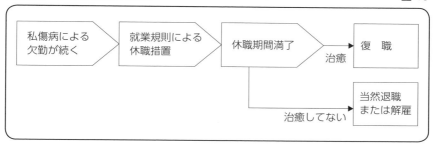

1）「治癒」の概念

私傷病に関して治癒していないとき、自然退職または解雇と定めた場合、「治癒」の概念が問題となってきます。

裁判例では「治癒とは、原則として従前の職務を通常の程度行える健康状態に復した時」（平仙レース事件、浦和地判昭40・12・16）とし、「従前の職務を遂行する程度に回復していない場合、復職は権利として認められない」（アロマカラー事件、東京地決昭53・3・27）とされていますが、軽易な業務に就かせることで程なく通常業務に復帰できるのであれば会社が配慮をすべきとの裁判例もあります。

2）休職辞令

解雇権猶予措置として、会社が休職を命令する形式で就業規則に規定した方がよいのは前述の通りです。その実際の流れとしては、その定めに従い、従業員が私傷病によって欠勤が続き休職の対象となったとき、**書式16**のような形式で休職辞令を交付し、従業員を休職させます。

3）近年の休職規定

近年、精神疾患による休職者も多くなり、同一疾病による断続的休職が増え、休職期間の通算に関して問題となることがあります。日本

郵政公社(茨木郵便局)事件（大阪地判平15・7・30）では適応障害による休職処分の違法性（同一疾病に関わる休職期間の通算に関して）が争われ、通算が適法とされました。今後はこのような対応も含め、休職制度を定めることが必要になるでしょう。

② 私傷病により解雇する場合の注意点

多様性のある働き方とは離れますが、警備業・ビルメンテナンス業は、どちらも労働集約的な色彩が強い業務であることから、休職制度を設けず債務不履行によって解雇するケースが多いと思われるため、私傷病により解雇する場合の注意点も挙げておきます。

私傷病となった従業員を会社が解雇する場合、解雇制限（労基法19条、第2章・第5節 **2**▶③（178頁））のような法律の定めはありませんが、解雇権濫用法理による制約を受けるおそれがあります。就業規則で一般的に規定されている普通解雇事由の「身体の障害等により業務に堪えられない場合」を理由に解雇するには、「職種や業務内容が限定されているか」どうかが解雇権濫用の判断基準の一つになります。

1）従業員の職種や業務内容が限定されているケース

労働契約上、従業員の職種や業務内容が限定されているケースでは、従業員が私傷病により当該職種や業務内容が遂行できないのであれば、債務不履行による普通解雇は、解雇権の濫用とはなりづらいといえます。

2）従業員の職種や業務内容が限定されていないケース

一方、従業員の職種や業務内容が限定されていないケースでは、次の裁判例を参考にするならば、他の業務への変更ができる可能性があるため、解雇することは解雇権濫用と判断される可能性が高く、職種や業務内容の変更（配転可能性）を検討する必要があります。

《片山組事件》（最一小判平 10・4・9） 　　　　　　　　　　　　**裁判例**

> 労働者が職種や業務内容を特定せずに労働契約を締結した場合において、現に就業を命じられた特定の業務について労務の提供が十全にはできないとしても、その能力、経験、地位、当該企業の規模、業種、当該企業における労働者の配置・異動の実情および難易等に照らして当該労働者が配置される現実的可能性があると認められる他の業務について労務の提供をすることができ、かつ、その提供を申し出ているならば、債務の本旨に従った労務の提供があると解するとされた。

　解雇権濫用の法理から考えれば、「職種や業務内容が限定されているか」どうかを判断基準として解雇することは可能かもしれません。

　しかし、技術・技能が必要な労働集約的業務の警備業・ビルメンテナンス業において、長年働いてくれた従業員が病気になったといって、すぐに解雇するのであれば、生産性においても若年者の教育をしていくうえでも損失が大きくなります。また、病気になればすぐ解雇されるような信頼できない会社と従業員から思われるとすれば、良い人材は会社から去っていくことも考えられます。

　給与を上げれば人が集まる時代ではなくなった今、病気になっても働き続けられる多様性のある働き方が求められます。仕事と治療の両立支援策として、休職制度を設けることを検討してはいかがでしょうか。

《休職辞令例》　　　　　　　　　　　　　　　　書式 16

休　職　辞　令

_____殿

就業規則第○条の定めに基づき、貴殿に次のとおり休職を命ずる。

記

1　休職期間　　自　平成　　年　　月　　日
　　　　　　　　至　平成　　年　　月　　日

　　ただし休職事由が消滅したときは、上記休職期間中であっても休職期間を打ち切り、復職を命じる。

2　上記休職期間満了時に傷病の治癒が認められず、復職が見込めない場合、同○条に基づき休職期間満了による退職とする。

3　休職に関する詳細は、就業規則第○条に基づくものとする。

以上

平成　　年　　月　　日

東京都新宿区○○町○－○－○
○○株式会社
　代表取締役　　○○　○○　㊞

《規定例》　　　　　　　　　　　　　　　　　　　　　　　規定 23

第○条（休　職）
1　従業員が次の各号のいずれかに該当する場合は、休職とする。
　（1）傷病休職：傷病により欠勤○か月以上にわたる場合
　（2）出向休職：前○条の規定により出向する場合
　（3）公職休職：地方公共団体の議員等の公職につき、労務の正常な提供が行えない場合
　（4）その他の休職：前各号のほか、特別の事情があって休職させることを必要と認めた場合
2　休職辞令は、原則、会社が認めた休職事由に限り命ずる。

第△条（休職期間）
1　休職期間は次のとおりとする。
　（1）前条第1項第1号の場合（業務上の傷病の場合は、労働基準法第81条に規定する打切補償を行うまでの間（行ったとみなされる場合を含む。））

勤続年数	休職期間
1年未満	○か月
1年以上3年未満	○か月
3年以上10年未満	○か月
10年以上	○年

　（2）前条第1項第2号の場合：出向している期間
　（3）前条第1項第3号および第4号の場合
　　　：その必要な範囲で会社の認める期間
2　休職期間中は、会社の許可がない限り就業してはならない。
3　休職期間は、勤続年数に通算しない。ただし、業務上の傷病による休職期間および会社の都合による休職期間は、その全部を勤続年数に算入する。
4　前条第1項第1号の休職者が、復職後○か月以内に同一傷病

で休職した場合、その欠勤期間及び休職期間については、復職前の休職期間に通算する。なお、3回目以降の休職も同様の扱いとする。

第□条（休職期間中の賃金）
　　休職期間中の賃金の取扱いについては、賃金規程の定めるところにより支給しないものとする。なお、出向休職については、出向規程に基づくものとする。

第×条（休職期間報告および復職手続）
1　会社の指示により、休職期間中は必要に応じて医師の診断書を提出させることがある。
2　復職は会社様式第○号「復職願」と会社が指定する医師の意見書の提出をもって会社が判断する
3　復職時の職務に関しては、休職前の職務への復職を原則とするが、その職務が困難な場合、会社と従業員が協議のうえ、決定する。

第○○条（休職期間満了時の取扱い）
　　休職期間満了日において、医師の診断書をもって休職事由が消滅せず復職が見込めない場合と判断したときは、休職期間満了をもって退職とする。

第○△条（休職期間中における契約期間満了の取扱い）
　　休職期間中において、定年に達した場合、定年年齢に達した月の末日、また、期間を定めて雇用した者の契約期間が満了した場合は、その日をもって休職期間の満了日とする。

2. 仕事と介護の両立支援・介護離職対策

　介護離職の現状を見ると、介護・看護を理由に離職した人の総数は1年間で10万1千人です（総務省統計局「平成24年度就業構造基本調査」

より、以下同じ）（**表23**）。

　雇用者で介護をしている人は239万9千人（うち女性は137万2千人、男性は102万7千人、それぞれ全雇用者数に占める割合は女性5.5％、男性3.3％）、年齢別では、男女ともに最も多いのが「55～59歳」でした。

　男女比でみれば、介護にあたるのは女性の方が多い結果となっていますが、男性も近年増加しています。これは離婚を含む単身者の増加や、少子化により結婚している場合でも夫婦各自の親の面倒をみる傾向があるからではないかと思われます。今後、全体的に男性の従業員が多い警備業・ビルメンテナンス業においても、介護離職対策を整えておかなければ、会社において重要な立場となる年代の介護離職によるダメージをまともに受けることとなるでしょう。

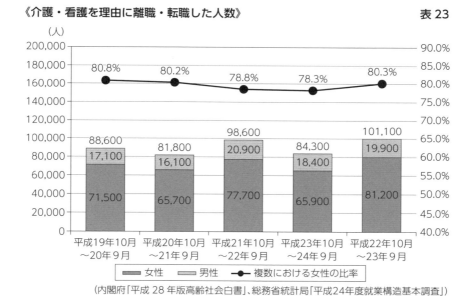

《介護・看護を理由に離職・転職した人数》　　　　　　　　　　表23

（内閣府「平成28年版高齢社会白書」、総務省統計局「平成24年度就業構造基本調査」）

　介護離職対策については、それぞれの企業での経営的な余力によって策を定めることとなりますが、まずは法で定められている介護休業の周知によって、離職を思い留まらせることができるかもしれません。

① 介護休業

「平成24年就業構造基本調査」によれば、介護をしている雇用者のうち、介護休業を取得した人の割合は3.2%となっています。使い勝手の悪さや周知がなされていないため利用が進まない介護休業ですが、法律によって取得することが可能です。

介護休業に関しては、平成29年1月1日に育児介護休業法が改正施行され、「介護休業の分割取得」「介護休暇の取得単位の柔軟化」「介護のための所定労働時間の短縮措置等」「介護のための所定外労働の制限（残業の免除）」が改定、新設されました。

1）介護休業の分割取得

そもそも介護休業とは、従業員（日々雇用される者を除く）が、要介護状態（負傷、疾病または身体上もしくは精神上の障害により、2週間以上の期間にわたり常時介護を必要とする状態）の対象家族（対象家族の範囲は、配偶者（事実婚を含む）、父母、子、配偶者の父母、祖父母、兄弟姉妹および孫）を介護するための休業をいいます。

介護休業は平成29年改正で、対象家族1人につき通算93日まで、3回を上限として分割して取得することが可能となりました。

2）介護休暇の取得単位の柔軟化

介護休暇とは、要介護状態にある対象家族の介護その他の世話を行う従業員（日々雇用される者を除く）が、1年に5日（対象家族が2人以上の場合は10日）まで、介護その他の世話を行うための休暇の取得が可能な制度です。

平成29年の改定で1日単位から半日（所定労働時間の2分の1）単位での取得が可能となりました。

3）介護のための所定労働時間の短縮措置等

事業主は、要介護状態にある対象家族の介護をする労働者に対し、対象家族1人につき、以下のうちいずれかの措置を選択して講じなければならないとされています。

- 所定労働時間の短縮措置
- フレックスタイム制度
- 始業・終業時刻の繰上げ・繰下げ
- 労働者が利用する介護サービス費用の助成その他これに準じる制度

介護休業と通算して93日の範囲内で取得可能となっていた、介護のための所定労働時間の短縮措置等ですが、今回の改正で「介護休業とは別に、利用開始から3年の間で2回以上の利用が可能」となりました。

4）介護のための所定外労働の制限（残業の免除）

こちらは新設で、対象家族1人につき、介護の必要がなくなるまで、残業の免除が受けられる制度が新たに追加されています。

② 介護休業の対象となる有期の従業員

警備業界・ビルメンテナンス業界において、有期の従業員が多いことから、介護休業の対象となる有期で雇用される者について解説します。

対象となる有期で雇用される者は、申出の時点において、次のⒶⒷの両方を満たす者です。

《介護休業の対象となる有期で雇用される者》

- Ⓐ 同一の事業主に引き続き1年以上雇用されていること
- Ⓑ 介護休業開始予定日から93日経過する日から6か月を経過する日までに労働契約（更新される場合には、更新後の契約）の期間が満了することが明らかでないこと

＊ 希望どおりの日から休業するためには、原則として、休業開始の2週間前までに、介護休業の申出することとされています。

介護休業期間に関し、正規の従業員であろうと有期の従業員であろうと、賃金の支払いは法律上定められていません。有給または無給とするかは就業規則において定めておきましょう（**規定24**）。ただし、収入が減ってしまう従業員のために雇用保険の制度から介護休業給付金が支給

されるケースもあります。利用するかは従業員本人の意思ですが、対象となる場合はその従業員へ案内をしましょう。

《規定例》　　　　　　　　　　　　　　　　　　　　　　　　規定 24

第○条（介護休業）
1　要介護状態にある家族を介護する従業員（日雇従業員を除く）は、この規則に定めるところにより介護休業をすることができる。ただし、有期契約従業員にあっては、本条第2項に定める者に限り、介護休業をすることができる。
2　介護休業ができる有期契約従業員は、申出時点において、次のいずれにも該当する者とする。
　イ　入社1年以上であること。
　ロ　介護休業を開始しようとする日（以下、「介護休業開始予定日」という。）から93日経過日から6か月を経過する日までに労働契約期間が満了し、更新されないことが明らかでないこと。
3　この要介護状態にある家族とは、負傷、疾病または身体上もしくは精神上の障害により、2週間以上の期間にわたり常時介護を必要とする状態にある次の者をいう。
　(1)　配偶者
　(2)　父母
　(3)　子
　(4)　配偶者の父母
　(5)　祖父母、兄弟姉妹または孫
　(6)　上記以外の家族で会社が認めた者
4　介護休業をすることを希望する従業員は、原則として介護休業開始予定日の2週間前までに、介護休業申出書（社内様式○号）を人事部○○課に提出すること。なお、申出は、対象家族

１人につき３回までとする。
　５　申出者は、介護休業の申出を撤回する場合、介護休業開始予定日の前日までは、介護休業申出撤回届（社内様式〇号）を人事部〇〇課に提出すること。
　６　休業期間は無給とする。
　７　本条に定めるもののほか、介護休業等に関しては、別に定める育児・介護休業規程の定めるところによる。

3. 女性に活躍してもらうために

　ビルメンテナンス業の一般清掃業に従事する従業員の男女比はおよそ３：７、非正規従業員（パート）は２：８と、女性が比較的多く活躍している業種です。また、警備業においても、全警備員数のうち約６％が女性警備員です。
　東京2020オリンピックをはじめ、観光立国を目指している日本では、テロ対策も含め、空港での保安警備業務におけるボディーチェックをはじめとする女性観光客への対応など、さらなる女性の活用が急務となっています。
　では、女性に活躍してもらうために気をつけなくてはならない法律上の注意点と、自社の女性活躍について使える社会的指標についてみてみましょう。

① 法律上の注意点
１）性別を理由とする差別の禁止（均等法５条・６条、労基法４条）
　「雇用の分野における男女の均等な機会及び待遇の確保等に関する法律（以下「均等法」という）」では、次の取扱いについて性別による差別を禁止しています。

《均等法における性別による差別の禁止》

> 募集・採用、配置（業務の配分・権限の付与含む）、昇進、降格、教育訓練、福利厚生、職種の変更、雇用形態の変更、定年、解雇、退職勧奨、雇止め

2）間接差別となり得る措置範囲の見直し（均等法7条）

　間接差別は、平成18年に改正され規定されたものです。事業主が、性別以外の事由を要件とするもののうち、措置の要件を満たす男性および女性の比率その他の事情を勘案して実質的に性別を理由とする差別となるおそれがある措置を、合理的理由なく講じることを禁じたものです。間接差別として禁止されるものは、以下の3点となります。

《間接差別》

> （1）労働者の募集または採用にあたり労働者の身長、体重または体力を要件とすること
> （2）コース別雇用管理における総合職の労働者の募集または採用にあたり、転居を伴う転勤に応じることができることを要件とすること
> （3）労働者の昇進にあたり転勤の経験を要件とすること

3）妊娠・出産を理由とする不利益な取扱い禁止（均等法9条）

　均等法9条において、妊娠・出産を理由とする不利益な取扱いが禁止されています。

　不利益な取扱いの例としては下記の項目が挙げられています。

《妊娠・出産等を理由とする不利益取扱いの例》

> 解雇、雇止め、更新回数上限の引下げ、退職の強要、降格、就業環境を害すること、不利益な自宅待機命令、減給・賞与等の不利益な算定、昇進・昇格の不利益な人事評価、不利益な配置の変更、派遣先の役務の提供を拒否

4）妊産婦を就業させることができない業務（労基法64条の2、64条の3）

　妊娠中の女性および産後1年を経過しない女性は、労基法で母体や胎児を保護するため危険・有害業務への就業が制限されています。また、産後1年以内の女性に関しても準じた扱いをしています。

　警備業・ビルメンテナンス業では、例えば「ボイラーを取り扱う業務」「著しく暑熱な場所で行う業務」「著しく寒冷な場所で行う業務」に、妊婦を就業させることはできません。また、産婦については本人からの申出があった場合、就業させることができないことになっています。

　また、妊産婦の場合、本人から請求があれば労働時間に関する制限も労基法66条で定められています。さらには産後8週間（産後6週間で医師が支障ないと認めた場合を除く）は労基法65条において、就業させることもできません。

《規定例》　　　　　　　　　　　　　　　　　　　　　　　　規定25

第○条（産前・産後休業）
1　6週間（多胎妊娠の場合は14週間）以内に出産予定の女性が請求した場合は、産前休業を与える。
2　産後8週間を経過していない女性は休業させる。ただし、産後6週間を経過した女性が就業を請求する場合は、医師が認める業務に就かせることがある。
3　妊娠中の女性が請求した場合は、他の軽易な業務に転換させる。
4　妊娠中または産後1年を経過しない女性が請求した場合は、第△条に定める時間外労働、第□条に定める休日労働または深夜労働をさせることはない。
5　妊娠中または産後1年を経過しない女性が請求した場合は、

> 　　　母子保健法による保健指導、健康診査を受ける時間を確保し、
> 　　　これに基づく措置を講ずるものとする。
> 第○○条（育児時間および生理休暇）
> 　１　子(生後１年未満の乳児に限る)を育てる女性から請求があった場合は、休憩時間のほか、１日２回、各々30分の育児時間を与える。
> 　２　生理日の就業が著しく困難な女性が休暇を請求した場合は、その日について就業させない。ただし、その期間は無給とする。

＊　生理日の就業が著しく困難な女性労働者に関しては、請求があれば生理日に就業させてはならないと労基法68条で定められています。また、有給とするか無給とするかは、就業規則等で明確に定めておきましょう。

②女性活躍の社会的指標

　女性活躍推進法に基づき、常時雇用する労働者数が301人以上の会社は、次の **1)**・**2)** を義務として行わなければなりません。

　300人以下の中小企業については努力義務ですが、これらに取り組むことにより、厚生労働省が運営するホームページ「女性の活躍推進企業データベース」へ企業名を掲載でき、また、女性の活躍状況が優良であれば、各都道府県労働局に申請することで認定マークを取得できることから、社会的指標としてアピールできるというメリットがあります。

1）自社の女性の活躍に関する状況把握・課題分析

　女性の活躍に向けた課題のうちとりわけ多くの会社に該当する課題として、「女性の採用の少なさ」「第一子出産前後の女性の継続就業の困難さ」「男女を通じた長時間労働による仕事と家庭の両立の難しさ」「管理職に占める女性比率の低さ」が挙げられます。

　これらの課題を解決するために、女性の活躍に関する状況を把握し、課題を分析することが会社に求められており、女性活躍推進法では、必ず把握すべき項目として次の項目が定められています。

《必ず把握すべき項目》

Ⓐ　雇用管理区分ごとに採用した労働者に占める女性労働者の割合
【計算方法】

$$\frac{直近の事業年度の女性の採用者数（中途採用含む）}{直近の事業年度の採用者数（中途採用含む）} \times 100（％）$$

Ⓑ　雇用管理区分ごとの男女の平均継続勤務年数の差異
＊　期間の定めのない労働契約を締結している労働者および同一の使用者との間で締結された2以上の期間の定めのある労働契約の契約期間を通算した期間が5年を超える労働者が対象

Ⓒ　労働者の各月ごとの平均残業時間数等の労働時間の状況
【計算方法】
「各月の対象労働者の(法定時間外労働＋法定休日労働)の総時間数の合計」÷「対象労働者数」

これにより難い場合は

[「各月の対象労働者の総労働時間数の合計」－
「各月の法定労働時間の合計＝(40×各月の日数÷7)×対象労働者数」]÷
「対象労働者数」

Ⓓ　管理職に占める女性労働者の割合
【計算方法】
女性の管理職数÷管理職数×100（％）

　また、上記の項目について状況を把握し分析した結果、自社にとって課題であると判断された事項について、さらにその原因の分析を深めることが望ましいとされています。

2）課題の解決にふさわしい数値目標と取組みを盛り込んだ行動計画の策定・届出・周知・公表

1）の分析結果を踏まえて、課題の解決に向けた行動計画を策定します。この行動計画には、❶計画期間、❷数値目標、❸取組内容、❹取組みの実施時期を盛り込むことになっています。

また、行動計画を策定した後は、従業員へ周知し、外部へ公表するとともに、行動計画を策定した旨を都道府県労働局へ届け出ることが求められています。

厚生労働省のホームページに「行動計画策定支援ツール」なども用意されていますので、利用するのもよいでしょう。

《行動計画の策定から届出までの流れ》

> Ⓐ 状況把握・課題分析の結果を踏まえ、女性の活躍推進に向けた行動計画の策定
> Ⓑ 労働者への周知
> Ⓒ 外部への公表（自社ホームページ、厚労省「女性の活躍・両立支援総合サイト」等）
> Ⓓ 行動計画を策定した旨の都道府県労働局への届出

3）認定マーク（えるぼし）の取得

行動計画の策定・届出を行った会社は、女性活躍推進法に関する取組みが一定の水準を満たす場合、平成28年4月より都道府県労働局に申請を行うことにより、認定を受けることができるようになりました。

認定は、基準を満たす項目数に応じて3段階あり、認定を受けた企業は、認定マーク（愛称「えるぼし」）を商品や広告、求人票などに使用することができ、女性の活躍を推進している企業であることをアピールすることができます。

採用活動に関しても、この認定マークにより、女性求職者に対し効果的なアピールをすることが期待できますので、人手不足対策として活用することが考えられるでしょう。

また、えるぼし認定企業となれば、各府省庁等が総合評価落札方式または企画競争による調達によって公共調達を実施する場合、認定企業として加点評価されることが定められています。
* 個別の調達案件における加点評価については、各調達案件の担当にお問い合わせください。

4. 高齢者の活用

① ビルメンテナンス業における高年齢者の雇用状況

　「高年齢者」（以下「高齢者」という）は、高年齢者雇用安定法施行規則1条において、年齢55歳以上の者と定義されています。（社）全国ビルメンテナンス協会「第48回実態調査報告書」で公表されたビルメンテナンス業の年齢階層別従業員数をみると、55歳以上の常勤従業員が占める割合は45.7%、55歳以上のパートタイマーが占める割合は71.4%であり、高齢者の占める割合が多いことが分かります（**表24**）。**第1章**で前述の通り、警備業もビルメンテナンス業と同様に高齢者の割合が多くなっています。

《ビルメンテナンス業における年齢階層別従業員数》　（単位：人、%）　表24

	常勤従業員		パートタイマー	
	人数	比率	人数	比率
25歳未満	4.8	4.0	7.2	3.3
25～34歳	14.1	11.7	9.7	4.4
35～54歳	46.8	38.7	45.4	20.8
55～59歳	16.7	13.9	23.7	10.9
60～64歳	19.8	16.4	39.7	18.2
65歳以上	18.6	15.4	92.2	42.3
合計	120.9	100	217.8	100

（公益社団法人全国ビルメンテナンス協会「ビルメンテナンス情報年鑑　第48回実態調査報告（公開版）」）

今後、少子高齢化が急速に進行するのは確実ですが、警備業界・ビルメンテナンス業界ともに若年者の確保が難しく、上記の雇用状況を踏まえると組織の若返りは進みにくいことが想定されます。中小零細企業では特に若年者の確保が難しいため、人材戦略として高齢者を有効に活用できるかが企業経営上で大きなポイントになります。60歳以降も第一線で働きたい労働者をいかに働き続けさせることができるのか、その仕組み作りが大切です。高齢者活用の前提として、そのメリットとデメリットを**表25**に挙げます。

《高齢者雇用のメリット・デメリット》　　　　　　　　　　　　　　　表25

高齢者雇用のメリット	高齢者雇用のデメリット
Ⓐ　若年者より、社会経験が豊富・丁寧・人当たりが良い・責任感もある Ⓑ　短時間・短期間の業務がある事から、パートタイム労働者や臨時労働者として勤務希望する者に沿った契約内容で雇用ができる Ⓒ　60歳以上の高齢者をハローワーク等経由で新規採用する場合は、特定求職者雇用開発助成金の受給が見込まれる Ⓓ　在職老齢年金と高年齢雇用継続給付の組合わせた賃金設計により、比較的低い賃金でも労働者の納得が得られやすい	Ⓐ　健康・体力面での不安 Ⓑ　加齢に伴い、安全管理上の問題が増加 Ⓒ　新しい機械・機器や設備に慣れるのに時間がかかる Ⓓ　屋外労働や悪天候下での業務に就労管理上の配慮が必要 Ⓔ　賃金低下により働く意欲も低下

　また、一口に高齢者といってもその年齢層には大きな幅があり、従業員の健康・体力によって状況や対応も大きく異なります。高年齢者雇用安定法9条で雇用確保義務が求められる65歳までを一つの区切りとし、60歳代前半の年齢層と60歳代後半以降の年齢層に分けて対応を考えることが必要です。

② 60歳代前半の高齢者

　高年齢者雇用安定法9条により、事業主には65歳までの雇用確保措置が義務付けられています。厚生労働省が平成28年10月に公表した「高

年齢者の雇用状況」によれば、従業員31人以上の企業約15万社のうち、高年齢者雇用確保措置の実施済企業の割合は99.7％となっており、高年齢者雇用安定法に基づく65歳までの雇用確保措置義務については、ほとんどの企業が果たしていることが分かります。高年齢者雇用確保の内訳としては、「定年制の廃止」により雇用確保措置を講じている企業は2.6％、「定年の引上げ」により雇用確保措置を講じている企業は17.1％、「継続雇用制度の導入」により雇用確保措置を講じている企業は80.3％、となっており、「継続雇用制度」を導入している企業の比率が非常に高くなっています。

警備業・ビルメンテナンス業では、従来から非正規従業員や高齢者従業員の比率が多く、60歳代前半層の高齢者といっても、定年を迎えて再雇用される従業員、59歳以下で採用されて60歳以降も引き続き雇用される非正規従業員、60歳を超えて新規採用される非正規従業員など、採用形態が異なる従業員が職場内に混在するという特殊性がみられます。人事上の課題として、従業員のモチベーション維持・向上が挙げられますが、60歳代前半層の従業員に労働条件や役割、仕事内容等についてきちんと伝えて、納得を得ることが重要になります。

③ 60歳代後半以降の高齢者

希望者全員66歳以上の継続雇用制度を導入している企業の割合は企業全体で5.7％[※1]となっており、かなり限られている状況ですが、警備業・ビルメンテナンス業の現業従業員に関しては、65歳を超えてもなお継続して就労されているケースがよくみられます。それでは実際に何歳まで就労できるかについては、本人の健康と体力面などを考慮して判断されることが多く、従業員によってもばらつきがあります。

平成11年に閣議決定された「雇用対策基本計画（第9次）」では、高齢者雇用のあり方として、「高齢者が意欲と能力のあるかぎり、年齢にか

[※1] 厚生労働省「平成29年高年齢者の雇用状況」

かわりなく働きつづけることができる社会（エイジフリー）を実現することが必要である」ことが示されています。警備業・ビルメンテナンス業界では、65歳を超えてもなお継続して就労されており、現実にはすでに「エイジフリー社会」が始まりつつあります。60歳代後半以降の高年齢者の就労ニーズが高まっていることから、65歳という法の義務を超え、年齢にかかわりなく働きたい人が働き続けることができる環境の実現が求められています。

④ 高齢者の活用に向けて

　警備業界・ビルメンテナンス業界において高齢者を活用するためには、**表25**で掲げた高齢者雇用のデメリットを克服するため、「健康・体力と働く意欲」の維持・向上がポイントとなります。会社としては、加齢に伴う身体機能の低下に配慮し、肉体的負担をできるだけ軽減するとともに、健康状態のチェック、健康増進支援、生涯学習の支援、職業能力向上の支援を図ることで、高齢者が長く働き続けられるような仕組みが可能と考えられます。会社が実施する高齢者への具体的な支援策は以下の通りです。

《高齢者活用の支援策》

> Ⓐ健康状態のチェック
> 　人間ドックの活用、カウンセリングの実施、健康診断機器の整備・活用、管理者による健康チェックの実施
> Ⓑ健康増進支援
> 　健康体操・ストレッチの実施、健康生活パンフレットの配布、スポーツ施設活用への支援、健康器具の整備・活用
> Ⓒ生涯学習支援
> 　趣味活動への支援、一般資格取得への支援、ボランティア活動参加への支援

Ⓓ 職業能力向上支援
技能訓練の計画・実施、技術指導・OJT の実施、社外教育訓練機関への派遣、自己申告制度の導入、職務関連資格取得の支援

⑤ 高齢者雇用に関する届出等

高齢者雇用に関しては必要となる届出等があります。該当する場合は、忘れず届出等を行いましょう。

1) 高年齢者雇用状況報告

企業全体の常用労働者が 30 人以上規模の事業主は、毎年 6 月 1 日現在の高年齢者の雇用に関する状況（高年齢者雇用状況報告）をハローワークに報告する必要があります（高年齢者雇用安定法 52 条）。

2) 多数離職届

事業主は、1 か月以内の期間に 45 歳以上 65 歳未満の者のうち 5 人以上を解雇等により離職させる場合は、あらかじめ「多数離職届」をハローワークに提出する必要があります（高年齢者雇用安定法 16 条）。

3) 継続される有期雇用労働者の無期転換申込権の特例

有期労働契約が繰り返し更新されて通算 5 年を超えたときは、従業員の申込みにより、期間の定めのない労働契約（無期労働契約）に転換できる「無期転換申込権」が発生する無期転換雇用ルールがあります。定年後引き続き継続雇用される有期雇用従業員に対してはその対象とさせない特例があり、雇用管理に関する特別の措置に関し都道府県労働局長の認定を受ける必要があります。

4) 高年齢雇用継続給付

高年齢雇用継続給付は、60 歳到達時点に比べて一定程度賃金が低下してもなお働き続ける 60 〜 65 歳未満の雇用保険被保険者に対して支給されます。支給の手続きは、事業主が本人の代行をして行うことができます。

5. LGBTへの対応

　昨今、耳にすることが多くなったLGBT。LGBTとは、Lesbian（レズビアン）、Gay（ゲイ）、Bisexual（バイセクシャル）、Transgender（トランスジェンダー）の頭文字からきている性的少数者の総称です。

　2015年、電通ダイバーシティ・ラボから、日本でLGBTに該当される人の割合は7.6%との調査結果が発表されています。これを多いとみるか少ないとみるかは人それぞれですが、多様性のある働き方を考えるうえで、今後、企業においてもLGBTに該当する人達への対応が求められる時代になってきました。

　警備業・ビルメンテナンス業においても、LGBTへの対応が必要になってくると思われます。交通誘導警備であれば道路脇で警備服に着替えていることもありますが、公安委員会へ届出した服装、護身用具を身につけなければならない警備業や、清掃管理業務にあたるビルメンテナンス業では、ユニフォームとして上下を着替えることが多くあり、その際の更衣室の問題が発生します。

　また、日本ではLGBTの対応について法的な義務が課されていることはありませんが、セクハラ指針において「被害を受けた者の性的指向または性自認にかかわらず、当該者に対する職場におけるセクシャルハラスメントも、本指針の対象となるものである」（平成28年8月2日厚生労働省告示314号）とLGBTへの差別がセクハラとして盛り込まれたことを受け、企業においても対応する必要が出てきています。

○ 具体的な対応

　性は、「生物学的な性」「自分がどちらの性であるかという性自認」「好きになる性の性的指向」の3つの側面から成り立っています。LGBTの性は、それら3つの側面がさまざまに組み合わされることから多様性があり、一括りに対応することが難しいといわれています。

　具体的対応をするにしても、LGBTである従業員のカミングアウトが

無ければ、一括りに対応することが難しいといわれるLGBTへの社内対応は的外れなものとなってしまいます。

ただし、カミングアウトを強制することもできませんので、まずは、カミングアウトしやすい社内の支援体制を確立させ、従業員の意識を変えるところから始めることになります。

1）支援体制の確立

支援体制の一つに「アライ（ALLY）」を活用する取組みがあります。アライは、性的少数者を支援するサポーターとして社内で活動する人たちのことをいいます。

例えば、アライであることが分かるステッカーやバッジを持ち物に貼り、支援の輪を広げ、LGBTに対する理解促進のための活動を行うことで、LGBTを支えています。

また、相談ができる場所の提供も必要です。LGBTに関する研修を受講させた担当者を社内相談窓口にし、LGBTからの相談が可能であることを周知、支援体制を確立させることが必要です。

2）職場環境の整備

職場環境で問題になりやすいのが、更衣室やトイレの使用です。男女別のトイレしかない、更衣室で着替えを要する場合など、生物学的性とは異なる性自認の性でトイレや更衣室の使用をLGBTから要望されたらどのように対応すればよいでしょうか。

まずは、生物学的な性から異なる性自認の性へ身体的治療を行う予定であるための一時的な対応か、治療を望まないため外見のみ性自認の性に合わせた服装等で使用し続ける永続的対応を必要とするかにより、対応が異なってくるため、その点の確認が必要となります。

そのうえで、職場環境を整えるため改築等が可能であり、経済的な余力が会社にあったとしても、申出時点でのカミングアウトの有無、LGBT以外の従業員や社外への配慮も検討し、誰もが使いやすい職場環境へ整備することが大切です。

3）制度の見直し

　LGBTの性は多様であり一括りにはできないのは前述の通りですが、雇用における制度対応や注意点を**表26**に挙げます。制度の見直しは、会社の状況に合わせて対応する必要があるでしょう。

《LGBT雇用における制度対応・注意点》　　　　　　　　　　　　　　　表26

制度等	対応・注意点
配置転換	・就業規則等に根拠があれば、配置転換は、原則として企業の裁量に委ねられます。 ・海外では、LGBTに対し死刑等迫害のある国もあります。警備業・ビルメンテナンス業ではノウハウを海外に輸出するため転勤がある場合があり、転勤地でのLGBTに対する安全面の確認は必須です。 ・当事者が望んでいない配置転換は、権利濫用と判断されないために、業務上の必要性がなければなりません。 ・配置転換には、トラブル防止のため、必ず本人の同意を得ておきましょう。
手当・福利厚生等	・手当および福利厚生等は、法で定められていないため、LGBTの従業員も他の従業員と同様に適用することは問題はありません。 ・結婚休暇、慶弔見舞金などは、LGBTへの対応がしやすいでしょう。
服装	・制服は、性別に関係のない中性的なデザインを採用した方がよいでしょう。
健康診断	・集団健診は、男女別に日程を組むことが多いと思われます。本人の希望によっては、他の医療機関での健康診断を認める選択肢もある方が望ましいでしょう。

《LGBTへの職場環境整備の必要性と対応の難しさ》　　　　　　コーヒーブレイク

　昨今、LGBTの方もこの業界で働くことを希望されるケースが徐々に増えつつあります。ただし、会社側としての対応が追いついていないのが現状です。

　なぜなら、LGBTの方たちの組み合わされる性は多様性があり、一括りに対応ができないからです。例えば、トランスジェンダーとされる方たちは、心と体の性が一致しない人をいいますが、トランスジェンダーでも性同一性障害のように性別適合手術などの身体的治療を望む人と、身体的な治療を望まない人に分かれます。

《性の多様性》　　　　　　　　　　　　　　　　　　　　表27

生物学的な性	性自認	性的指向	セクシャリティ
男性	男性	女性	ストレート
女性	女性	男性	
女性	女性	女性	レズビアン(L)
男性	男性	男性	ゲイ(G)
男性	男性	女性・男性	バイセクシャル(B)
女性	女性		
男性	女性	男性	トランスジェンダー(T)
男性	女性	女性	＊ 身体的治療を望む者、望まない者、外見のみ性自認の性と合わす者、それぞれあり
女性	男性	女性	
女性	男性	男性	

　身体的治療は望んでないものの、身体的性別の扱いには苦痛を感じる方には、例えば体が男性ではあるものの、更衣室・トイレは女性と同じ扱いを望む方もいます。あるいは、性別適合手術を受ける予定ではあるものの、適合までの移行期間は身体的には女性であり、更衣室・トイレは性自認の男性と同じ扱いを希望するケースもあります。

　また、LGBTの方への対応は、対象者への対応の難しさとともに、セクシャリティがストレートの従業員に対する配慮も必要であり、そのための職場風土の改善にも手をつけなくてはいけません。

　就業規則等の変更、さらに、一括りに対応するには難しい職場環境をどこまで整えることができるのか、大手とは違う経済的余力の少ない中小企業にとっては、なかなか対応することができない難しさがあります。

第7節 ハラスメント

　労働者が、現場へ直行・直帰することの多い警備業・ビルメンテナンス業では、労務管理が行き届かないことが多く、現場で長く勤務している者が新しく入ってきた者に対してパワハラ・セクハラなどハラスメントを行うことがままあるようです。

　会社では、被害にあった者が退職する段になって初めてパワハラ・セクハラの事実を知り、対応が後手後手となって労働審判にまでもつれるケースも昨今、見受けられるだけに、パワハラ・セクハラなどのハラスメント防止対策は重要となってきます。

1. パワハラ防止対策

　厚生労働省では、職場のパワーハラスメントを「同じ職場で働く者に対して、職務上の地位や人間関係などの職場内の優位性を背景に、業務の適正な範囲を超えて、精神的・身体的苦痛を与える又は職場環境を悪化させる行為」と定義しています。

　職場のパワーハラスメントは、裁判例や個別労働関係紛争処理事案に基づき、主なものとして次の6類型を典型例として挙げることができます。

《パワハラの6類型》
(1) 暴行・傷害などの身体的な攻撃
(2) 脅迫・名誉毀損・侮辱・ひどい暴言などの精神的な攻撃
(3) 隔離・仲間外し・無視などの人間関係からの切り離し
(4) 業務上明らかに不要なことや遂行不可能なことの強制、仕事の妨害などの過大な要求
(5) 業務上の合理性なく、能力や経験とかけ離れた程度の低い仕事を命じることや仕事を与えないことなどの過小な要求
(6) 私的なことに過度に立ち入ることなどの個の侵害

① パワハラ防止対策の現状

　パワーハラスメントについては、80％以上の企業が「職場のパワハラ対策は経営上の重要な課題である」と考えていますが、予防・解決のため取組みを行っている企業は全体の52.2％です。特に、従業員数100人未満の企業では26.0％に留まり、約27.9％の企業が「現在は行っていないが取組みを検討中」と回答しています（厚生労働省「平成28年度　職場のパワーハラスメントに関する実態調査報告書」）。

　自社でパワハラ対策を行いたいと考えている場合、厚生労働省が作成した「パワーハラスメント対策導入マニュアル～予防から事後対応までサポートガイド～」※がホームページからダウンロードできますので、活用するとよいでしょう。

※ ポータルサイト「あかるい職場応援団」
http://www.no-pawahara.mhlw.go.jp/jinji/download.html
6か月でパワハラ対策の一通りのメニューが導入できるマニュアルとなっています。
また、マニュアル、従業員アンケート調査のひな形、研修用資料、パワハラ相談対応者が使える相談記録票など資料もダウンロードできます。

② パワハラ対策の取組み

パワハラ予防・解決は**図19**のような流れで取り組みます。

《パワハラ予防・解決の取組みの流れ》　　　　　　　　　　　　　　　図19

```
(1) トップからのメッセージ
　組織のトップが、職場のパワーハラスメントは職場からなくすべ
きであることを明確に示す
```

```
(2) 社内ルール作り
　就業規則に関係規定を設ける、労使間で協定を締結、予防・解決
についての方針やガイドラインを作成する
```

```
(3) 実態の把握
　従業員アンケートを実施し、実態を把握する
```

```
(4) 研修の実施
　管理職研修・従業員研修を実施する
```

```
(5) 社内周知
　会社の方針について社内に周知する
```

```
(6) 相談・解決の場の設置
　企業内・外に相談窓口を設置する、職場の対応責任者を決めるな
ど、相談・解決の場を設置する
```

> **(7) 行為者への再発防止研修**
> 行為者に対する再発防止研修等を行う

図19の取組みの各段階におけるポイントは以下のようになります。

(1)「トップからのメッセージ」取組みポイント

組織のトップから、パワハラは全従業員が取り組む重要な会社の課題であると発信するには、「取組宣言」（**書式17**）のように、明確に発信することが大切です。これにより従業員が問題意識を持ち、パワハラ防止対策への取組みの効果が期待できるようになります。

(2)「社内ルール作り」取組みポイント

ルールは、分かりやすい文言で、しかも具体的に就業規則等で規定します。パワハラ行為を行っていた者は、懲戒規定等に基づき対処する旨も定めておくとよいでしょう。変更した就業規則は必ず全従業員へ周知することで、パワハラへの抑止力となります。

(3)「実態の把握」取組みポイント

パワハラ対策に取組み始めたら、早い段階で職場の実態調査のため、アンケート調査を実施します。調査手法は、紙、電子ファイル、インターネットなどで実施する手法がありますので、警備業やビルメンテナンス業などの場合、受託した現場で業務にあたることがあるため、確実な方法でアンケート調査が実施できるよう調査の手法を考えた方がよいでしょう。

(4)「研修の実施」取組みポイント

研修は、定期的に実施することで従業員全員が受講できるようにしましょう。両業界とも中途で雇用される従業員も多いため、入社時研修などに取り入れてもよいでしょう。管理監督者については、

一般の従業員とは分けて階層別研修として実施すると効果的です。

(5)「社内周知」取組みポイント

パワハラへの組織の方針を周知することが大切です。周知方法は、単に掲示やメールなどの案内に留めず、定期的な管理監督者による周知活動なども効果的です。

(6)「相談・解決の場の設置」取組みポイント

初期段階で相談できるようにするため、従業員が相談しやすい相談窓口を設置しましょう。相談窓口は、内部相談窓口と外部相談窓口に分けられます。内部相談窓口の場合、情報が漏れてさらにひどいパワハラに合うケースもあります。内部であっても外部であっても、二次被害の発生が起きないよう、情報の管理はくれぐれも気をつけましょう。

(7)「行為者への再発防止研修」取組みポイント

行為者の処分だけではなく、再発しないよう再発防止研修を行うことが大切です。研修等の取組みは継続することにより、全従業員へパワハラの理解を深めていくことができます。また、パワハラを受けた従業員が、その後、職場で働きやすい環境となっているか、定期的に調査をしていくことも必要です。

《パワーハラスメント防止に向けた取組宣言例》　　　　　　　書式17

職場のパワーハラスメント防止に向けた取組宣言

○○株式会社は、社員のすべてが個人として尊重され、職場のパワーハラスメントを受けることなく、就労することができるよう十分な配慮と必要な措置を取ることをここに宣言します。

社員の皆さんが、パワーハラスメントで苦しんだりすることは決して許されることではありません。当社は、社員全員が、「パワーハラスメントをしない、させない、許さない、そして見過ごさない」ため、取組の徹底、研修の実施により、パワーハラスメントに関す

る知識を学び、パワーハラスメントのような行為を発生させない、許さない企業風土づくりを心掛けて参ります。

　　　平成〇〇年〇月〇日
　　　　　　　　　　　　　　　代表取締役社長　　□□□□

2. セクハラ防止対策

　職場におけるセクシュアルハラスメントは、均等法11条の規定に基づき定められた「事業主が職場における性的な言動に起因する問題に関して雇用管理上講ずべき措置についての指針」（平成18年度厚生労働省告示第615号、平成28年改正）において、下記のように定義・分類されています。

《「事業主が職場における性的な言動に起因する問題に関して雇用管理上講ずべき措置についての指針」抜粋》（平28.8.2厚労告314号）

　2　職場におけるセクシュアルハラスメントの内容
　(1)　職場におけるセクシュアルハラスメントには、職場において行われる性的な言動に対する労働者の対応により当該労働者がその労働条件につき不利益を受けるもの（以下「対価型セクシュアルハラスメント」という。）と、当該性的な言動により労働者の就業環境が害されるもの（以下「環境型セクシュアルハラスメント」という。）がある。
　　　なお、職場におけるセクシュアルハラスメントには、同性に対するものも含まれるものである。また、被害を受けた者（以下「被害者」という。）の性的指向又は性自認にかかわらず、当該者に対する職場におけるセクシュアルハラスメントも、本指針の対象となるものである。
　(2)　「職場」とは、事業主が雇用する労働者が業務を遂行する場所

を指し、当該労働者が通常就業している場所以外の場所であっても、当該労働者が業務を遂行する場所については、「職場」に含まれる。（略）

(3)「労働者」とは、いわゆる正規雇用労働者のみならず、パートタイム労働者、契約社員等いわゆる非正規雇用労働者を含む事業主が雇用する労働者の全てをいう。（略）

(4)「性的な言動」とは、性的な内容の発言及び性的な行動を指し、この「性的な内容の発言」には、性的な事実関係を尋ねること、性的な内容の情報を意図的に流布すること等が、「性的な行動」には、性的な関係を強要すること、必要なく身体に触ること、わいせつな図画を配布すること等が、それぞれ含まれる。

(5)「対価型セクシュアルハラスメント」とは、職場において行われる労働者の意に反する性的な言動に対する労働者の対応により、当該労働者が解雇、降格、減給等の不利益を受けることであって、その状況は多様であるが、典型的な例として、次のようなものがある。（略）

(6)「環境型セクシュアルハラスメント」とは、職場において行われる労働者の意に反する性的な言動により労働者の就業環境が不快なものとなったため、能力の発揮に重大な悪影響が生じる等当該労働者が就業する上で看過できない程度の支障が生じることであって、その状況は多様であるが、典型的な例として、次のようなものがある。（略）

① 事業主の義務

　職場におけるセクハラは、均等法11条1項において「事業主は、職場において行われる性的な言動に対するその雇用する労働者の対応により当該労働者がその労働条件につき不利益を受け、又は当該性的な言動により当該労働者の就業環境が害されることのないよう、当該労働者からの相談に応じ、適切に対応するために必要な体制の整備その他の雇用管

理上必要な措置を講じなければならない」と、事業主に対しセクハラへの措置を講ずることが義務付けられています。

　セクハラに対策として事業主が講じなければならない措置については、前掲「事業主が職場における性的な言動に起因する問題に関して雇用管理上講ずべき措置についての指針」で下記の項目が挙げられています。

《セクハラ対策として事業主が講じなければならない措置》（筆者要約）

> Ⓐ　事業主の方針を明確化、および管理・監督者を含む労働者に対しその方針の周知・啓発
> 　(イ)　職場におけるセクシュアルハラスメントの内容・セクシュアルハラスメントがあってはならない旨の方針を明確化し、管理・監督者を含む労働者に周知・啓発すること。
> 　(ロ)　セクシュアルハラスメントの行為者については、厳正に対処する旨の方針・対処の内容を就業規則等の文書に規定し、管理・監督者を含む労働者に周知・啓発すること。
> Ⓑ　相談、苦情に応じ、適切に対応するために必要な体制の整備
> 　(イ)　相談窓口をあらかじめ定めること。
> 　(ロ)　相談窓口担当者が、内容や状況に応じ適切に対応できるようにすること。また、広く相談に対応すること。
> Ⓒ　相談があった場合、事実関係を迅速かつ正確に確認し、適正な対処
> 　(イ)　事実関係を迅速かつ正確に確認すること。
> 　(ロ)　事実確認ができた場合には、速やかに被害者に対する配慮の措置を適正に行うこと。
> 　(ハ)　事実確認ができた場合には、行為者に対する措置を適正に行うこと。
> 　(ニ)　再発防止に向けた措置を講ずること（事実が確認できなかった場合も同様）。

ⓓ 相談者や行為者等のプライバシーを保護し、相談したことや事実関係の確認に協力したこと等を理由として不利益な取扱いを行ってはならない旨を定め、労働者に周知・啓発

(イ) 相談者・行為者等のプライバシーを保護するために必要な措置を講じ、周知すること。

(ロ) 相談したこと、事実関係の確認に協力したこと等を理由として不利益な取扱いを行ってはならない旨を定め、労働者に周知・啓発すること。

ビルメンテナンス業における一般清掃では女性の割合が多く、警備業においても同様に、女性の警備員が増加しています。両業界においてもセクハラ対策はなおざりにするわけにはいきません。

会社として、パワハラと併せてセクハラに関しても防止対策に積極的であることを会社方針として宣言し、セクハラに関する規定を就業規則に明記したうえで、全社員への周知を徹底しましょう。

3. セクハラ・パワハラ防止に関する就業規則への記載

セクハラ防止に関しては、法令により就業規則等で規定化することが義務付けられています。一方、パワハラに関しては就業規則等への規定を法令で義務付けられているわけではありません。

ただし、就業規則にパワハラ防止に関する規定がないとなれば会社がパワハラを放置するような姿勢に受け止められ、会社にとって大きなマイナスイメージがつくばかりでなく、実際、パワハラを放置していたのであれば訴訟のリスクや従業員のモチベーションが下がるなどリスクの方が大きいと考えられます（**規定26**）。

《規定例》　　　　　　　　　　　　　　　　　　　　規定 26

> 第○条（セクシャルハラスメントの禁止）
> 　相手の望まない性的言動により、他の労働者に不利益や不快感を与えたり、または就業環境を害するようなことを行ってはならない。
> 第△条（職場のパワーハラスメントの禁止）
> 　職務上の地位や人間関係などの職場内の優位性を背景にした、業務の適正な範囲を超える言動により、他の労働者に精神的・身体的な苦痛を与え、就業環境を害するようなことをしてはならない。

　警備業・ビルメンテナンス業では、非正規従業員が多いことから、現場経験が長い非正規従業員によるパワハラも起こる場合があります。
　非正規従業員就業規則を別に定めている会社であれば、正規従業員同様、上記のような規定も定めておいた方がよいでしょう。

《業務上の自動車事故の責任》　　　　　　　　　　コーヒーブレイク

　現金の輸送業務や、施設での異常感知をし、現場へ駆けつける業務において、その移動に自動車の使用が欠かせない警備業では、自動車事故に関して責任の所在をはっきりさせておかなければなりません。

　業務上、自動車事故が発生した際、加害者となる従業員に非があれば、民法709条（不法行為による損害賠償）により、民事責任の追及は当然に加害者（従業員）になされます。一方、使用者に対しても損害賠償責任が生じることとなります（民法715条）。

　これは、使用者が従業員を使用することによって利益を得ている以上、その従業員の使用によって生じた損害も使用者が責任を負うべきであるとする、「報償責任の原理」という考え方によるものです。

《民法715条》（使用者等の責任）

1　ある事業のために他人を使用する者は、被用者がその事業の執行について第三者に加えた損害を賠償する責任を負う。ただし、使用者が被用者の選任及びその事業の監督について相当の注意をしたとき、又は相当の注意をしても損害が生ずべきであったときは、この限りでない。
2　使用者に代わって事業を監督する者も、前項の責任を負う。
3　前二項の規定は、使用者又は監督者から被用者に対する求償権の行使を妨げない。

第3章

働く人の健康と安全を守り、従業員が安心して働くための6つの対策

第1節　警備業・ビルメンテナンス業の安全衛生管理の問題点
第2節　従業員が安心して働くための6つの対策

第1節 警備業・ビルメンテナンス業の安全衛生管理の問題点

1. 安全衛生管理対策

① 警備業・ビルメンテナンス業での安全衛生管理は必要か

わが国は今後、未曾有の超高齢社会を迎えようとしています。警備業・ビルメンテンス業では、高齢化に伴って就労する年齢層の幅が広がり、若年者から高齢者まで幅広い従業員が働くようになりました。高齢者の割合が多い企業では、現に80歳近い人が働いていることも珍しくはありません。

入社から退職までの長い期間に従業員がケガや病気と無縁で過ごすことが理想的ですが、現実にはケガや病気が全くないことなどあり得ません。「従業員が給料をもらって働く以上、心身共に健康な状況を保つのは自己の責任である」という考え方もありますが、その一方で従業員が働く職場の環境や設備は、会社でなければ改善できないことも多くあります。

従業員に長く働いてもらうためには、従業員の心身を健康な状態に保ち、職場の諸条件を整えて業務中の事故や病気などを未然に防ぐことが会社に求められます。従業員が最高の能力を発揮するための必要条件として安全衛生管理に求められるのは、従業員の心身を健康な状況に保つことであり、安全衛生管理が行き届いた職場は、労使間の信頼関係を高め、結果的に組織業績の向上につながり、生産性を高めることになります。

安全衛生への取組みをコストと捉えて、いかに少なく済ませるかを考えるのではなく、長期的な視点で将来への投資と考えることが重要です。その結果、安心して長期的に働ける職場であれば、若い従業員も高齢者もゆとりができて、すべての年齢の従業員が持てる力を発揮できることになります。

② 従業員が安心して働くための6つの対策

　警備業・ビルメンテナンス業の安全衛生管理において、従業員が安心して働き、離職させないための対策として、以下6つに絞った対策があります。詳細については**第2節**（232頁）をご参照ください。

《働く人の健康と安全を守り、従業員が安心して働くための6つの対策》

対策1：過重労働対策	対策4：健康管理対策
対策2：メンタルヘルス対策	対策5：安全衛生管理体制の構築
対策3：熱中症対策	対策6：労災防止対策

2. 警備業における安全衛生管理上の問題点

　昭和47年に警備業法が施行されて以来、今日に至るまで警備業に従事する警備員数は大幅に増加しました。その理由としては、治安の悪化を背景に警備業務の範囲が広がったことが挙げられます。

　オフィスビル・工場他施設の警備、イベントの警備、工事に関連する警備、各種物資輸送の警備、個人の身辺警備、また一般家庭のホームセキュリティ導入に至るまで、警備業が社会システム産業として認められ、著しい変化を遂げています。

　警備における業務内容についても、当時一般的であった防犯主体の警備体制から防火設備全般対応を含む警備体制へと広がりました。このため、需要拡大への対応も求められています。警備業という業務の特殊性から、事業主の安全衛生管理には、次の通り、他の業種とは異なる問題点がみられます。

《警備業における安全衛生管理の問題点》

- Ⓐ　就業する場所の施設、設備に対する管理が及びにくい。
- Ⓑ　警備員が就業している場合、作業行動に対する監督あるいは指揮が困難である。
- Ⓒ　警備の形態によっては、不特定多数の公衆や第三者が運転する車両が対象であり、業務遂行に際し警備員の意思が、相手側に伝わりにくい。
- Ⓓ　特殊な例として、第三者が計画的に、あるいは突発的に暴行を加えてくることもある。
- Ⓔ　酷暑や寒冷など天気や気候にかかわらず、屋外での作業に従事しなければならない作業環境もある。

　上記のような特殊な条件や作業内容等があることを考慮のうえ、従業員に対する安全・衛生管理を進めていく必要があります。

3. ビルメンテナンス業における安全衛生管理上の問題点

　ビルメンテナンス業の特殊性から、企業が行うべき安全衛生管理については、他の業種にはみられない、次のような問題点があります。

《ビルメンテナンス業における安全衛生管理の問題点》

- Ⓐ　従業員が就労する場所が分散しており、かつ、顧客の施設や設備であるため、作業環境等に対する管理が及びにくい。
- Ⓑ　従業員の休憩、休息等の場所の確保が難しい。
- Ⓒ　パートタイマー・アルバイト等の臨時雇用者が多く、安全教育および適切な管理が徹底しにくい。
- Ⓓ　若年労働力の確保が困難なため、高齢者の占める割合が高い。
- Ⓔ　災害発生の危険が生じる以下の作業がある。
  - （イ）清掃作業……洗剤や薬品を使うことも多く、中毒などのおそれ
  - （ロ）汚水槽、貯水槽等の各種タンク類、暗渠（あんきょ）、ピット等の内部清掃作業……酸素欠乏症等の発生のおそれ
  - （ハ）容器、機器等その他重量物の取扱いや運搬……腰痛のおそれ
  - （ニ）廃棄物等の処理作業……混入したガラスの破片、スプレー缶、注射針等による損傷のおそれ
  - （ホ）病院等医療機関の作業……病原体等による疾病感染のおそれ

第2節 従業員が安心して働くための6つの対策

1. 過重労働対策

① 過重労働とは

　日本の長時間労働の現状をみると、月末1週間の労働時間が60時間以上である者の割合は、平成16年をピークに緩やかな低下傾向にありますが、働き盛りである30歳代、40歳代の男性で週60時間以上労働している者の割合は平成28年でそれぞれ15％以上という高い水準にあります。

　このような状況にあって、「働き方改革」の重要テーマである「長時間労働の削減」は、どの業界においても解決が必要とされる大きな課題となっています。特に警備業・ビルメンテナンス業では、拘束時間の長い勤務や深夜勤務、不規則な交代制勤務があるため、1日の労働時間が長時間になることが少なくありません。

　従業員が健康を維持・増進し、職場内で能力を発揮するためには、過重労働対策が重要な課題となります。長時間労働は心臓の病気の発症の確率を高め、また血圧に対して悪影響を及ぼすということが、医学的な研究報告で数多く発表されています。長時間労働を行った労働者は、一定時間以内の時間外労働を行った者と比較して心筋梗塞、高血圧症等の発症が高いものです。脳や心臓の病気、高血圧症、血圧上昇等の心臓や血管系への影響は、長時間労働により睡眠が十分に取れず、疲労の回復が困難となることにより生ずると考えられています（図20）。

《長時間労働の悪影響》　　　　　　　　　　　　　　　　　　図20

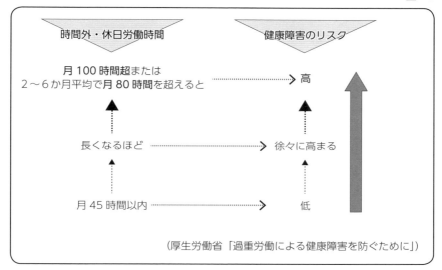

（厚生労働省「過重労働による健康障害を防ぐために」）

　また、長時間労働は、ストレスが関係する精神疾患の発症の引き金となるおそれがあります。さらに長時間労働は、健康面だけではなく、介護や子育てなど家庭生活と仕事との両立を困難にし、女性のキャリアを阻む原因や、男性の家庭参画を阻む要因にもなります（これは少子化問題とも直結することにもなります）。企業は従業員の就労状況を野放しにせず、労働時間について適正な把握に努めることが求められます。

② 過重労働による健康障害を防止するには

　長時間にわたる過重な労働は、疲労の蓄積をもたらす最も重要な要因と考えられ、脳・心臓疾患の発症と関連性が強いとする医学的知見が得られています。このため、厚生労働省では「過重労働による健康障害防止のための総合対策」を策定し、「時間外・休日労働の削減」「年次有給休暇の取得推進」「労働時間等の設定の改善」「労働者の健康管理に係る措置の徹底」を推進しています。

　労働者の健康管理については、通達「過重労働による健康障害を防止

するため事業主が講ずべき措置」が出ており、特に次の3点について対策の実施が必要となるでしょう。

《労働者の健康管理対策》

> (1) 深夜業を含む業務に従事する労働者に対して、6か月以内ごとに1回の健康診断を実施しなければならないこと。
> (2) 深夜業に従事する労働者を対象とした自発的健康診断や血圧等一定の健康診断項目に異常の所見がある労働者を対象にした二次健康診断等給付制度の活用の周知に努めること。
> (3) 長時間にわたる時間外・休日労働を行った労働者に対しては、**表28**の面接指導等を実施すること。

(厚生労働省「過重労働による健康障害を防止するため事業主が講ずべき措置」平18.3.17基発0317008号、筆者要約)

《対象者と実施内容》　　　　　　　　　　　　　　　　　　　　　　　　表28

対象者	実施内容
時間外・休日労働時間が1か月当たり100時間を超える労働者で申出があったもの。	医師による面接指導を確実に実施する。
時間外・休日労働時間が1か月当たり80時間を超える労働者で申出があったもの。	面接指導等を実施するように努める。
時間外・休日労働時間が1か月当たり100時間を超える労働者または時間外・休日労働が2ないし6月の平均で1月当たり80時間を超える労働者。	医師による面接指導を実施するように努める。
時間外・休日労働時間が1か月当たり45時間を超える労働者で、健康への配慮が必要と認めた者。	面接指導等の措置を講ずることが望ましい。

③ 過重労働に対する行政の対応

「かとく」をご存知でしょうか。「かとく」とは、ブラック企業におけ

る長時間労働の監督指導に当たる専従組織「過重労働撲滅特別対策班」の通称です。平成27年4月、厚生労働省により東京労働局と大阪労働局の2か所に「かとく」が新設されました。

　対策班のメンバーは全員が労働基準監督官で、事業所に立ち入って調査・指導や摘発を行います。労働基準監督官は、特別司法警察職員として労基法に違反する事業者を検察庁に送検する権限も有しています。過重労働事案であって、複数の支店において労働者に健康被害のおそれのあるものや犯罪事実の立証に高度な捜査技術が必要となるもの等に対する特別チームです。

　また、厚生労働省は、平成28年4月、監督指導・捜査体制の整備として、本省に「過重労働撲滅特別対策班」（通称「本省かとく」）を新設し、全国47の労働局に「過重労働特別監督監理官」を任命しました。企業本社への指導監督、労働局の行う広域捜査活動を迅速かつ的確に実施できるよう、労働局に対し必要な指導調整を行っています。

《かとくの重点調査項目》

- ○　長時間労働があるかどうか
- ○　割増賃金がきちんと支払われているかどうか

《かとく設置の流れ》　　　　　　　　　　　　　　　　　　　　表29

平成27年4月	過重労働事案に対する特別チーム「過重労働撲滅特別対策班（かとく）」の新設	東京労働局と大阪労働局に設置
平成28年4月	厚生労働省本省に「過重労働撲滅特別対策班」を新設。47局において、「過重労働特別監督監理官」を新たに任命	本省に対策班を設け、広域調査の指導調整、労働局において長時間労働に関する監督指導等を専門とする担当官を任命
平成29年4月	厚生労働省本省に「過重労働特別対策室」を新設	上記「過重労働撲滅特別対策班」を再編し、省令組織として新設

④ 労働基準関係法令違反の企業名公表

　厚生労働省は、平成29年5月から、労働基準法等の労働基準関係法令

に違反したとして書類送検を行った事例について、同省のホームページに企業名を掲載し、以後、毎月更新しています。従業員に違法な残業をさせた疑いで書類送検された企業の他、労災事故を報告しなかった疑いで書類送検された企業など、大企業も含まれます。

　厚生労働省は、「一覧表を公表することで、社会に警鐘を鳴らすのが目的」であるとし、長時間労働対策の一環としています。一度ホームページに企業名が公表されてしまうと、企業にとっては今後、求人活動に大きなダメージとなるおそれがあります。

⑤ 所定外労働時間の削減に向けて企業が取り組めること

　警備業・ビルメンテナンス業では、従業員の就労場所が顧客の施設や社外にあるため、労働時間を自社内で管理しにくいという問題があります。とはいえ過重労働対策のうち、最も効果があることの一つが、所定外労働時間の削減にあることは、他業界と同様です。

　また、ビルメンテナンス業の場合、多数の現場が点在しているため、管理部門と現場との間のコミュニケーションがとりにくいという特殊性があります。警備業・ビルメンテナンス業において長時間労働につながりやすい商慣行の事例を挙げると、以下のケースが考えられます。

《長時間労働につながりやすい商慣行の事例》

○ 顧客からの要望対応
○ トラブル対応
○ 顧客の稼働時間に合わせた対応
○ 仕様の変更

　こうした状況で所定外労働時間の削減に取り組むのであれば、本社・支店の管理部門と現場との間で情報を共有し、長時間労働につながりやすい現場での商慣行を見直して、全社的に改善策を考える必要があります。長時間労働につながりやすい商慣行の事例を踏まえて、警備業・ビルメンテナンス業でできる改善策としては、次の対策が考えられます。

《所定外労働時間の削減に向けた対策》
- 対策1：顧客の理解
- 対策2：適正なスケジュール管理
- 対策3：人員配置の見直し
- 対策4：関係先との情報共有
- 対策5：業務効率・生産性向上
- 対策6：ICT（情報通信技術）ツール、システムの導入
- 対策7：業務量の分散
- 対策8：人材育成、スキルアップ
- 対策9：定期的な業務内容・分担の見直し

2. メンタルヘルス対策

① ストレス増加の背景

　諸外国との競争激化や産業構造の変化の中で、年功制・終身雇用制の崩壊、組織改革、技術革新、OA機器の進化、雇用の多様化など、従業員を取り巻く労働環境も大きく変化しつつあります。これらに起因して、雇用不安や労働負担が増大し、人間関係のトラブルも含めた職業上のストレスが増大しています。

　さらに、ストレス増加に伴い、従業員のうつ病、過労死、自殺などが問題になっています。職場でもストレスを訴える従業員が年々増加しており、企業のメンタルヘルス対策が安全衛生管理上で重要な問題となっています。

　警備業・ビルメンテナンス業では、その従業員の多くが顧客の施設や社外での勤務という特殊な環境であり、就労先が広く分散しているため、本社・支店の管理部門で適切な管理が徹底しにくい状況にあることもストレス増加の一因となります。ケースによっては、顧客からのク

レームがきっかけで、従業員のメンタルヘルス不調が初めて発覚することもあります。従業員のメンタルヘルス対策については、従業員の状態だけでなく、顧客の施設や社外での勤務環境にも配慮する必要があります。

② 心の病

　心の病は、「長時間労働により睡眠時間、休息の十分な確保ができなくなり、心身の疲れが蓄積される」「セクハラやパワハラにより精神のバランスが崩れる」など、心への悪影響が大きな原因となります。身体の病気等は本人にも周囲にも比較的分かりやすいのですが、心の病は本人も病気であることを認識していない（または認識できない）ことがあり、周囲の家族、職場の同僚・上司等も認識することは困難です。本人の遅刻、早退、欠勤、無断欠勤あるいは通常と異なる言動により、心の病ではないかと職場の同僚等が推測できる場合もありますが、プライバシー等を考慮し、本人に対し受診等を勧めることに躊躇することも多いものです。心の病については、専門医の受診によって、初めて本人も周囲の者も発症を把握することになります。

③ メンタル不調者への対応

　メンタル不調者への対応は、早期発見が重要です。職場の上司は、多くの時間を部下とともに過ごしていますので、従業員の不調を見逃さないようにするためには、部下の「変化」に注目することが大切です。

　例えば「遅刻・早退・欠勤が増えた、ミスや事故が目立つ、業務効率が下がった、報告・連絡・相談が少なくなった、衣服が不潔になった、元気がなく表情が乏しくなった」などの変化が考えられます。上司としてこのような変化に気づいたら、できる限り部下の話を聴くように努めましょう。その際は、プライバシーに配慮した環境下（従業員の個人情報の保護に配慮することがきわめて重要です）で、聴き役に徹することで本音を引き出していきます。その結果、専門家への相談が必要と感じ

たら、産業医等の産業保健スタッフへの相談を促します。

④ 職場のメンタルヘルス対策

　職場には従業員の対処だけでは取り除くことができないストレス要因が存在しているため、会社が積極的にメンタルヘルス対応を実施する必要があります。職場のメンタルヘルス対策にあたっては、従業員が能力を発揮できるよう、会社が予防に力を入れ、従業員のストレス軽減をバックアップすることが求められます。

　会社は、メンタルヘルス研修の実施やカウンセリングなど専門家の活用を検討して、従業員の健康保持や早期回復に力を入れます。また、リスクマネジメントの観点から、会社と従業員との間でトラブルを未然に防止することも重要です。心の病気を負った従業員を取り巻く諸法令について把握し、それらに関する情報の収集や従業員への周知を行いましょう。

　厚生労働省では「労働者の心の健康の保持増進のための指針」を公表し、役割を担当する主体者別に4つのメンタルヘルスケアを示しています。**(1)** セルフケアと **(2)** ラインによるケアが、4つのケアの中で特に重要です。この4つのケアを踏まえて、メンタルヘルス対策に取り組む体制を整えていきます。

《4つのメンタルヘルスケア》

> （1）　セルフケア（労働者自らが行うストレスへの気づきと対処）
> （2）　ラインによるケア（管理監督者が行う職場環境等の把握と改善、労働者からの相談対応）
> （3）　事業場内産業保健スタッフ等によるケア（産業医、衛生管理者等による専門的支援）
> （4）　事業場外資源によるケア（情報提供や職場復帰支援における外部の専門機関によるケア）

（厚生労働省「労働者の心の健康の保持増進のための指針」（平成28年3月31日）、筆者要約）

厚生労働省「平成28年 労働安全衛生調査」によれば、メンタルヘルス対策での取組内容について、「ストレスチェック」(62.3％) が最も多く、次いで「従業員への教育研修・情報提供」(38.2％)、「事業所内での相談体制の整備」(35.5％)、「管理監督者への教育研修・情報提供」(29.2％)、となっています (**表30**)。

　警備業・ビルメンテナンス業では、その従業員の多くが顧客の施設や社外で勤務しています。こうした就労環境を考慮すると、従業員が事業所外からでも相談ができるように、電話やメール対応による相談窓口の設置がメンタルヘルス対策として有効と考えられます。

《メンタルヘルス対策の取組内容》　　　　　　　　　　　　　　　**表30**

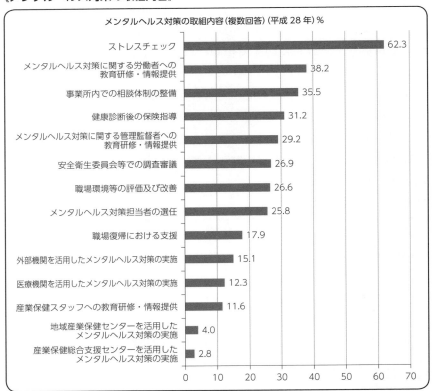

(厚生労働省「平成28年 労働安全衛生調査」)

⑤ ストレスチェックの取組み

　従業員の心理的な負担の程度を把握し、セルフケアや職場環境の改善につなげ、メンタルヘルス不調の未然防止の取組みを強化することを目的として、平成26年に安衛法が改正され、新たにストレスチェック制度が創設されました。制度の概要は以下の通りです。

《ストレスチェック制度概要》

> Ⓐ　1年に1回、医師、保健師等による従業員の心理的な負担の程度を把握するための検査（ストレスチェック）の実施を事業者に義務付ける。ただし、従業員50人未満の事業場については当分の間、努力義務とする。
> Ⓑ　ストレスチェックの結果については、医師等から直接従業員に通知され、従業員の同意がなければ事業者に通知してはならない。
> Ⓒ　ストレスチェックの結果、一定の要件に該当する従業員から申出があった場合は、医師による面接指導を実施することを事業者の義務とする。また、申出を理由とする不利益な取扱いをしてはならない。
> Ⓓ　事業者は、その結果に基づき、医師の意見を聴いた上で、必要な場合には、作業の転換、労働時間の短縮その他の適切な就業上の措置を講じなければならない。

　ストレスチェックの実施により、従業員個人のストレス度、職場ごとのストレス度などを評価することができます。

　ストレスチェック制度では、高ストレス者として選定され、面接指導を受ける必要があると実施者が認めた従業員から申出があれば、医師の面接指導を行います。医師は、従業員との面接指導において勤務の状況、心理的な負担の状況などを確認し、従業員に専門医療機関受診の要否を含む指導を行い、事業者に就業上の措置に関する意見を述べます。

事業者はこの意見を参考に就業措置を実施します。また、高ストレスに該当しない従業員に対しては、ストレスへの気づきと対処法の情報提供などを行うことも必要です。

　ストレス度の高い職場に対しては、職場環境の課題を把握して改善に取り組みます。運用に当たっての重要な事項（ストレスチェックの具体的な実施方法、実施体制、不利益な取扱いの防止等）については、「心理的な負担の程度を把握するための検査及び面接指導の実施並びに面接指導結果に基づき事業者が講ずべき措置に関する指針」（平成27年11月30日指針第2号）等で示されています。

《ストレスチェック制度の流れ》　　図21

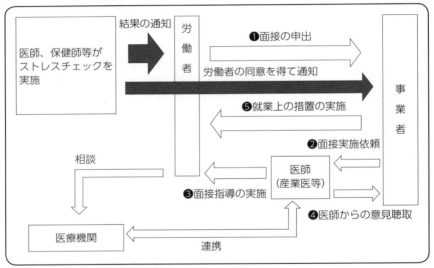

（東京産業保健総合支援センター「労働衛生のハンドブック」）

3. 熱中症対策

① 熱中症とは

　ビルメンテナンス業では、暑い日の清掃作業や湿度の高い屋内での業務があり、警備業では、炎天下での屋外業務があります。警備業・ビルメンテナンス業では、真夏における熱中症への対策が安全管理上で大きな課題といえます。

　熱中症とは、高温多湿な環境下で、体内の水分と塩分のバランスが崩れ、循環調節や体温調節などの機能が破たんするなどして発生する障害の総称をいいます。症状はさまざまで、症状の軽い順に、「めまい・失神」「筋肉痛・筋肉の硬直」「大量の発汗」「頭痛・気分の不快・吐き気・嘔吐・倦怠感・虚脱感」「意識障害・けいれん・手足の運動障害」「高体温」などがあり、**表31**のように分類されます。

《熱中症の症状の分類》　　　　　　　　　　　　　　　　　　　　　表31

Ⅰ度	めまい・失神、筋肉痛・筋肉の硬直、大量の発汗、	重症度：小
Ⅱ度	頭痛・気分の不快・吐き気・嘔吐・倦怠感・虚脱感	重症度：中
Ⅲ度	意識障害・けいれん・手足の運動障害、高体温	重症度：大

（平21.6.19基発0619001号「職場における熱中症の予防について」）

　これらの症状は、順を追って段階的に現れるのではなく、いつのまにか体温が上昇して、突然意識を失うこともあり、適切な処置を怠って手遅れとなると、死に至ることもあります。そのため、予防と早期発見は欠かせません。

　とりわけ、高齢者は若年者と比べて体内の水分量が減少しており、「脱水症状になりやすい」といわれています。また、温度の変化やのどの渇きを感じにくくなっているため、水分の摂取不足が生じ、熱中症になりやすいといわれています。夏の暑い日には、従業員が作業現場で熱中症にならないように適切な対応を行うことが必要になります。

② 警備業・清掃業における熱中症による死傷者の推移

過去5年間（平成24～28年）の業種別の熱中症による死傷者数をみると、**表32**の通りとなっており、屋外での業務が多い警備業と清掃業は、屋外作業のある建設業と同様に熱中症のリスクの高い職業の一つといえます。

《業種別熱中症の発生状況（平成24～28年）》　　　　　　　　　表32

	警備業	清掃・と畜業	建設業	全産業
平成24年	27(2)	28(1)	143(11)	440(21)
平成25年	53(2)	28(2)	151(9)	530(30)
平成26年	20(0)	16(0)	144(6)	423(12)
平成27年	40(7)	23(2)	113(11)	464(29)
平成28年	29(0)	37(1)	113(7)	462(12)

＊（ ）内の数値は死亡者数であり、死傷者数の内数
（厚生労働省「（平成28年）職場での熱中症による死傷災害の発生状況」）

③ 警備業における熱中症予防対策

警備業における業務の特徴として、顧客先等の指示による現場で就労するため、会社の管理が行き届きにくく、また設備等による熱中症対策が現実的に難しい点があります。近年、環境の変化により、熱中症が増加している状況を踏まえ、熱中症予防対策の実施にあたって留意すべき事項を示します。

1）作業環境の面から防ぐ

> Ⓐ　屋外作業では直射日光や地面からの照り返しを遮る。
> Ⓑ　簡易な屋根の設置で、日陰で作業ができないか検討する。
> Ⓒ　作業場所またはその近隣に冷房を備えた休憩場所を設ける。
> 　　屋外では日陰等の涼しい休憩場所を確保する。
> Ⓓ　休憩場所には身体を適度に冷やすことができる物品や設備と水

分・塩分を備える。
Ⓔ　高温多湿での作業では、休憩時間をこまめに設けて連続作業時間を短縮する。
Ⓕ　気温が急に上昇した場合、新たな作業を行う場合、長時間作業から離れた後に再度作業を行う場合においては、暑さに慣れていないため特に注意が必要である。
Ⓖ　自覚症状の有無にかかわらず、作業の前後や作業中に定期的な水分および塩分の摂取を行う。
Ⓗ　熱を吸収する服装や保熱しやすい服装は避け、透湿性および通気性のよいメッシュ生地の服装を着用する。

2）健康管理の面から防ぐ

Ⓐ　従業員が熱中症に影響を与える疾患（糖尿病、高血圧症、心疾患など）がある場合、熱中症になるリスクが高くなるので、産業医等と相談し適切な対応をとる。
Ⓑ　体調不良、朝食未摂取等は熱中症の発症に影響があるので、作業前に確認する。
Ⓒ　作業中は、従業員同士で声を掛け合い、相互の健康状態に注意する。

④ 熱中症の症状が見られた場合

　もし作業中に熱中症の症状が見られた場合、応急手当として涼しいところで身体を冷し、水分および塩分の補給等を行います（後述Ⓐ～Ⓓ参照）。さらに、必要に応じ医師の処置を受けさせることが必要です。

《熱中症の症状が見られた場合の応急手当の例》

> Ⓐ 暑い現場から、涼しい日陰か冷房が効いている部屋などに移す。
> Ⓑ 水分や塩分をとらせる。
> Ⓒ 衣類を緩めて、体から熱の放射を助ける。
> Ⓓ うちわ、扇風機の風に当てる。氷などがあれば、それを首、脇の下、足の付け根に当てる。

4. 健康管理対策

① まずは従業員の健康管理から

　警備・ビルメンテナンス業では中高年の従業員の割合が多く、従業員の健康管理が重要な課題の一つです。健康管理といっても、単に疾病の発見と治療にとどまらず、心身両面の健康、さらには、健康作りまでの広い範囲を含み、その内容は、健康診断とその事後措置、健康保持・増進を図るための措置まで含まれます。

　会社は、その趣旨を従業員に周知させるとともに、健康管理対策の充実をはかることが必要です。

《健康管理》

> 健康診断、健康診断の事後措置、健康保持・増進を図る措置

② 健康診断等の実施

　安衛法66条では、労働者の一般的な健康の確保を図るとともに、業務の適正配置および健康管理を目的として、事業者に一般健康診断の実施義務を課しています。あわせて、労働者にも健康診断の受診義務を課しています。警備業・ビルメンテナンス業に関わる一般健康診断については、次の通りです。

1）雇入れ時の健康診断

　常時使用する労働者を雇い入れた際は、次の項目の健康診断を行わなければなりません。健康診断項目の省略はできません。ただし、当該労働者が雇入れ前3か月以内に受けた健康診断の結果を証明する書面を提出したときは、当該健診項目に限り省略ができます。

《雇入れ時健康診断項目》

1	既往歴および業務歴の調査	7	肝機能検査（GOT、GPT、γ-GTP）
2	自覚症状および他覚症状の有無の検査	8	血中脂質検査（LDLコレステロール、HDLコレステロール、血清トリグリセライド）
3	身長、体重、腹囲、視力および聴力の検査	9	血糖検査
4	胸部エックス線検査	10	尿検査（尿中の糖および蛋白の有無の検査）
5	血圧の測定	11	心電図検査
6	貧血検査（血色素量および赤血球数）		

2）定期健康診断

　常時使用する労働者に対し、1年以内ごとに1回、定期健康診断（下表の項目）の実施義務があります。定期健康診断は、労働者が雇入れ時健康診断や海外派遣労働者健康診断等を受診している場合は、当該健康診断実施日から1年間に限り、その者が受診済の同一項目に限り省略できます。

《定期健康診断項目》

1	既往歴および業務歴の調査	7	肝機能検査（GOT、GPT、γ-GTP）
2	自覚症状および他覚症状の有無の検査	8	血中脂質検査（LDLコレステロール、HDLコレステロール、血清トリグリセライド）
3	身長、体重、腹囲、視力および聴力の検査	9	血糖検査
4	胸部エックス線検査および喀痰検査	10	尿検査（尿中の糖および蛋白の有無の検査）
5	血圧の測定	11	心電図検査
6	貧血検査（血色素量および赤血球数）		

3）深夜業に従事する労働者の健康診断

深夜での勤務については、業務の必要性から警備業・ビルメンテナンス業でも多く行われています。しかし、深夜での勤務は、人間の有する1日単位のリズムに反して働くというその特性から、健康に影響を及ぼすおそれがあると医学研究において指摘されています。

常時深夜業に従事する者は、特定の有害業務に従事する労働者として、配置替えの際および6か月以内ごとに1回の定期健康診断が義務付けられています（安衛則45条）。ここでいう深夜業に常時従事する労働者とは、深夜業（午後10時から午前5時までの間に業務に従事）を1週に1回以上または1月に4回以上行う労働者をいいます（安衛則50条の2）。

③ 健康診断後の事後措置

健康診断は、その実施に加え、その結果に基づく事後措置と指導の実施が必要です。事業者は以下のことを行う必要があります。

《健康診断後の事後措置》

Ⓐ　遅滞なく健康診断の結果を従業員へ通知する。
Ⓑ　異常な所見があると診断された従業員については、必要な措置について、健康診断が行われた日から3か月以内に医師等の意見を聴く。
Ⓒ　医師等の意見を勘案し、その必要があると認められるときは、従業員の実情を考慮し、就業場所の変更、労働時間の短縮、深夜業の回数の減少等の措置を講ずる。
Ⓓ　施設の整備や衛生委員会等への報告等、適切な措置を講じる。
Ⓔ　特に健康保持に努める必要があると認める従業員に対しては、医師または保健師による保険指導を行うように努める。

なお、健康診断結果に関する個人情報を取り扱う際には、個人情報保護法および関連指針の遵守が求められます。特に健康情報については、

厚生労働省から「雇用管理に関する個人情報のうち健康情報を取り扱うに当たっての留意事項」が示されていますので、十分な注意をもって適正に取り扱う必要があります。

《健康診断の実施と事後措置》　　図22

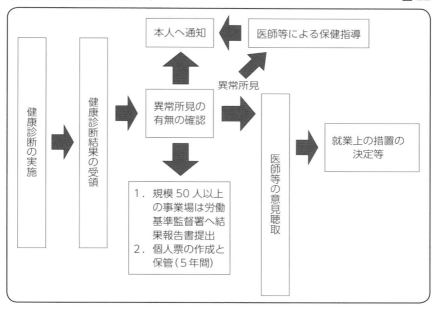

④ 自発的健康診断

　自発的健康診断とは、安衛法66条の2に規定された健康診断で、深夜業に従事する労働者が健康に不安を感じた場合、自ら受けた一定の健康診断の結果を事業主へ提出することで、就業上の措置等の健康管理を受けることができる制度のことをいいます。

　深夜業に従事し、一定の要件（常時使用される労働者で、自発的健康診断を受けた日前6か月を平均して1か月あたり4回以上深夜業に従事した者）に該当する労働者は、自ら受けた健康診断の結果を証明する書面を事業者に提出することができます。自発的健康診断の提出を受けた事業者は、健康診断の結果について医師等から意見聴取を行い、必要が

あると認められる場合には作業転換、深夜業の回数の減少等の措置を講じるとともに保健指導等を行うように努める必要があります。

⑤ 非正規従業員の健康診断

　会社は、臨時のアルバイトにも健康診断を受けさせなければならないのでしょうか。非正規の従業員の場合、次の要件を満たすときは健康診断の実施義務が生じます（安衛法66条、安衛則43条、44条）。

《非正規従業員の健康診断要件》

> （1）期間の定めのない契約により使用される者、もしくは期間の定めのある労働契約による場合でも、1年（特定の有害業務に従事する労働者については6か月）以上引き続き使用されている者、契約更新により1年以上使用されることが予定されている者
> （2）1週間の所定労働時間が、その事業場の同種の業務に従事する通常の労働者の4分の3以上である者

＊（2）の要件に達しない場合でも、1週間の所定労働時間が通常の労働者のおおむね2分の1以上の者には、健康診断を実施することが望ましいとされています。

⑥ 受診拒否者への対応

　なかには理由をつけて健康診断の受診を拒否する従業員がいます。使用者に実施義務が課せられているにもかかわらず、健康診断を受診させなかった場合、労働基準監督署から是正勧告や罰則を受けることにもなりかねません。そのため、受診拒否をする者に対しては、健康診断の受診が会社の指示であることを就業規則に定めて、受診を勧告できるようにしておくことが賢明です（**規定27**）。

《規定例》　　　　　　　　　　　　　　　　　　　　　　　　　　　　規定 27

第○条（健康管理）
　1　常時雇用される従業員に対しては、毎年1回、定期的に会社

の指定する健康診断を受診しなければならない。
2　前項に定める場合のほか、法令の定めるところに従い必要な健康診断を実施する。
3　健康診断の結果、特に必要があると認められる場合には医師の意見を聴き、就業場所の変更、作業の転換、勤務時間の短縮、作業環境の測定、施設の整備等の措置を講ずることがある。また、週40時間を超える労働を月間100時間を超えて行い疲労の蓄積が認められる従業員から申出があった場合は、医師による面接指導を行うものとする。
4　従業員が正当な理由なく前項の健康診断を受診しない場合、第○条の規定により懲戒処分とすることがある。

⑦ 健康診断後の手続き

　健康診断を実施した後は、健康診断個人票を作成して、これを5年間保存しなければなりません。

　また、常時50人以上の労働者を使用する事業場では、定期健康診断や特定業務従事者の健康診断を実施した際、遅滞なく「定期健康診断結果報告書」を所轄の労働基準監督署長に提出しなければなりません（安衛則51条、52条）（**書式18**）。

⑧ 高齢者に対する健康への配慮

　60歳以上の就業者割合が、他の産業では平均約10％であるのに対し、警備業は約30％と高い状況にあり、高齢の従業員の割合が多くなっています。高齢の従業員に対しては、定期的に健康診断等の実施により健康状態を把握するとともに、健康保持増進のため、日頃から次の事項について配慮することも必要です。

《高齢者に対する健康配慮事項》

- Ⓐ　生活習慣病等がある場合には、健康診断の再検査と医師の診断書による報告を義務付ける。
- Ⓑ　健康診断は毎年必ず受診させる。必要によっては再検査や治療を促す。
- Ⓒ　年齢や健康状態に応じた、残業時間を含めた適切な労働時間を設定する。
- Ⓓ　日々の業務報告時や電話の口調、顔色などで、上司が常に従業員の健康状態の把握に努める。
- Ⓔ　従業員が職業生涯を通じて、心身両面にわたり健康を確保できるよう日常的に健康・体力づくり運動の推進を図る。

《定期健康診断結果報告書記入例》　　書式18

様式第6号(第52条関係)(表面)

定期健康診断結果報告書

労働保険番号	13101000000
対象年	7:平成 700 (4月～10月分)(報告1回目)
健診年月日	7:平成 7001020
事業の種類	警備業
事業場の名称	株式会社○○警備
事業場の所在地	郵便番号(102-0072) 千代田区飯田橋○-○-○　電話 03(4321)0000
健康診断実施機関の名称	○○○クリニック
健康診断実施機関の所在地	千代田区富士見○-○-○
在籍労働者数	55
受診労働者数	50

整理番号 80311

健康診断項目

項目	実施者数	有所見者数	項目	実施者数	有所見者数
聴力検査(オージオメーターによる検査)(1000Hz)	50	1	肝機能検査	50	5
聴力検査(オージオメーターによる検査)(4000Hz)	50	1	血中脂質検査	50	3
聴力検査(その他の方法による検査)			血糖検査	50	1
胸部エックス線検査	50	2	尿検査(糖)	50	2
喀痰検査			尿検査(蛋白)	50	0
血圧	50	0	心電図検査	10	2
貧血検査	50	6			

所見のあった者の人数 14　医師の指示人数 4

歯科健診 実施者数 ―　有所見者数 ―

産業医　氏名　○○ ○○　㊞
所属医療機関の名称及び所在地　○○○クリニック 千代田区富士見○-○-○

平成○○年○○月○○日

事業者職氏名　株式会社○○警備　代表取締役○○○○　㊞

中央　労働基準監督署長殿

受付印

5. 安全衛生管理体制の構築

① ビルメンテナンス業における安全衛生管理

　ビルメンテナンス業では、従業員の就業場所が顧客（ビルオーナー）の施設内であることが多くなります。このため、作業環境の安全化には顧客（ビルオーナー）との連携とその協力がかかせません。以下の点を考慮して、安全衛生管理を進めていく必要があります。

《顧客（ビルオーナー）との連携における留意点》

> Ⓐ　施設の不安全な場所、構造等について知り得たときは、直ちに顧客（ビルオーナー）へ報告し、改修等の提案をする。
> Ⓑ　顧客（ビルオーナー）への提案は、通常、現場作業の責任者ではなく、本社または支店が行う。
> Ⓒ　顧客（ビルオーナー）から法令遵守について厳しく問われるようになっているため、労災の防止対策ができていないと顧客（ビルオーナー）から取引を断られる場合もある。安全衛生管理については真摯に取り組む。

② 安全衛生管理の進め方

　安全衛生管理は、安全衛生管理体制を整えたうえで計画を立て、実施し、実施した結果を評価し、改善するという一連の自主的活動を継続して実施することが必要です（**図23**）。

　特に、警備業・ビルメンテナンス業の場合、従業員が就労している現場があちこちに点在していますので、本社・支店の管理部門が現場責任者と連携しながら、効率的な管理を行うことが求められます。

《安全衛生管理の進め方》　　　　　　　　　　　図23

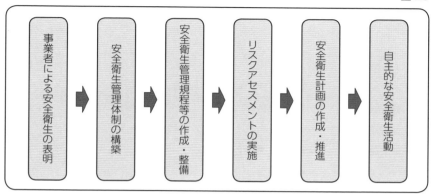

③ 安全衛生管理体制の構築

　労働災害を防止する責任は会社にありますが、組織内の自主的な活動が労働災害の防止には欠かせません。自主的な安全衛生活動を推進するため、安衛法で定める安全衛生管理組織を整備し、安全衛生管理体制を構築する必要があります。

　安衛法では、事業場の業種や規模によって安全衛生の管理責任者を選任することが義務付けられています。責任者の選任が義務付けられているのは、安全や衛生についての知識や経験のある責任者を中心に、労働災害を防止し、労働者の健康保持などに取り組む体制を作るためです。

　警備業・ビルメンテナンス業での選任義務については**表33**と**図24**の通りです。

《警備業・ビルメンテナンス業での選任義務》　　　　　　　　　　表33

	根拠条文	清掃業	清掃業以外の建物サービス業・警備業
総括安全衛生管理者	安衛法10条	100人以上	1,000人以上
安全管理者	安衛法11条	50人以上	―
衛生管理者	安衛法12条	50人以上	50人以上
安全衛生推進者	安衛法12条の2	10人以上50人未満	―
衛生推進者	安衛法12条の2	―	10人以上50人未満
産業医	安衛法13条	50人以上	50人以上
安全委員会	安衛法17条	50人以上	―
衛生委員会	安衛法18条	50人以上	50人以上
安全衛生委員会	安衛法19条	50人以上	―

《警備業・ビルメンテナンス業の安全衛生管理体制》　　　　　　図24

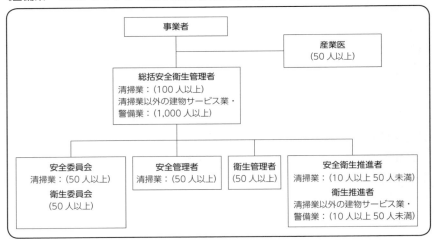

④ 安全衛生管理体制のキーパーソン

安全衛生管理体制を社内で機能させるためには、以下の担当者がキーパーソンとなり、連携を取りながら、各々の役割を果たしていく必要があります。

1）総括安全衛生管理者

常時使用する従業員が100人以上の清掃業、1,000人以上の建物サービス業・警備業の事業場には、安全衛生についての実質的な最高責任者である総括安全衛生管理者の選任が義務付けられています（安衛法10条）。事業者は、総括安全衛生管理者を選任したときは所轄の労働基準監督署へ報告する義務があります。総括安全衛生管理者は、次の業務を統括管理する義務を負っています。

《総括安全衛生管理者の義務》

> Ⓐ 労働者の危険または健康障害を防ぐための措置
> Ⓑ 労働者の安全または衛生のための教育実施
> Ⓒ 健康診断の実施、その他健康の保持増進のための措置
> Ⓓ 労働災害の原因調査、および再発防止対策

2）産業医

ⓐ 職務内容

業務の特殊性を踏まえたうえで働く人の健康を守るには、特別な医学的知識が不可欠です。こうした専門的な医療行為を行う医師を産業医といい、50人以上の事業場においては、その選任と労働基準監督署への報告（**書式19**）が義務付けられています（安衛法13条、安衛則13条）。産業医には、労働者の健康管理に必要な知識を備えていることが求められるため、医師としての資格の他、厚生労働大臣が定める研修を修了していることが条件になります。

産業医の職務内容は、次の通り定められています。

《産業医の職務内容》

> Ⓐ 健康診断および面接指導の実施、ならびにこれらの結果に基づく労働者の健康保持の措置
> Ⓑ 作業環境の維持
> Ⓒ 作業の管理
> Ⓓ その他労働者の健康管理に関すること
> Ⓔ 健康教育、健康相談その他労働者の健康を保持増進するための措置
> Ⓕ 衛生教育
> Ⓖ 健康障害の原因および再発防止のための措置

ⓑ 50人未満の事業場で産業医を選任していない場合

　産業医を選任していない50人未満の事業場では、地域産業保健センターの活用がお勧めです。

　同センターは、独立行政法人労働者健康安全機構が運営する組織で、おおむね労働基準監督署の管轄区域ごとに設置されています。同センターでは、労働者50人未満の小規模事業者やそこで働く労働者を対象に、安衛法で定められた保健指導等の産業保健サービスを提供しています。産業医を選任していない労働者数50人未満の事業場では、同センターを活用するなどして、医師の面接指導または面接指導に準ずる必要な措置を講じましょう。

《産業医選任報告記入例》 書式19

様式第3号(第2条、第4条、第7条、第13条関係)

総括安全衛生管理者・安全管理者・衛生管理者・産業医選任報告

- 労働保険番号: 80401 / 13101012345
- 事業場の名称: 株式会社○○警備
- 事業場の所在地: 郵便番号(102-0072) 千代田区飯田橋○-○-○
- 電話番号: 03-1234-5678
- 事業の種類: 警備業
- 労働者数: 60
- 坑内労働又は有害業務（労働基準法施行規則第18条各号に掲げる業務）に従事する労働者数: 0人
- 坑内労働又は労働基準法施行規則第18条第1号、第3号から第5号まで若しくは第9号に掲げる業務に従事する労働者数: 0人
- 産業医の場合は、労働安全衛生規則第13条第1項第2号に掲げる業務に従事する労働者数

- フリガナ: ○○○ ○○○○
- 被選任者氏名: ○○ ○○
- 選任年月日: 7:平成 → 7 29 10 01
- 生年月日: 5:昭和 → 54 08 5
- 選任種別: 5 (1.総括安全衛生管理者 2.安全管理者 3.衛生管理者(4以外の者) 4.衛生管理者(衛生工学管理担当) 5.産業医)
- 専属の別: 2 (1.専属 2.非専属) 他の事業場に勤務している場合は、その勤務先
- 専任の別: 2 (1.専任 2.兼職) 他の業務を兼職している場合は、その業務 … クリニック開業
- 産業医の場合は医籍番号等: 1-123456789 01

- 前任者氏名: （空欄）
- 辞任、解任等の年月日: 7:平成 （空欄）
- 参考事項: 新規選任

平成○○年○月○日
事業者職氏名: 株式会社○○警備 代表取締役○○○○ 印
中央 労働基準監督署長殿

受付印

第2節 従業員が安心して働くための6つの対策

3) 衛生管理者

　病気や衛生面での技術的事項に責任を持つのが衛生管理者です。常時50人以上の労働者を使用する事業場では、業種を問わず選任と労働基準監督署への報告が課せられており（**書式20**）、また、その事業場に専属の者を選任することとされています（安衛法12条、安衛則7条）。

　もちろん、警備業・ビルメンテナンス業においても要件に合えば選任義務が発生し事業場ごとに専属の衛生管理者を置かなければなりません。なお、清掃業の場合、選任できるのは第一種衛生管理者のみで、第二種衛生管理者の資格では選任の対象となりませんので注意が必要です。

　衛生管理者は、少なくとも毎週1回すべての作業場等を巡視し、設備、作業方法または衛生状態に有害のおそれがあるときは、直ちに、労働者の健康障害を防止するため必要な措置を講じなければなりません。

　衛生管理者に選任できる資格、業務、人数については、**表34・表35**の通りです。

《衛生管理者に選任できる資格》　　　　　　　　　　　　　　　　　　表34

業　種	選任できる資格
清掃業	衛生工学衛生管理者、第一種衛生管理者、医師、歯科医師、労働衛生コンサルタント
清掃業以外の建物サービス・警備業	衛生工学衛生管理者、第一種衛生管理者、第二種衛生管理者、医師、歯科医師、労働衛生コンサルタント

《衛生管理者の業務》

Ⓐ　健康に異常のある者の発見および処置
Ⓑ　作業環境の衛生上の調査
Ⓒ　作業条件、施設等の衛生上の改善
Ⓓ　労働衛生保護具、救急用具等の点検および整備
Ⓔ　衛生教育、健康相談その他労働者の健康保持に必要な事項
Ⓕ　労働者の負傷および疾病、それによる死亡、欠勤および移勤に関する統計の作成
Ⓖ　その事業の労働者が行う作業が他の事業の労働者が行う作業と同一の場所において行われる場合における衛生に関し必要な措置
Ⓗ　衛生日誌の記載等職務上の記録の整備

《衛生管理者の人数》　　　　　　　　　　　　　　　　　　　　　　表35

事業場の規模	衛生管理者数
50～200人	1人
201～500人	2人
501～1,000人	3人
1,001～2,000人	4人（1人専任）
2,001～3,000人	5人（2人専任）
3,001人以上	6人（3人専任）

《衛生管理者選任報告記入例》　　　　　　　　　　　　書式20

様式第3号（第2条、第4条、第7条、第13条関係）

総括安全衛生管理者・安全管理者・衛生管理者・産業医選任報告

労働保険番号	80401　13101012345　（都道府県／所掌／管轄／基幹番号／枝番号／被一括事業場番号）　ページ ○○／総ページ ○○
事業場の名称	株式会社○○警備
事業の種類	警備業
事業場の所在地	郵便番号（102-0072）千代田区飯田橋○-○-○
電話番号	03-1234-5678
労働者数	計 120人
衛生管理者の場合	坑内労働又は有害業務（労働基準法施行規則第18条各号に掲げる業務）に従事する労働者数　0人／坑内労働又は労働基準法施行規則第18条第1号、第3号から第5号まで若しくは第9号に掲げる業務に従事する労働者数　0人
産業医の場合は、労働安全衛生規則第13条第1項第2号に掲げる業務に従事する労働者数	

フリガナ：チヨダ　ハナコ
被選任者氏名：千代田　花子
選任年月日：7:平成　72年9月1001日（元号7:平成）→ 平成7年10月01日
生年月日：5:昭和　538年7月2日
選任種別：3
1. 総括安全衛生管理者
2. 安全管理者
3. 衛生管理者（4以外の者）
4. 衛生管理者（衛生工学管理担当）
5. 産業医

・安全管理者又は衛生管理者の場合は担当すべき職務：衛生管理一般に関すること

専属の別：1　専属／非専属　（他の事業場に勤務している場合は、その勤務先）
専任の別：2　専任／兼職　（他の業務を兼職している場合は、その業務）　総務主任

・総括安全衛生管理者又は安全管理者の場合は経歴の概要：

・産業医の場合は医籍番号等：種別－医籍番号（右に詰めて記入する）

フリガナ：ロウドウ　タロウ
前任者氏名：労働　太郎
辞任、解任等の年月日：7:平成　72年09月30日 → 平成7年09月30日

参考事項：

平成○○年○月○日
事業者職氏名　株式会社○○警備　代表取締役○○○○　㊞

中央　労働基準監督署長殿

受付印

4）衛生推進者（安全衛生推進者）

常時使用する労働者が 50 人未満の事業場では、安全管理者、衛生管理者の選任義務がありません。しかし、小規模事業場であっても、災害対策は、一定の知識や経験を持つ責任者の下で組織的に取り組むことが求められます。

そこで、労働者数が 10 ～ 49 人の事業場においては、衛生推進者（清掃業では安全衛生推進者）を選任しなければなりません。衛生推進者（安全衛生推進者）の選任は、選任すべき事由の発生した日から 14 日以内に行う必要があります。労働基準監督署への報告義務はありませんが、衛生推進者（安全衛生推進者）の氏名を見やすい場所に掲示するなどして、事業場内に周知させる必要があります。

衛生推進者（安全衛生推進者）の資格要件（**表 36**）と業務については、次の通りです。

《資格要件》 表 36

区　分	衛生推進者の資格要件
大学卒業者	衛生の実務経験 1 年以上
高校卒業者	衛生の実務経験 3 年以上
実務経験者	衛生の実務経験 5 年以上
上記以外	厚生労働省労働基準局長が定める講習の修了

＊　安全衛生推進者の資格要件：表の「衛生の実務経験」を「安全衛生の実務経験」と読み替えます。

《衛生推進者（安全衛生推進者）の業務》

- Ⓐ　労働者の危険または健康障害を防止するための措置に関すること
- Ⓑ　労働者の安全または衛生のための教育の実施に関すること
- Ⓒ　健康診断の実施その他健康の保持増進のための措置に関すること
- Ⓓ　労働災害の原因の調査および再発防止対策に関すること
- Ⓔ　その他労働災害を防止するために必要な業務

＊　衛生推進者にあっては、上記の職務のうち衛生にかかる事項。

5) 委員会

　労働災害を防ぐことは事業者の義務ですが、その取組みが成果を生むためには、労働者の積極的な参加が求められます。

　そこで、常時使用する労働者が 50 人以上の事業場では、事業者が、労働者に事業場の安全衛生問題を調査審議させ、意見を述べさせる場として、委員会を設置することが義務付けられています。委員会は毎月 1 回以上開催し、その都度、議事の概要を労働者に周知させなければなりません。また、そのうち重要なものは 3 年間の保存義務があります。

　委員会は業種に応じて 3 種類があり、それぞれの主な調査審議事項は**表 37** の通りです。

《委員会調査審議事項》　　　　　　　　　　　　　　　　　　　　　表 37

安全委員会 （清掃業）	・労働者の危険防止のための基本対策 ・労働災害の原因および再発防止対策のうち、安全に関すること ・その他、危険防止に関する重要事項
衛生委員会	・労働者の健康障害防止のための基本対策 ・労働者の健康の保持増進を図るための基本対策 ・労働災害の原因および再発防止対策のうち、衛生に関すること ・その他健康障害の防止および健康の保持増進に関する重要事項
安全衛生委員会 （清掃業）	（安全委員会と衛生委員会の双方を設置しなければならない事業場において、両委員会を一緒に行うときに設置できる）

6. 労災防止対策

① 警備業における労働災害の特徴

厚生労働省「平成28年 労働災害発生状況」によれば、平成28年の1年間に、警備業で働く人のうち1,472人が休業4日以上の死傷病災害に被災しました。

警備業における労働災害は、ここ数年で約1,300件から約1,500件へと増加傾向にあります。その要因として、就業する場所が顧客の指定する場所であり、社外であること、第三者の加害行為による被害などのため、災害防止対策が困難であることが指摘されています。

さらには、交通誘導による交通事故や熱中症などのリスクもあり、他業種とは異なる問題点が多いのが特徴です（**表38**）。

《警備業における労働災害の特徴》

> Ⓐ 休業4日以上の死傷病災害の発生状況は年間約1,400件を超え、増加傾向にある。
>
> Ⓑ 年齢別発生率では、60歳以上が4割、50歳以上でみると6割を占めている。
>
> Ⓒ 事故の型別では「転倒」が最も多く3割を占める。近年、増加率が高いのは熱中症である。
>
> Ⓓ 死亡災害については、平成28年は23人となっている。事故の型別に見ると交通事故が最も多く、建設工事現場内での重機等に巻き込まれる災害も多発している。また、熱中症による死亡者も発生している。

《警備業の災害発生状況》 表38

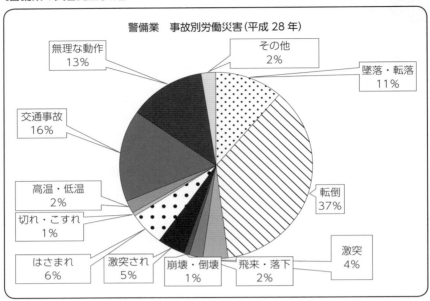

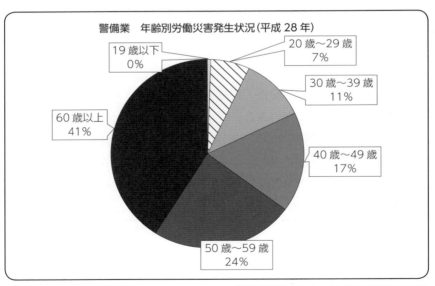

(厚生労働省「平成28年 労働災害発生状況」)

② ビルメンテナンス業における労働災害の特徴

　厚生労働省「平成28年 労働災害発生状況」によれば、平成28年の1年間にビルメンテナンス業で働く人のうち、3,036人が休業4日以上の死傷病災害に被災しました。

　ビルメンテナンス業では、従業員に占める高年齢者の割合が高く、60歳以上の災害が多いのも特徴で、通路等での「転倒」、はしごや階段からの「墜落・転落」、荷物の運搬中の「腰痛」、ドアや建築設備等による「挟まれ・巻き込まれ」等により被災しています。

　ビルの窓ガラス清掃におけるロープ高所作業（ブランコ作業）などは、「墜落・転落」等のリスクの高い災害もあります。また、ビルメンテナンス業では施設利用者と近接した場所での業務もあり、労働災害の防止には、労働者の安全の確保だけでなく、施設利用者や建物近隣を通行する第三者の安全確保にも配慮する必要があります（**表39**）。

《ビルメンテナンス業における労働災害の特徴》

> Ⓐ　60歳以上の高齢労働者の割合が高い。
> Ⓑ　臨時的雇用者の割合が高く、安全衛生教育が徹底しにくい。
> Ⓒ　少人数での就業が多く、現場が広く分散しているため監督者の指導が徹底しにくい。
> Ⓓ　就業場所が顧客の施設・設備であるため作業環境の安全化については顧客の同意を得て、特別な工夫を行う必要がある。

《ビルメンテナンス業の災害発生状況》　　　　　　　　　　　表39

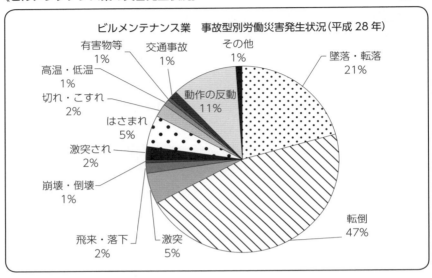

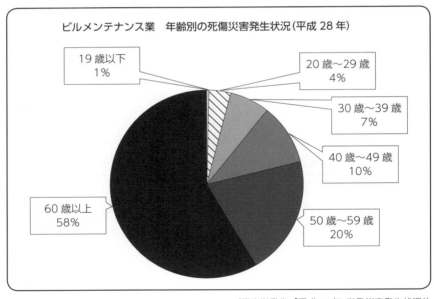

（厚生労働省「平成28年 労働災害発生状況」）

③ 高齢者の労働災害防止

　警備業・ビルメンテナンス業では、現場で多くの高齢者が就労していることが特徴といえます。高齢者は、一般に豊富な知識や経験があり、業務全体を把握し判断する力を備えているといわれる一方、加齢に伴い身体機能が低下するため、労働災害発生の要因の一つになっています。

　労働災害防止のため、高齢者の就労について、会社は一定の配慮が必要です。安衛法でもこの点に着目しており、中高齢者など特に配慮が必要な労働者については、心身の条件に応じて適切な配置するように事業者に求めています（安衛法62条）。

　ただし、高齢といっても、精神的・肉体的機能には人により個人差がありますので、一律ではなく、個別の「心身の条件に応じて」取り組むことになります。高齢者に対して考慮すべき対策の例として、次のような取組みが挙げられます。

《高齢者の労働災害防止対策》

○ 墜落・転落防止対策。
- ・高所作業を避けて、できるだけ地上の作業に置換え。
- ・階段の改善（蹴り上げを小さく、色彩表示、手すりの設置等）。
- ・危険標識の表示。

○ 転倒防止対策。
- ・つまづきの原因となる段差の除去。
- ・作業床のすべり止め防止の徹底（こぼれた水・油類の清掃、すべり止めの入った床塗装、鉄製階段へのすべり止め用テープなど）。
- ・両手に物を持たない。道具は各階ごとに配置する。

○ 年齢や健康状態に応じた適正な労働時間を設定する。

○ 共同作業にあって若年者と高齢者を組み合わせた職場編成とすることが望ましい。

○ 高齢者の身体特性に応じて、高所作業、重量物運搬作業、深夜作業に就労させることがないように努める。

④ 警備業・ビルメンテナンス業における安全衛生教育

　警備業・ビルメンテナンス業の特徴として、従業員の中途採用が多く、在職年数が比較的短いことが挙げられます。また、ビルメンテナンス業の職場は「多数点在している」「従業員数が1人から数人、数十人と各現場によってばらつきがある」「シフト制のため、各人の勤務時間が異なる」「年齢幅が大きい」等、一律に教育が実施しにくい状況にあります。

　こうしたことから、安全衛生教育がおろそかになりがちですが、災害防止のためには、まず従業員へ安全衛生教育を実施する重要性を理解させることから始めます。警備・ビルメンテナンス業で行うべき安全衛生教育については、次の通りです。

1）雇入れ時等の教育

　　事業者は、労働者を雇い入れたときや作業内容を変更したときは、その従事する業務に関する安全衛生のための教育を行わなくてはなりません。「雇入れ時等の教育」の具体的な内容については、安衛則35条に規定されています。

《雇入れ時等の教育》（安衛則35条1項）

1　事業者は、労働者を雇い入れ、又は労働者の作業内容を変更したときは、当該労働者に対し、遅滞なく、次の事項のうち当該労働者が従事する業務に関する安全又は衛生のため必要な事項について、教育を行なわなければならない。（中略）
　　一　機械等、原材料等の危険性又は有害性およびこれらの取扱い方法に関すること。
　　二　安全装置、有害物抑制装置又は保護具の性能及びこれらの取扱い方法に関すること。

三　作業手順に関すること。
　四　作業開始時の点検に関すること。
　五　当該業務に関して発生するおそれのある疾病の原因及び予防に関すること。
　六　整理、整頓及び清潔の保持に関すること。
　七　事故時等における応急措置及び退避に関すること。
　八　前各号に掲げるもののほか、当該業務に関する安全又は衛生のために必要な事項

＊　一～八について、全部または一部に関し十分な知識および技能を有していると認められる従業員については、その事項の教育を省略することができます。

2）特別教育

　安衛法59条では、危険有害業務に就かせるときは、その労働者に対し、その業務に関する安全または衛生に関する教育を行わなければならないと規定しています。特別教育を必要とする業務のうち、ビルメンテナンス業とかかわりがあると考えられるのは以下の通りです。

《ビルメンテナンス業において特別教育を必要とする業務》

Ⓐ 電気取扱業務
Ⓑ 作業床の高さ10m未満の高所作業車の運転業務
Ⓒ 小型ボイラーの取扱業務
Ⓓ ゴンドラの操作業務
Ⓔ 酸素欠乏危険作業に係る業務

3）安全衛生教育の実施手順

　安全衛生教育の実施にあたっては、それぞれの職務の内容に応じて計画的に行う必要があり、図25のような手順で進めることとなります。

《安全衛生教育の実施手順》 図 25

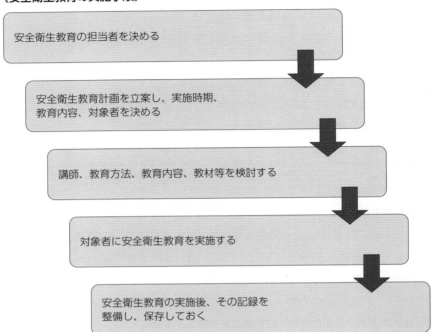

第4章

警備業・ビルメンテナンス業における社会保険対応

警備・ビルメンテナンス業では、長期のフルタイム勤務からパート・アルバイトなど短時間・短期間勤務まで、さまざまな雇用形態がみられます。また、就労する年齢層も幅広く、10歳代後半から70歳代くらいまでの従業員が働いています。
　さらには新卒よりも中途採用が多いのも業界の特徴です。こうした傾向を踏まえ、社会保険についても他の業種にみられない課題に対応しなければなりません。

1. 警備業界での平成29年社会保険未加入問題

　第1章でも少し記載していますが、建設業で問題となっていた社会保険未加入問題は、建設工事の実施に不可欠な交通誘導警備を行う警備業にも関係する問題となりました。
　特定建設業者が発注者から直接請け負った建設工事を施工するために締結した下請契約の総額が3,000万円（建築一式工事4,500万円）以上になる場合、下請・孫請など工事施工を請け負う全ての業者名等を記載する施工体制台帳の作成が義務付けられています。公共工事の建設現場で交通誘導を行う2号警備業者は、当然に工事の施工体制台帳に記載される下請・孫請に含まれることになるため、国土交通省の作成した「社会保険の加入に関する下請指導ガイドライン」の対象となっているのです。
　ガイドラインでは、元請は下請選定時に候補となる企業に対し社会保険の加入状況について保険料の領収済通知書等関係資料のコピーを提示させるなどの確認を行い、適用除外でないにもかかわらず社会保険に未加入である場合には、早期に加入手続を進めるよう指導を行います。平成29年度以降においては、健康保険、厚生年金保険、雇用保険の全部または一部について、適用除外でないにもかかわらず未加入である企業は、下請企業として選定しないとの取扱いにすべきであると記載されています。
　よって、公共工事の建設現場で交通誘導を行う2号警備業者も、平成

29年4月以降、社会保険に加入していなければ業務の受注ができなくなる方向に進むのではないかとされていたのが、平成29年の社会保険未加入問題でした。

社会保険未加入問題は、今後も、建設業界だけでなく警備業界も対処していかなければならない問題です。警備業では、アルバイトなど短時間・短期間の雇用形態も多く社会保険の加入がおろそかになりがちですが、アルバイトやパートであっても要件を満たしていれば社会保険に加入させなければならず、注意が必要です。

2. ダブルワークでの社会保険

新卒から定年まで生涯1社で働く終身雇用の考え方が、今後大きく変わろうとしています。政府は、ダブルワーク（兼業・副業）について事実上の解禁に踏み切る方向で舵を切り、平成29年11月には「副業・兼業の推進に関するガイドライン骨子（案）」および「就業規則（案）」を発表しました。

ダブルワークについては、警備業・ビルメンテナンス業のパートやアルバイトでは従来からよくみられる就労形態です。就業規則で副業・兼業が禁止されていないのであれば、パートやアルバイトの業務に従事する場合、午前中はA社、午後はB社というようにダブルワークで行うことが可能とされています。

① ダブルワークにおける社会保険適用の考え方

ダブルワークで働く場合、問題となるのは社会保険の適用です。平成28年10月の短時間労働者への適用拡大[※1]実施以前には、ダブルワークで2社の社会保険の適用条件を満たす従業員は滅多にいませんでした。

適用拡大以前は、通常労働者の4分の3以上の所定労働時間が要件でしたので、2社ともに4分の3以上の勤務を行うことは非現実的であり、2社勤務の適用は、複数の会社で役員を務める場合などに限られていま

した。ところが、平成28年10月の短時間労働者への適用拡大実施以後、ダブルワークにより同時に複数の会社で社会保険の適用条件を満たすケースが発生するようになりました（**表40**）。

このようなケースで、たとえ二つの会社で適用条件を満たす場合でも、両方の会社から各々で健康保険証が発行されることはありません。複数の会社で社会保険が適用される場合は、従業員が会社を経由して「被保険者所属選択・二以上事業所勤務届」（**書式21**）を提出することでどちらの会社で適用されるのかを決めて、健康保険給付に関する手続きは、選択した会社で行うことになります。

《ダブルワークにおける社会保険適用》　　　　　　　　　　　　　　表40

A社	B社	社会保険の適用
適用要件を満たす	適用要件を満たす	A、B両社で適用
適用要件を満たす	適用要件を満たさない	A社で適用
適用要件を満たさない	適用要件を満たさない	A、B両社ともに適用しない

② 社会保険料の考え方

「被保険者所属選択・二以上事業所勤務届」を提出した場合、被保険者の社会保険料は、両社の報酬月額を合算し各社で比例案分します。

※1 短時間労働者への適用拡大
平成28年10月から厚生年金保険・健康保険の適用対象者が拡大となり、週20時間以上働く短時間労働者※2で、厚生年金保険の被保険者数が常時501人以上の法人・個人・地方公共団体に属する適用事業所および国に属するすべての適用事業所で働く方が厚生年金保険等の適用対象となりました。
平成29年4月からは、被保険者数が常時500人以下の事業所においても、労使合意に基づき申出をすれば適用拡大の事業所となれます。
※2 週20時間以上働く短時間労働者
勤務時間・勤務日数が、常時雇用者の4分の3未満で、下記Ⓐ～Ⓔすべての要件に該当する者。
Ⓐ 週の所定労働時間が20時間以上あること／Ⓑ 雇用期間が1年以上見込まれること／Ⓒ 賃金の月額が8.8万円以上であること／Ⓓ 学生でないこと／Ⓔ 被保険者数が常時501人以上の企業に勤めていること

《被保険者所属選択・二以上事業所勤務届記入例》　書式21

健康保険　被保険者　所属選択届
厚生年金保険　被保険者　二以上事業所勤務届

被保険者氏名	(フリガナ)	○カワ	タロウ		生年月日	1.明 3.大 5.昭 7.平	年 45	月 11	日 23	基礎年金番号	9999	9999	9999
	氏名	○川	太郎										

事業所	事業所整理記号		事業所名称			被保険者資格取得・喪失年月日				報酬月額		※標準報酬月額
	被保険者整理番号		事業所所在地 厚生年金基金に加入の場合その名称及び番号									千円
選択事業所	杉並	△△	□山ビルメンテナンス株式会社			取得 平成12	年 4	月 1	日	金銭による報酬	260,000 円	健
	12		東京都杉並区高井戸○-○-○		基金 号	喪失	年	月	日	現物による報酬	0 円	
										合計	260,000 円	千円
非選択事業所	池袋	××	株式会社△△ビルメンテナンス			取得 平成29	年 6	月 1	日	金銭による報酬	70,000 円	厚
	3		東京都豊島区池袋×-×-×		基金 号	喪失	年	月	日	現物による報酬	0 円	
					基金 号					合計	70,000 円	
						取得	年	月	日	金銭による報酬	円	
						喪失	年	月	日	現物による報酬	円	
					基金 号					合計	円	

被保険者
住所　東京都杉並区○○町 △-△-△
氏名　○川　太郎　㊞

※ 新規加入の場合は、それぞれの事業所の健康保険・厚生年金保険 資格取得届の提出後に「二以上勤務届」の提出が必要です。また、すでに全国健康保険協会の被保険者である場合は、被保険者証の整理番号が変更になります。十分に、現在交付されている被保険者証を御持ちしてください。

※ 被保険者の押印については、署名（自筆）の場合は省略できます。

受付印

事業センター長	副事業センター長	グループ長	担当者
所長	副所長	課長	

例えば、A社16万円、B社20万円の場合、合計36万円を報酬とし、16：20（4：5）の割合で各社の保険料を決定し、会社に納付額を通知します。算定基礎届、月額変更届は、他の被保険者とは別に該当者のみ二以上勤務であることを明示して保険者（年金事務所）へ提出します。

　なお、ダブルワークの場合、雇用保険の加入は主たる賃金を受ける事業場において資格取得をすれば足りるとされています。どちらか1社で雇用保険に加入しますので、同時に2社で加入はできません。通常は、収入の多い方の会社を選択して、雇用保険に加入することになります。

3. 高齢者と社会保険の適用
～年齢区分と社会保険の適用に注意～

① 社会保険の適用区分

　総務省統計局「労働力調査」によれば、平成28年での65歳以上の高齢者の就業者数は、13年連続で増加し、770万人と過去最多となっています（**表41**）。

《高齢者の就業者数の推移》（平成元年～28年）　　　　表41

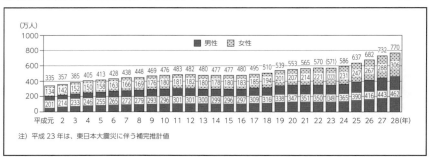

（総務省統計局「労働力調査」）

このような超高齢社会を反映し、雇用労働者の年齢は以前と比べると幅が広がりつつあり、警備業やビルメンテナンス業においても、65歳以上の勤務者は増加しています。「年金を受給している高齢者であれば、社会保険に加入させる必要がない」など現場レベルでは誤解していることもありますが、年金受給の有無にかかわらず、社会保険の加入要件を満たす場合には、65歳以上でも加入させなければなりません。

　表42は年齢区分と社会保険の適用区分を整理したものです。給与計算では、従業員の社会保険料を控除しますが、被保険者の年齢によって、控除の必要がある保険料と控除の必要がない保険料に区分しなければなりません。毎月の給与計算の際には、社会保険に加入している従業員の年齢区分を分けて、控除すべき保険料を整理しておきましょう。

《社会保険の適用区分》　　　　　　　　　　　　　　　　　　　　　表42

年齢	健康保険	介護保険	厚生年金	雇用保険
～39歳	○	―	○	○
40～64歳	○	○	○	○ ※4月1日時点で64歳以上の雇用保険被保険者は雇用保険料が免除される
65～69歳	○	―	○	― ※（雇用保険料免除）
70～74歳	○	―	― （被用者として扱う）	― ※（同上）
75歳以上	― （後期高齢者制度へ移行するため）	―	― （被用者として扱う）	― ※（同上）

○：保険料徴収が必要
―：保険料徴収が不要
※　雇用保険については、適用拡大のため、平成29年1月1日以降、65歳以上の労働者についても、「高年齢被保険者」として雇用保険の適用対象となっています。なお、雇用保険料徴収は、平成31年度までは免除となります。

② 70歳以上被用者に対する手続き

　超高齢社会を反映して就労者の年齢層は幅が広がり、警備業・ビルメンテナンス業（清掃業を含む）においても、70歳を超えてもなお継続して勤務を続ける従業員が少なくありません。

　社会保険の加入者は、年齢70歳に到達した時点で厚生年金の資格喪失手続を行います。健康保険は70歳を超えてもそのまま74歳まで継続しますが、厚生年金では在職老齢年金制度の年金調整の対象となります。厚生年金では適用事業所に使用される70歳以上の方を「70歳以上被用者」[※3]として扱いますが、事業主は、従業員が70歳以上被用者に該当した場合、「70歳到達届」（**書式22**）を年金事務所へ提出する必要があります。70歳到達届の提出後、厚生年金保険料は発生しませんが、厚生年金被保険者と同じように、70歳以上被用者に対する算定基礎届、報酬月額変更届、賞与支払届を年金事務所へ提出しなければなりません。

　なお、70歳以上被用者が、退職あるいは被用者の要件に該当しなくなった場合は、「被保険者資格喪失届・70歳以上被用者不該当届」（**書式23**）を年金事務所へ提出する必要があります。

[※3] 70歳以上被用者
70歳以上であって、厚生年金保険の適用事業所に新たに使用される人、または被保険者が70歳到達後も継続して使用される場合で、次の対象要件Ⓐ Ⓑ Ⓒに該当する人。
Ⓐ 70歳以上の人／Ⓑ 過去に厚生年金保険の被保険者期間を有する人／Ⓒ 厚生年金保険法27条に規定する適用事業所に使用される人であって、かつ、同法12条各号に定める者に該当しない人

《70歳到達届記入例》　　　　　　　　　　　　　　　　　　　　　　　書式22

| 様式コード | 2269 | 70歳到達届 | 厚生年金保険　被保険者資格喪失届
厚生年金保険　70歳以上被用者該当届 |

平成○○年　6月　25日提出

提出者記入欄

- 事業所整理記号：00　××　事業所番号：1234
- 事業所所在地：〒168-0000　東京都新宿区新宿×-×-×
- 事業所名称：株式会社○△□警備保障
- 事業主氏名：代表取締役社長　△川喜朗　㊞
- 電話番号：03（0000）0000

退職等により厚生年金保険・健康保険の被保険者でなくなる場合は『被保険者資格喪失届・70歳以上被用者不該当届』を提出してください。

受付印

社会保険労務士記載欄　氏名等

この届書は、**在職中に70歳に到達された方**について提出していただくものです。

被保険者欄

- ① 被保険者整理番号：8
- ② 氏名：○山 一郎
- ③ 生年月日：5.昭和　23　06　24
- ④ 個人番号[基礎年金番号]：1234 5678 9012
- ⑤ 備考：該当する項目を○で囲んでください。
  1. 二以上事業所勤務者
  2. 短時間労働者（特定適用事業所等）
  3. その他 [　　　]

資格喪失欄

- ⑥ 喪失年月日：7.平成　30　06　23
- ⑦ 喪失原因：6. 70歳到達（厚生年金保険のみ喪失）

被用者該当欄

- ⑧ 該当年月日：7.平成　30　06　23
- ⑨ 報酬月額：
  - ㋐（通貨）123,000 円
  - ㋑（現物）0 円
  - ㋒（合計 ㋐+㋑）123,000 円

《被保険者資格喪失届・70歳以上被用者不該当届記入例》　　　書式23

| 様式コード | 2201 |

健康保険　厚生年金保険　**被保険者資格喪失届**　70歳以上被用者不該当届

平成○○年 4月 5日提出

提出者記入欄

- 事業所整理記号：01-××
- 事業所番号：1234
- 事業所所在地：〒168-0000　東京都杉並区○○町△-△-△
- 事業所名称：株式会社□□警備
- 事業主氏名：代表取締役社長 □□義男 ㊞
- 電話番号：03（0000）0000

届書記入の個人番号に誤りがないことを確認しました。

在職中に70歳に到達された方の厚生年金保険被保険者喪失届は、この用紙ではなく『70歳到達届』を提出してください。

社会保険労務士記載欄　氏名等

被保険者1

- ①被保険者整理番号：10
- ②氏名（フリガナ）：△タニ　タロウ　△谷 太郎
- ③生年月日：5.昭和　21-06-24
- ④個人番号（基礎年金番号）：1234 5678 9012
- ⑤喪失年月日：7.平成　30-04-01
- ⑥喪失原因：4. 退職等（平成30年 3月31日退職等）／5. 死亡（平成　年　月　日死亡）／7. 75歳到達（健康保険のみ喪失）／9. 障害認定
- ⑦備考：該当する項目を○で囲んでください。　1. 二以上事業所勤務者の喪失　2. 退職後の継続再雇用者の喪失　3. その他
- 保険証回収：添付 1 枚／返不能 ___ 枚
- ⑧70歳不該当：☑70歳以上被用者不該当（退職日または死亡日を記入してください）
- 不該当年月日：7.平成 30-03-31

被保険者2（空欄）

被保険者3（空欄）

被保険者4（空欄）

4. 社会保険の加入を拒否する従業員への対応

　警備業・ビルメンテナンス業では、パート・アルバイトなど短時間・短期間の雇用形態も多くみられます。パートやアルバイトであっても取得の要件を満たしていれば社会保険に加入させなければなりません。

　しかし、会社が社会保険の加入手続きを行おうとしても、従業員が健康保険の被扶養者となっている場合や、年金を受給している高齢者などは、本人負担分の社会保険料が賃金から控除されるため、本人が社会保険（健康保険、厚生年金保険）の加入を嫌がるケースがあります。

　加入要件を満たしている労働者を雇用したにもかかわらず資格取得手続をしていない場合は、罰則の対象となります。要件を満たしているにもかかわらず、社会保険に加入させないことが発覚した場合、遡及による資格取得手続により、遡及分の社会保険料を最長で2年分まとめて納付する必要があるため、会社にとって大きなリスクとなります。

　社会保険加入・非加入については、個人の希望は通じません。まずは、この点をしっかりと従業員に理解してもらうことです。それでも、加入したくないという本人の意思が強い場合は、加入要件を満たさないような労働条件に変更しなければなりません。従業員本人とよく話し合い、1か月の所定労働日数または1週間の所定労働時間を短縮するなど、法律に則った形で適切な対応をとるようにしましょう。

《兼業先へ向かう途中での通勤災害》　　　　　　　　コーヒーブレイク

　前述の通り、パートタイム労働者の中には、ダブルワークで勤務することがあります。それでは、2つの会社に勤務するパートタイム労働者がA社で勤務した後、B社で勤務するために移動中、事故に遭って被災した場合、通勤災害は認められるのでしょうか。

　A社からB社へ移動中に生じた事故等（下図❷での被災）について、かつては、労災保険制度の対象外でした。しかし、平成18年の労災保険法改正により、「就業場所から就業の場所への移動」が追加となり、A社からB社に向かう途中で被災した場合、通勤経路が合理的経路および合理的方法であり、逸脱・中断がなければ、通勤災害として取り扱うことができるようになりました。この場合、通勤災害の申請手続は、B社に出勤する途中での事故としてB社で行うことになります。

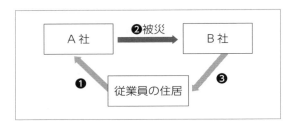

　そこで問題となるのは、通勤災害給付における「給付基礎日額」の算定方法です。「給付基礎日額」は、A社とB社の賃金を合算するわけではなく、算定事由の発生した事業場（B社）で支払われた賃金で算定されます。仮にA社の収入が7割であり、B社の収入が3割である場合、少ないB社の平均賃金をもって通勤災害に対する補償が給付されることになり、被災した労働者にとっては、思わぬ不利益を被ることになります。会社が従業員に対し兼業・副業を認めるのであれば、移動中の通勤災害について、このような不利益を被るリスクもあることを従業員に認識してもらう必要があります。

第5章

行政調査について知ろう

第1節　労働基準監督署の調査
第2節　年金事務所の調査
第3節　警備業法に基づく立入検査

第1節 労働基準監督署の調査

1. 労働基準監督署の役割と調査

① 労働基準監督署の役割と調査傾向

労働基準監督署の役割は「事業主に労働諸法令を遵守させる」ことです。その遂行にあたるのが労働基準監督署に所属する労働基準監督官です。

労働基準監督官は、職務遂行のための立入検査、従業員への質問、帳簿等の閲覧を行い、また労働基準監督署への出頭を命じる権限を有しています。また、刑事訴訟法に定められている「特別司法警察職員」として、逮捕権限という強い権限を有しています。

近年は、労働条件の適正化、長時間労働の抑制、過重労働による健康障害の防止を目的とする、労働基準監督署による調査が増えています。これは、不適切な労働時間の管理による未払い賃金の発覚、長時間労働による労働者の健康障害などが背景となっているからです。

「定期監督件数・違反件数・送検事件数」（**表 43**）をみると、平成 26 年に比べ平成 27 年は、定期監督として実施された件数が増加し、違反事業所数も増えているにもかかわらず送検事件数は減っています。つまり、悪質とまではいかない労基法違反の事業所へ対象を拡大し、定期監督するようになったことを示しているとも考えられます。

また、その調査傾向については、送検の内訳をみると確実に変わってきていることが読み取れます。賃金の支払違反、割増賃金違反については減少かほぼ変わらない件数であるのに対し、労働時間違反は 39 件から

79件へ大幅に増加しています。今後は、労働時間に対する違反に対しても厳しく監督していくという姿勢をみて取ることができます。

《定期監督件数・違反件数・送検事件数》　　　　　　　　　　　　表43

事業所数	平成26年		平成27年	
定期監督等実施事業場数	129,881件		133,116件	
違反事業場数	90,151件		92,034件	
違反率	69.4%		69.1%	
申告監督実施事業場数	22,430件		22,312件	
送検事件	1,036件	賃金支払違反 255件	966件	賃金支払違反 214件
		労働時間違反 39件		労働時間違反 79件
		割増賃金違反 33件		割増賃金違反 34件

(厚生労働省労働基準局「平成27年労働基準監督年報」)

② 調査の種類

人手不足が懸念される警備業・ビルメンテナンス業も例外ではありません。労働基準監督署の調査とは、労働基準法の違反の有無を調査する目的で、労働基準監督官が事業場等に立ち入ることをいいます。「臨検監督」と呼ばれ、以下 **1)〜4)** の4種類に分類されます。

1) 定期監督

最も一般的な調査で、都道府県各労働局の管内事情に即して、労働基準監督署が任意に調査対象を選定し、法令全般に渡って調査を行います。労働基準監督署では、年間計画により業種を絞り定期調査を行うことがあり、年によっては警備業・ビルメンテナンス業を重点的に調査対象とすることがあります。労働基準監督官は、原則として予告なしで調査に訪れますが、事前に調査日程を連絡してから行う場合もあります。

2) 災害時監督

一定程度以上の労働災害が発生した際に、原因究明や再発防止の指導を行うための調査をいいます。

3) 申告監督

労働者からの申告（告訴や告発）があった場合に、その申告内容について確認するための調査をいいます。この申告監督の場合、労働者を保護するために労働者からの申告であることを明らかにせず、定期監督であるかのように事業所で行うケースと、労働者からの申告であることを明かして呼出状を出して労働基準監督署へ呼び出す場合があります。

4) 再監督

監督の結果、是正勧告を受けた場合に、その違反が是正されたかを確認するためや、是正勧告を受けたのに指定期日までに是正報告書を提出しなかった場合に、再度行う調査をいいます。

2. 監督官の訪問パターンと調査の手順

① 労働基準監督官の訪問パターン

労働基準監督官の訪問パターンは、主に以下の通りです。会社に対し文書や電話で調査を予告することもありますが、場合によっては予告なしで調査を行うこともあります。

《労働基準監督官の訪問パターン》

> （パターン1）　突然、予告なしに労働基準監督官が会社を訪問。
> （パターン2）　担当監督官の氏名、調査の日時、そろえておくべき必要書類等を記載した書面を会社宛に郵送。
> （パターン3）　電話により、いきなり「〇月〇日に調査に伺います」と連絡。

② 調査の手順

　労働基準監督官の調査は、労基法や安衛法違反がないかどうかを確認し、違反事項があれば、それを改善させることが目的です。労働基準監督署の調査、特に定期監督や申告監督の調査の手順は、**図 26** の流れで行われます。

《定期監督や申告監督の調査の手順》　　　　　　　　　　　図 26

> 会社は監督官から労働関係帳簿のチェックを受ける。

> 事業主、人事担当者からの聞き取り調査が行われる。

> 必要によって事業場内の立ち入り調査や従業員からの聞き取り調査が行われる。

> 「是正勧告書」または「指導票」の交付を受ける。

3. 調査のチェックポイント

　調査では、労働基準監督官から指定された書類に基づき、事業主や人事担当者への聞き取りにより勤務の実態がどのようになっているのか確認されます。調査での主なチェックポイントは次の通りです。

《チェックポイント》

- ☑ Ⓐ **帳簿等**
  - ☐ 労働者を雇い入れる際、労働条件通知書を書面で明示しているか
  - ☐ 労働契約書の必要記載事項は記載しているか
  - ☐ 要件を備えた賃金台帳を作成し、備え付けているか
  - ☐ 要件を備えた出勤簿（タイムカード）を作成し、備え付けているか
  - ☐ 労働者名簿を作成し、備え付けているか
  - ☐ 就業規則を作成し、労働者へ周知しているか
  - ☐ 就業規則を所轄の労働基準監督署へ届け出ているか

- ☑ Ⓑ **労働条件**
  - ☐ 1時間当たりの金額に換算して最低賃金以上の額を支払っているか
  - ☐ 所定労働時間は、原則として1週間40時間以内、1日8時間以内に定めているか
  - ☐ 休憩は適正に与えているか
  - ☐ 休日は、1週間に1日または4週間に4日以上与えているか
  - ☐ 休日の特定はしているか
  - ☐ 労働者に年次有給休暇を付与しているか

- ☑ Ⓒ **労働時間、時間外労働**
  - ☐ 労働者に時間外労働または休日労働を行わせる際、労働基準監督署へ必要な書類（36協定届）を届け出ているか
  - ☐ 変形労働時間制を導入している場合、必要な手続きや届出をしているか
  - ☐ 時間外労働や深夜労働をさせた場合は、法定以上の割増賃金を支払っているか
  - ☐ 時間外労働時間は適切に管理されているか

☑ D　安全衛生
- □　労働者に健康診断を受診させているか
- □　安全管理者や衛生管理者、産業医を選任し、労働基準監督署へ届け出ているか（50人以上の事業場）
- □　安全委員会、衛生委員会を設置し、毎月1回以上開催しているか（一定の事業場）

☑ E　その他
- □　労働者を解雇しようとする場合は、少なくとも30日以上前に予告しているか、または平均賃金の30日分以上の解雇予告手当を支払っているか
- □　会社の都合により労働者を休業させたときは、平均賃金の6割以上の休業手当を支払っているか

4. 調査の際にしてはいけないこと

　会社で備え付けられていない書類をあったように作成することや、実際とは違う内容に作り変えてはいけません。必要書類を作成していない場合は、その旨を労働基準監督官へ伝えた方がよいでしょう。法律違反行為を隠すような行為やごまかそうとする行為は、労基法120条で禁止されており、30万円以下の罰金に処すると定められています。

《労基法120条四号（要約・抜粋）》

> 　以下に該当した場合、30万円以下の罰金に処する。
> 　労働基準監督官または女性主管局長もしくはその指定する所属官吏の臨検を拒み、妨げ、もしくは忌避し、その尋問に対して陳述をせず、もしくは虚偽の陳述をし、帳簿書類の提出をせず、または虚偽の記載をした帳簿書類の提出をした者。

《調査の際に行ってはいけないこと》
(1) 勤怠データの改ざん
(2) 賃金台帳の改ざん
(3) 調査の前に、従業員に対し、「残業はない」などと言うよう強要すること
(4) 指定された書類（労働契約書や労働条件通知書など）を隠すこと

5. 是正勧告への対応方法

　労働基準監督署が調査を実施した結果、会社に労基法・安衛法などの法律違反の事実があった場合には、是正勧告書（**書式24**）が交付され、是正勧告がなされます。是正勧告書の交付を受けた会社は、是正勧告書に記載された違反事項について改善したうえで、指定された期日までに是正報告書（**書式25**）を提出しなければなりません。

　一方、会社の状況が法違反とまではいかない状況であっても、労働基準監督署が改善する必要があると判断した場合には、指導票（**書式26**）が交付されます。指導票の交付を受けた場合、是正勧告書の交付を受けた場合と同様に、会社は指導票に記載された内容について改善したうえで指定された期日までに是正報告書を提出しなければなりません。

《是正勧告書例》 書式24

是 正 勧 告 書

平成〇〇年〇〇月〇〇日

株式会社〇〇〇〇〇
代表取締役〇〇〇〇〇殿

〇〇〇労働基準監督署
労働基準監督官　〇〇　〇〇　㊞

　貴事業所における下記労働基準法、労働安全衛生法違反、＿＿＿＿＿＿＿＿違反及び自動車運転者の労働時間の改善のための基準違反については、それぞれ所定期日までに是正の上、遅滞なく報告するよう勧告します。

　なお、法条項に係る法違反（罰則のないものを除く。）について、所程期日までに是正しない場合又は当該期日前であっても当該法違反を原因として労働災害が発生した場合には、事案の内容に応じ、送検手続をとることがあります。

　また、「法条項等」欄に□印を付した事項については、同種違反の繰り返しを防止するための点検責任者を事項ごとに指名し、確実に点検補修を行うよう措置し、当該措置を行った場合にはその旨を報告してください。

法条項等	違 反 事 項	是正期日
労基法第32条	時間外労働に関する協定がないにも関わらず、時間外労働を行わせていること	即時
労基法第37条	時間外労働に対し、2割5分以上の率で計算した割増賃金を支払っていないこと	〇〇・〇・〇〇
安衛法第12条	常時50人以上の労働者を使用する事業場であるのに、衛生管理者を選任していないこと	〇〇・〇・〇〇

受領年月日　　　平成〇〇年〇〇月〇〇日
受領者職氏名　　人事部長　〇〇〇〇　㊞

《是正報告書例》 書式25

是 正 報 告 書

平成○○年○○月○○日

○○○労働基準監督署長　殿

　　　　　　　　　　　事業の名称　株式会社　○○○○○
　　　　　　　　　　　所在地　　○○県○○市○○
　　　　　　　　　　　使用者職氏名　代表取締役　○○　○○

　平成○○年○○月○○日に、貴署　○○監督官、技官から臨検、検査の際、使用停止等命令書、是正勧告書、指導票によって是正改善指示された事項について、下記のとおり改善したので報告します。

記

違反法条項等 指導事項	是正内容	是正年月日
労基法第32条	従業員代表と労使協定を締結し、届出をしました。	○月○日届出 是正済み
労基法第37条	時間外労働に対し、平成○○年○月から○月まで再計算し、平成○○年○月○日に支払いました。	○月○日支払 是正済み
安衛法第32条	衛生管理者の選任報告書を平成○○年○月○日に届出しました。	○月○日届出 是正済み

《指導票例》　　　　　　　　　　　　　　　　書式 26

指　導　票

　　　　　　　　　　　　　　　　　　　平成○○年○○月○○日

株式会社○○○○○
代表取締役○○○○○殿

　　　　　　　　　　　　　　　　　　　○○○労働基準監督署
　　　　　　　　　　　　　　　　　　　労働基準監督官　○○　○○　㊞

　あなたの事業場の下記事項については改善措置をとられるようにお願いします。なお、改善の状況については○○月○○日までに報告してください。

指　導　事　項

1. タイムカードに記録されている時間外労働時間と、労働者の申請により時間外労働の支払いの対象とされている時間について、大きな開きが認められます。

2. 振替休日について、事前に振り替えるべき休日が特定されていない、同一賃金計算期間内に振替休日が設けられていない等の問題が認められることから、振替休日制度の運用を見直して下さい。
　　また、未消化となっている振替休日に関しては、適正な割増賃金を支払って下さい。

　　受領年月日　　　平成○○年○○月○○日
　　受領者職氏名　　人事部長　○○○○　㊞

第1節　労働基準監督署の調査

6. 指定期日までに改善が間に合わない場合

　労働基準監督官から是正勧告を受けた場合、指摘された内容については、会社として改善しなければなりません。しかし、違反事項が多数ある場合や、すぐに是正勧告の内容通りに改善することができない場合もあります。

　例えば、法律上義務付けられている書類を作成していなかった場合や、時間外労働・休日労働の割増賃金を再計算しなければならなくなったような場合です。

　また、安衛法の規定に違反しているようなケースでは、産業医や衛生管理者を選任しなければならない場合もあります。そのようなケースでは、すぐに適任者をみつけることができない場合もあり、すぐには対応しにくい是正内容といえます。

《具体例》

- ○ 衛生管理者を選任していない
- ○ 従業員の勤怠記録を管理していない
- ○ 産業医を選任していない
- ○ 就業規則の作成・届出をしていない
- ○ 時間外手当等の計算が不適切

　労働基準監督署が指定した期日までに改善ができない場合、そのまま期日に遅れたままでいると、罰則の適用や、悪質とみなされれば書類送検されてしまうおそれがあります。是正勧告に記載された期日までに改善ができないのであれば、その期日になる前に担当の労働基準監督官にその旨を申し出るようにしましょう。その際、ただ単に遅れると伝えるのではなく、具体的な理由と対応にかかる日数や時間を示すとよいでしょう。報告書を提出するまでの間に、逐一進捗状況を伝えて、会社が誠実に対応していることを理解してもらうようにします。

7. 是正勧告に従わなかった場合

　事業主に交付される是正勧告そのものは、「指定期日までに指摘の法令違反事項等を是正してください」という行政指導でしかないので強制力はありません。

　しかし、是正勧告を受けた法違反を是正せずに放置した場合、悪質な事案と判断され、監督官により強制捜査を含む司法警察権限を行使され、検察庁へ送検されることがあります。検察官が、事件を裁判所に起訴すると判断すれば、刑事裁判手続に付されることになります。さらに裁判で有罪と判断されれば、刑事罰が科せられることになります。送検があった時点では、その事件が犯罪として確定したわけではありませんが、送検により会社への家宅捜索や取調べが実施されることになります。会社に対する顧客の信用の失墜や競争入札等からの締め出しをもたらすおそれがあり、事業経営に深刻な影響が生じることも予想されます。

《労働基準監督業務の流れ》　　　　　　　　　　　　　　　　図 27

```
定期監督                立入検査           法違反あり ─重大・悪質→ 送検・
(年間計画に基づき、   → 事実確認  →              ↓              司法処分
対象事業場を選定)                                是正勧告等 → 再監督 → 是正報告なし・不十分 ─重大・悪質→
                                                                ↓
申告監督              使用者から         法違反なし         是正報告 → 是正確認
(労働者からの   →    事情聴取     →
申告)                事実確認
```

（厚生労働省労働基準局「労働基準監督行政について」）

第2節 年金事務所の調査

　年金事務所による社会保険の調査は、数年ごとに実施されます。算定基礎届の提出時期や、「健康保険及び厚生年金保険被保険者の資格及び報酬等の調査」という名称で、事業所に対し実施されています。

　東京都などは社会保険の新規加入手続を行った翌年にこの調査が行われることが多く、また、すでに社会保険に加入している事業所にも、おおむね3年から5年くらいの周期で調査が実施されます。

　近年の調査では、建設業、サービス業、ビルメンテナンス業などの業種でも対象になることが多いといえます。なぜこのような業種が狙われるのでしょうか。全体的にいえることは、非正規従業員であるパート・アルバイト、高齢者が多く、社会保険の未加入が指摘されやすい業種だということです。

　その事業所で働く正規従業員の1週間の所定労働時間の4分の3（特定事業所の場合は1週間20時間）以上働いている場合には、パート・アルバイトであっても社会保険に加入しなければなりません。しかし、パート・アルバイトの方は主婦やフリーター、高齢者が多いため、社会保険に加入していない（加入したくない）というケースが多いのです。その他にも、外国人労働者の多い事業所では社会保険の未加入者が多いであろうということで、最近では調査の対象になりやすい状況です。

1. 調査の基本的な流れ

　年金事務所の調査は基本的に呼び出し方式がとられます。事業主に対して事前に文書で通知が行われ、調査の日時、準備書類等が告知されま

す。調査の際に確認される帳簿書類としては賃金台帳をはじめ、出勤簿（タイムカード）、就業規則、賃金規程、労働者名簿、源泉所得税の領収書などがありますので、速やかに対応できるように準備しておかなければなりません。

　当日は年金事務所へ出向き、会社の実態について聞き取りが行われます。年金事務所の調査目的は「社会保険料の未納分徴収」です。本来、社会保険に加入しているはずの従業員が加入していない場合には、加入すべき日付に遡り、資格取得届を提出させて社会保険料が徴収されます。

2. 調査のチェックポイント

　年金事務所の調査については、主に、次の点がきちんと取り扱われているかどうかを確認されます。

《チェックポイント》

☐ 社会保険未加入者が適用除外者に該当するか

　最も重点的に確認される事項は、社会保険未加入者です。社会保険は包括的な強制適用ですが、短時間勤務の従業員、臨時従業員などは、その就労形態により、適用除外者として取り扱うことが可能です。社会保険未加入者が適用除外者に該当する者なのかどうかが調査されます。

☐ 随時改定（月額変更届）の手続きが適正に行われているか

　昇給や降給などにより固定的賃金が変動した場合、変動した月から3か月間の平均標準報酬について、届け出ている標準報酬月額に比べて2等級以上の差が生じたときは、随時に社会保険料の改定手続をとらなければなりません。この随時改定手続（月額変更届の届出）が適正に行われているかが確認されます。陥りやすい誤りとして、「通勤手当」は固定的賃金にあたるのですが、通勤手当金額が変

更していた事実を失念して手続きをしていないことがありますので、要注意です。

☐ **資格取得年月日の届出は適正か**

社会保険は、常用的使用関係にあれば、実際に雇い入れた初日を資格取得年月日として、手続きをしなければなりません。よくあるケースとして、試用期間等を設けていた場合にその期間は社会保険に加入させていないことがあります。従業員本人がすぐに退職するかもしれないので、とりあえず3か月ぐらい様子をみてから加入させるケースも考えられますが、社会保険の加入義務が発生する要件の場合、そうした取扱いをすることはできません。

☐ **資格喪失年月日の届出は適正か**

社会保険料は、月を単位に納付するものであり、資格取得日の属する月分から、資格喪失日（退職日等の翌日）の属する月の前月分までの納付義務があります。そこで問題となるのは退職日です。たとえば、3月31日退職（4月1日喪失）の場合は3月分まで納付することになります。3月30日退職（3月31日喪失）の場合、社会保険料は2月分までの納付で済みます。このため、「退職届」が3月31日で承認されているのに、その1日前に辞めればその月の社会保険料がかからないからといって、意図的に資格喪失日を前倒しして喪失手続をするケースがあります。当然、これも不適切な処理ですので、そうした取扱いをすることはできません。

3. 調査後の対応

2.のチェックポイントで調査した結果、違法な取扱いがあれば、時効の範囲（2年間）内において、適正な措置がなされることになります。

未加入の指摘を受けた場合は遡って資格取得手続きを行います。この場合、社会保険料は労使折半ですので、この半分については従業員本人に負担義務がありますが、最長で2年分遡及して納付した社会保険料の本人負担分を従業員から徴収できなかった場合、会社が負担せざるを得ません。

　このようなことにならないよう、社会保険調査への対策として日頃から常用的使用か臨時的使用かを適正に管理することが必要となります。まずは調査が入っても大丈夫なように内部体制をきちんと管理しておくことです。帳簿書類の完備はもちろんですが、従業員（特にパート・アルバイトなどの非正規従業員）の労働時間管理をきちんと行うことです。社会保険に加入させないのであれば、加入義務が発生しないように勤務時間を調整し、うまくシフトを組むということでもよいでしょう。

第3節 警備業法に基づく立入検査

1. 警備業法とは

　警備の仕事は、危険から人々の身を守るだけでなく、警備を依頼した依頼者の財産や権利を守る仕事でもあります。警備業務の社会的な重要性の拡大とともに、警備業者のモラル向上も求められています。警備業務の適正をはかるため、昭和47年に警備業法が制定され、警備業における規制が定められました。事業者が他人の需要に応じて警備業務を営もうとするときは、警備業法4条により公安委員会の認定が必要となります。このほか、警備業務を実施するうえでの義務、教育などについても警備業法で規定されています。

　警備員の適格性については、警備業法14条1項により18歳未満の者および同法3条一号から七号に該当する者に対し、制限が規定されています。一般的な社会生活を送っていれば、この規定に触れることはないと思いますが、過去5年以内に犯罪歴がある人や、アルコール・覚醒剤などの中毒者、警備業に不適格とされる人物は、警備業にかかわることができません。詳細は**第2章・第1節2**（45頁）をご参照ください。

　また、警備業者は、警備業務を適正に実施させるため、警備員に対し十分な教育を行うとともに、必要な指導および監督をしなければならないと規定しています（警備業法21条2項）。警備員の教育については、警備業法施行規則38条において、教育時間と教育内容が定められており、警備員になるためには、基本教育15時間以上、業務別教育15時間以上を受けることが義務付けられています。また、すでに仕事に就いている警備員も、半年ごとに基本教育3時間以上、業務別教育5時間以上

受講しなければ警備員として働くことはできません。**第1章・第1節❸・⑦（17頁）もご参照ください。**

2. 警備業法に基づく立入検査

　警備業においては、監督官庁である公安委員会により、定期的に立入検査が実施されます。これは、警備業法47条に基づき、警備業者が適正に警備業を行っているかの確認を行うものです。
　それでは、立入検査でどんなことをみていくのでしょうか。確認項目および内容については次の通りです。

《立入検査の確認項目および内容》

> **(1) 営業所の届出内容**
> 　稼働実態（1号の届出に対し、2号の営業をしていないか等）が一致しているか。
> **(2) 指導教育責任者**
> 　指導教育責任者が変わっていないか。適正に配備されているか。
> **(3) 認定書の掲示の確認**
> 　警備業法6条により見やすいところに掲示されているか。
> **(4) 変更届の確認**
> 　役員等の変更は届け出ているか。
> **(5) 警備員名簿**
> 　警備員採用時に作成されるもので警備員を登録している場合は必ず作成しなければならない。どんな人が警備員になっているか。言い換えれば、警備員の資格要求を満たさない人が登録されていないか。
> **(6) 確認票**
> 　警備員採用の確認票は、警備業法14条1項に規定する欠格事由該当の有無を調査した結果を明らかにするもの。これが作成され

ているか。
- (7) **護身用具一覧表**
   公安委員会に届け出たものと現在使用しているものの規格が一致しているかどうか。
- (8) **指導計画書**
   法令に基づいた計画書を期日通りに作成しているか。
- (9) **教育計画書**
   法令に基づいた計画書を期日通りに作成しているか。
- (10) **教育実施簿**
   計画書に基づいた教育を実施し、記録しているか。
- (11) **契約先一覧表**
   警備業務に関する契約ごとに、警備業務の依頼者、従事する警備員の人数、警備業務を行う期間などが記載されているか。
- (12) **苦情処理簿**
   警備上の苦情について記録されているか。

上記については、社内に備え付けられた関係書類から抽出され、その内容を検査していきます。この立入検査により、警備業法を遵守した教育指導や法定書類の整備がされていなければ、指示処分や、違反の程度によっては営業停止、認定取消といった厳しい行政処分を科せられることがあります。

特に営業停止処分を受けると、警備業者は営業停止期間中に顧客対応ができなくなり、事業に重大な影響が及ぼされることとなります。

過去5年間における警備業者に対する行政処分の実施状況は、**表44**の通りです。

《警備業者に対する行政処分の実施状況》　表44

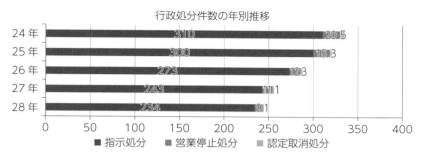

(警察庁生活安全企画課「平成28年における警備業の概況」)

第6章

助成金活用を知ろう

第1節　高齢者雇用に関わる助成金
第2節　職場環境整備・改善・キャリアアップに関わる助成金
第3節　その他の助成金

第1節 高齢者雇用に関わる助成金

　警備業において特に1号警備・2号警備は、他業種から定年退職後にこの職に就く人が多くみられることから、高齢者雇用対策に関わる助成金活用を知っておくとよいでしょう。

　なお、助成金は頻繁に制度変更がなされるものですので、この第6章で紹介する助成金については、必ず最新情報を、厚生労働省のホームページ等でご確認ください。

1. 特定求職者雇用開発助成金（特定就職困難者コース）

　高齢者の採用には、特定求職者雇用開発助成金[※1]を利用できる可能性があります。

○ 特定求職者雇用開発助成金（特定就職困難者コース）
1）制度概要

　ハローワーク、有料・無料職業紹介事業者等の紹介[※2]により、高年齢者等の就職困難者を継続して雇用する労働者（雇用保険の一般被保険者）として雇い入れる事業主に対し、対象労働者に支払われる賃金の一部に相当する額が支給対象期ごとに支給される制度です。

[※1] 平成30年6月時点。
[※2] 有料・無料職業紹介事業者等……厚生労働省職業安定局長の定める項目のいずれにも同意する旨の届出を労働局長に提出した特定地方公共団体、有料・無料職業紹介事業者、または無料船員職業紹介事業者（船員として雇い入れる場合）。

2) 対象事業主と支給要件

　ここでは、特定求職者雇用開発助成金受給に関わる「対象となる事業主」「支給の要件」のうち主なものを取り上げます。これらの他にも要件はいくつかありますので、申請を検討の際は、厚生労働省のホームページ等でご確認ください。

《主な対象事業主と支給要件》

✅ 対象となる事業主

- ☐ 雇用保険適事業所の事業主であること。
- ☐ ハローワーク、地方運輸局、適正な運用を期すことのできる特定地方公共団体、有料・無料職業紹介事業者等の紹介により対象労働者（65歳未満）を雇い入れた事業主であること。
- ☐ 雇用保険一般被保険者として対象労働者の年齢が65歳以上に達するまで継続して雇用し、かつ、当該雇用期間が継続して2年以上雇うことが確実と認められる事業主であること。
- ☐ 対象労働者の雇入れ日前後6か月間に、事業主都合による退職勧奨を含む従業員の解雇をしていないこと。

✅ 支給の要件

- ☐ 対象労働者が、雇入れ事業主の事業所代表者または取締役の3親等以内の親族でないこと。
- ☐ 雇入れ日の前日から過去3年間に、当該雇入れに関わる事業所と雇用等の関係にあった者、または出向・派遣等の関係により当該雇入れに関わる事業所で就労したことのある者の雇入れでないこと。
- ☐ 支給対象期における対象労働者の労働に対する賃金（時間外手当、休日出勤手当など基本給以外の手当も含む）を、支払期日に支払っていること。
- ☐ 助成金申請を行う際、雇入れに関わる事業所で成立する保険関係に基づく前年度より前のいずれかの年度の労働保険料を滞納していないこと。

3) 対象労働者

対象労働者の前提として、雇入れ日現在、満年齢が65歳未満の者でなければなりませんが、高齢者以外に下記の方が対象労働者として認められています。

《対象労働者》

> Ⓐ60歳以上の者　Ⓑ身体障害者　Ⓒ知的障害者　Ⓓ精神障害者　Ⓔ母子家庭の母等　Ⓕ父子家庭の父（児童扶養手当を受給している者）　Ⓖ中国残留邦人等永住帰国者　Ⓗ北朝鮮国被害者等　Ⓘ認定駐留軍関係離職者（45歳以上）　Ⓙ沖縄失業者求職手帳所持者（45歳以上）　Ⓚ漁業離職者求職手帳所持者（45歳以上）　Ⓛ手帳所持者である漁業離職者等（45歳以上）　Ⓜ一般旅客定期航路事業等離職者求職手帳所持者（45歳以上）　Ⓝ認定港湾運送事業離職者（45歳以上）　Ⓞその他就職困難者（北海道に居住する45歳以上のアイヌの人々で、ハローワークの紹介に限る）

4) 支給額

支給額および助成対象期間は**表45**の通りです。支給申請手続は、ハローワークにて6か月単位で行います。

《支給額・助成対象期間》 ＊平成 30 年 6 月時点　　　　　　　　　　　　表 45

	対象労働者	支給額	助成対象期間	支給対象期ごとの支給額
短時間労働者[※3]以外	高年齢者（60 歳以上 65 歳未満）、母子家庭の母等	60（50）万円	1 年	30 万円×2 期 （25 万円×2 期）
	身体・知的障害者	120（50）万円	2 年（1 年）	30 万円×4 期 （25 万円×2 期）
	重度障害者（重度障害者、45 歳以上の障害者、精神障害者）	240（100）万円	3 年 （1 年 6 か月）	40 万円×6 期 （33 万円×3 期） ＊3 期支給額は34 万円
短時間労働者	高年齢者（60 歳以上 65 歳未満）、母子家庭の母等	40（30）万円	1 年	20 万円×2 期 （15 万円×2 期）
	障害者	80（30）万円	2 年（1 年）	20 万円×4 期 （15 万円×2 期）

＊（　　）内は、**中小企業**以外の企業に対する支給額等

《中小企業とは》

Ⓐ小売業・飲食業：資本金（出資金）総額 5 千万円以下または常時雇用労働者数 50 人以下
Ⓑサービス業：資本金（出資金）総額 5 千万円以下または常時雇用労働者数 100 人以下
Ⓒ卸売業：資本金（出資金）総額 1 億円以下または常時雇用労働者数 100 人以下
Ⓓその他の業種：資本金（出資金）総額 3 億円以下または常時雇用労働者数 300 人以下

5）支給申請

　助成金は、支給対象期（起算日から 6 か月間ごとに区切った期間）ごとに、2〜6 回に分けて支給されます。支給申請は支給対象期ごとに労働局またはハローワークで行います。支給申請期間は、各支給対象

[※3] 短時間労働者……1 週間の所定労働時間が 20 時間以上 30 時間未満の労働者。

期の末日の翌日から2か月以内です。

《支給申請の流れ》　　　　　　　　　　　　　　　　　　　　　　図28

```
┌─────────────────────────────────┐
│  ①  ハローワーク等からの紹介     │
└─────────────────────────────────┘
              ▼
┌─────────────────────────────────┐
│  ②  対象労働者の雇入れ           │
└─────────────────────────────────┘
              ▼
┌ ─ ─ ─ ─ ─ ─ ─ ─ ─ ─ ─ ─ ─ ─ ─ ─ ┐
┌─────────────────────────────────┐
│  ③  助成金の第1期支給申請       │
└─────────────────────────────────┘
              ▼
┌─────────────────────────────────┐
│  ④  支給申請書の内容の調査・確認 │
└─────────────────────────────────┘
              ▼
┌─────────────────────────────────┐
│ ⑤ 支給・不支給決定(申請事業主に通知書送付) │
└─────────────────────────────────┘
              ▼
┌─────────────────────────────────┐
│  ⑥  助成金の支給                 │
└─────────────────────────────────┘
 * 第2期～第6期の支給申請も同様の手続きを行います。
└ ─ ─ ─ ─ ─ ─ ─ ─ ─ ─ ─ ─ ─ ─ ─ ─ ┘
```

2. 65歳超雇用推進助成金

　高齢者が働き続けられる職場作りを目指す事業主の方は、65歳超雇用推進助成金※4を利用してはいかがでしょうか。

　高年齢者が意欲と能力のある限り年齢に関わりなく働くことができる生涯現役社会を実現するため、65歳以上への定年引上げや高年齢者の雇用環境の整備、高年齢の有期契約労働者の無期雇用への転換を行う事業主に対して助成するもので、「65歳超継続雇用促進コース」「高年齢者雇

―――――――――――――――
※4 平成30年6月時点

用環境整備支援コース」「高年齢者無期雇用転換コース」の3コースがあります。

① 65歳超継続雇用促進コース

1）制度概要

「65歳以上への定年引上げ」「定年の定めの廃止」「希望者全員を66歳以上の年齢まで雇用する継続雇用制度の導入」のいずれかの制度を導入実施し、就業規則により定年の引上げ等を実施する場合は専門家等に就業規則改正を委託し経費を支出したこと、または労働協約により定年の引上げ等の制度を締結するためコンサルタントに相談し経費を支出した事業主へ、措置内容等に応じた金額を1事業主1回限り支給するコースです。

2）支給要件の主なポイント

主な支給要件は、次の通りです。

《主な支給要件》

> □制度を規定した際に経費を要した事業主であること。
> □制度を規定した労働協約または就業規則を整備している事業主であること。
> □制度の実施日から起算して1年前の日から支給申請日の前日までの間に、高年齢者雇用安定法8条（定年を定める場合の年齢）または9条1項（高年齢者雇用確保措置）の規定と異なる定めをしていないこと。
> □支給申請日の前日において、当該事業主に1年以上継続して雇用されている者であって60歳以上の雇用保険被保険者[※5]が1人以上いること。

[※5] 短期雇用特例被保険者および日雇労働被保険者を除き、期間の定めのない労働契約を締結する労働者または定年後に継続雇用制度により引き続き雇用されている者に限ります。

□高年齢者雇用推進員の選任および次のⒶからⒼまでの高年齢者雇用管理に関する措置を一つ以上実施している事業主であること。
【高年齢者雇用管理に関する措置】
Ⓐ職業能力の開発及び向上のための教育訓練の実施等　Ⓑ作業施設・方法の改善　Ⓒ健康管理、安全衛生の配慮　Ⓓ職域の拡大　Ⓔ知識、経験等を活用できる配置、処遇の改善　Ⓕ賃金体系の見直し　Ⓖ勤務時間制度の弾力化

3）支給額

《支給額》　＊平成30年6月時点　　　　　　　　　　　　　　　表46
「65歳以上への定年引上げ」・「定年の定めの廃止」制度の実施　（　）は引上げ幅

措置内容 60歳以上被保険者数	65歳まで定年引上げ		66歳以上への定年引上げ		定年の定めの廃止
	（5歳未満）	（5歳）	（5歳未満）	（5歳以上）	
1～2人	10万円	15万円	15万円	20万円	20万円
3～9人	25万円	100万円	30万円	120万円	120万円
10人以上	30万円	150万円	35万円	160万円	160万円

「希望者全員を対象とする66歳以上の継続雇用制度の導入」　　（　）は引上げ幅

	66歳～69歳まで		70歳以上	
	（4歳未満）	（4歳）	（5歳未満）	（5歳以上）
1～2人	5万円	10万円	10万円	15万円
3～9人	15万円	60万円	20万円	80万円
10人以上	20万円	80万円	25万円	100万円

＊　定年引上げと継続雇用制度の導入を合わせて実施した場合、支給額はいずれか高い額のみとなります。
＊　最新の支給要件、支給額等については、厚生労働省および独立行政法人高齢・障害・求職者雇用支援機構のホームページ等をご参照ください。

4）支給申請の流れ

《支給申請の流れ》　　　　　　　　　　　　　　　　　　　　図29

② 高年齢者雇用環境整備支援コース

1）制度概要

　高年齢者の雇用環境整備等の措置を実施した事業主に対して、費用の助成を行うコースです。

　対象となる措置は、高年齢者の就労機会の拡大が可能となる機械設備、作業方法、作業環境の導入または改善等の措置や、高年齢者の雇用管理制度の整備として、職務に応じた賃金・能力評価制度、短時間勤務制度などの導入・改善、法定外の健康管理制度の導入をした場合が対象となります。

2）主な支給要件

　主な支給要件は次の通りです。

《主な支給要件》

□「雇用環境整備計画書」を（独）高齢・障害・求職者雇用支援機構理事長に提出して、計画内容について認定を受けていること。
□ 上記計画に基づき、雇用環境整備措置を実施し、当該措置の実施の状況および雇用環境整備計画の終了日の翌日から6か月間の使用・運用状況を明らかにする書類を整備している事業主であること。

□ 雇用環境整備計画書提出日から起算して1年前の日から支給申請日の前日までの間に、高年齢者雇用安定法8条または9条1項の規定と異なる定めをしていないこと。
□ 支給申請日の前日において、当該事業主に1年以上継続して雇用されている者であって60歳以上の雇用保険被保険者[※6]であって、講じられた高年齢者雇用環境整備の措置により雇用環境整備計画の終了日の翌日から6か月以上継続して雇用されている者が1人以上いること。
□ 雇用環境整備措置の実施に要した経費であって、対象経費を支給申請日までに支払ったこと

　このほかにも、支給対象となる事業主の要件があります。詳しくは厚生労働省、もしくは独立行政法人高齢・障害・求職者雇用支援機構のホームページ等でご確認ください。

3）支給額

　以下のいずれか低い額が支給されます（企業規模問わず、1,000万円が上限です）。

《支給額》　＊平成30年6月時点　　　　　（千円未満は切捨て、上限1,000万円）

Ⓐ 措置に要した費用[※7]の60%〈75%〉（中小企業以外は45%〈60%〉）
Ⓑ 1年以上雇用されている者であって60歳以上の雇用保険被保険者のうち、「措置により雇用環境整備計画の終了日の翌日から6か月以上継続して雇用されている人数×28.5万円〈36万円〉」

＊　生産性要件[※8]を満たしている場合は〈　〉の割合または額。

[※6] 短期雇用特例被保険者および日雇労働被保険者を除きます。
[※7]「高年齢者雇用環境整備措置の実施」について、1企業につき初めの1回に限り、当該措置の実施に30万円の経費を要したものとみなして算定します（2回目以降は実費で算定）。
[※8] 助成金を申請する事業所において、「生産性要件算定シート」を用いて計算された生産性の伸び率が「生産性要件」を満たしている場合、助成の割増等を行います。詳しくは、厚生労働省ホームページでご確認ください。

4）支給申請の流れ

《支給申請の流れ》　　　　　　　　　　　　　　　　　　　　図30

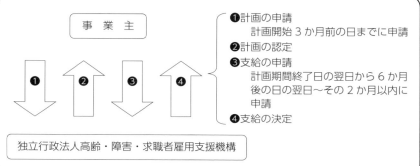

③ 高年齢者無期雇用転換コース

1）制度概要

50歳以上かつ定年年齢未満の有期契約労働者を無期雇用労働者に転換させた事業主に対して、助成を行うコースです。

2）主な支給要件

主な支給要件は下記の通りです。

《主な支給要件》

□「無期雇用転換計画書」を（独）高齢・障害・求職者雇用支援機構理事長に提出し、計画内容について認定を受けていること。
□有期契約労働者を無期雇用労働者に転換する制度[※9]を労働協約または就業規則その他これに準ずるものに規定していること。
□上記の制度の規定に基づき、雇用する50歳以上かつ定年年齢未満の有期契約労働者を無期雇用労働者に転換すること（なお、無期雇用転換日において64歳以上の者はこの助成金の対象労働者になりません）。
□上記制度により転換された労働者を、転換後6か月以上の期間継続して雇用し、当該労働者に対して転換後6か月分の賃金[※10]を支

> 給すること。
> □無期雇用転換計画書提出日から起算して1年前の日から支給申請日の前日までの間に、高年齢者雇用安定法8条または9条1項の規定と異なる定めをしていないこと。

3）支給額

対象労働者1人につき下記の額が支給されます。

なお、1支給申請年度1適用事業所あたり10人までを上限とします。

《支給額》 ＊平成30年6月時点　　　　　　　　　　　　　　　　　　表47

中小企業	中小企業以外
48万円〈60万円〉	38万円〈48万円〉

＊ 生産性要件を満たした事業主は〈　〉内の額。

4）支給申請の流れ

《支給申請の流れ》　　　　　　　　　　　　　　　　　　　　　　　図31

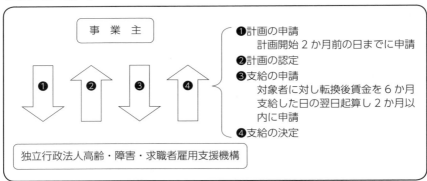

❶計画の申請
　計画開始2か月前の日までに申請
❷計画の認定
❸支給の申請
　対象者に対し転換後賃金を6か月支給した日の翌日起算し2か月以内に申請
❹支給の決定

※9 実施時期が明示され、かつ有期契約労働者として平成25年4月1日以降に締結された契約に係る期間が通算5年以内の者を無期雇用労働者に転換するものに限ります。
※10 通常勤務をした日数が11日未満の月は除きます。

第2節 職場環境整備・改善・キャリアアップに関わる助成金

　有期契約労働者、短時間労働者といった、いわゆる非正規雇用の労働者が多い業界でのキャリアアップ、雇用する労働者の専門的知識・技能の習得、不規則な勤務形態による過重労働の防止・長時間労働の抑制を考えたときに活用できる助成金です。

1. キャリアアップ助成金

　有期契約労働者、短時間労働者といったいわゆる非正規雇用の労働者の企業内でのキャリアアップ等を促進するため、取組みを実施した事業主に対し助成する制度です。

　この制度は、有期契約労働者等の正規雇用労働者・多様な正社員等への転換等を助成する「正社員化コース」をはじめ、下記のコースに分けられます。

　ここでは「正社員化コース」と「選択的適用拡大導入時処置改善コース」の概要のみ記載します。

《キャリアアップ助成金》[※1]

□ 正社員化コース	□ 諸手当制度共通化コース
□ 賃金規定等共通化コース	□ 選択的適用拡大導入時処遇改善コース
□ 健康診断制度コース	□ 短時間労働者労働時間延長コース

*　助成内容等の詳細は、厚生労働省ホームページ等でご確認ください。
*　平成29年度上記コースにあった「人材育成コース」は「人材開発支援助成金」に統合されました。

[※1] 平成30年6月時点

① 正社員化コース概要

　有期契約労働者等を正規雇用労働者等に転換または直接雇用した場合、助成される制度で、1人当たりの助成額は**表48**の通りです。

《正社員化コース受給額》　　　　　　　　　　　　　　　　　　表48

転換等の種類	中小企業	大企業
❶ 有期→正規	57万円〈72万円〉	42万7,500円〈54万円〉
❷ 有期→無期	28万5,000円〈36万円〉	21万3,750円〈27万円〉
❸ 無期→正規	28万5,000円〈36万円〉	21万3,750円〈27万円〉

〈　〉内は生産性向上要件を満たした場合の額
* 正規には「多様な正社員（勤務地・職務限定正社員、短時間正社員）」を含みます。
* ❶〜❸合わせて、1年度1事業所当たり支給申請上限人数は20人まで

　なお、平成30年度正社員化コースにおいて、以下の支給要件が追加されました。
（1）正規雇用等へ転換した際、転換前の6か月と転換後の6か月の賃金総額[※2]を比較して、5％以上増額していること。
（2）有期契約労働者からの転換の場合、対象労働者が転換前に事業主に雇用されていた期間を3年以下に限ること。

② 選択的適用拡大導入時処遇改善コース概要

　平成32年3月31日までの暫定措置です。平成29年4月からは、従業員500人以下の会社の労働者においても労使で合意すれば社会保険に加入できるようになり、この措置を講じ新たに被保険者とした有期契約労働者等の基本給を増額した場合に助成する制度です。1人当たりの助成額は**表49**の通りです。

[※2] 賞与や諸手当を含む総額。ただし、諸手当のうち、通勤手当、時間外労働手当（固定残業代を含む）および歩合給などは除きます。

《選択的適用拡大導入時処遇改善コース受給額》　　　　　　　　　表49

基本給の増額割合	中小企業	大企業
3％以上 5％未満	19,000円〈24,000円〉	14,250円〈18,000円〉
5％以上 7％未満	38,000円〈48,000円〉	28,500円〈36,000円〉
7％以上 10％未満	47,500円〈60,000円〉	33,250円〈42,000円〉
10％以上 14％未満	76,000円〈96,000円〉	57,000円〈72,000円〉
14％以上	95,000円〈120,000円〉	71,250円〈90,000円〉

〈 〉内は生産性向上要件を満たした場合の額

＊ １事業所当たり１回のみ、支給申請上限人数は30人までと制限があります。

③ 全コース共通の支給対象事業主の要件

《全コース共通の支給対象事業主の要件》

- ☐ 雇用保険適用事業所の事業主であること。
- ☐ 雇用保険適用事業所ごとに、キャリアアップ管理者を置いている事業主であること。
- ☐ 雇用保険適用事業所ごとに、対象労働者に対し、キャリアアップ計画を作成し、管轄労働局長の受給資格の認定を受けた事業主であること。
- ☐ 該当するコースの措置に係る対象労働者に対する賃金の支払い状況等を明らかにする書類を整備している事業主であること。
- ☐ キャリアアップ計画期間内にキャリアアップに取り組んだ事業主であること。

＊ 各コースの要件等詳細は、厚生労働省のホームページ等でご確認ください。

2. 人材開発支援助成金

　労働者のキャリア形成を効果的に促進するため、職業訓練の段階的・体系的な実施や人材育成制度を導入し、労働者に適用させた事業主等に対して助成する制度で、執筆現在（平成30年6月）は、**表50**の7コースがあります。

《人材開発支援助成金コース》　　　　　　　　　　　　　　　　　　表50

支給対象となる訓練	助成内容	対象
特定訓練コース	・労働生産性に向上に係る訓練 ・雇用型訓練 ・若年労働者への訓練 ・技能承継等の訓練 ・グローバル人材育成の訓練	・中小企業以外 ・中小企業 ・事業主団体等
一般訓練コース	・他の訓練コース以外の訓練について助成	・中小企業 ・事業主団体等
教育訓練休暇付与コース	・有給教育訓練休暇制度を導入し、労働者が当該休暇を取得して訓練を受けた場合に助成（新規）	・中小企業
特別育成訓練コース	・一般職業訓練 ・有期実習型訓練 ・中小企業等担い手育成支援事業にかかる訓練（新規）	・中小企業以外 ・中小企業
建設労働者認定訓練コース	・能開法による認定職業訓練または指導員訓練のうち、建設関連の訓練を実施した場合について助成	・中小建設事業主 ・中小建設事業主団体（経費助成のみ）
建設労働者技能実習コース	・安衛法に基づく教育および技能講習や特別教育 ・能開法に規定する技能検定試験のための事前講習 ・建設業法施行規則に規定する登録基幹技能者講習 などを実施した場合について助成	・中小建設事業主、中小建設事業主団体（支給対象：男性・女性労働者） ・中小以外の建設事業主、中小以外の建設事業主団体（支給対象：女性労働者のみ）
障害者職業能力開発コース	・障害者職業能力開発訓練施設等の設置等 ・障害者職業能力開発訓練運営費（人件費・教材費等）に対する助成	・事業主または事業主団体

○ 主な人材開発支援助成金に関する助成額

《主なコースの助成額》　　　　　　　　　　　　　　　　　　　　　　　　表51

特定訓練コース	OFF-JT 経費助成　45(30)% 　　　　　〈60(45)%〉[※3] 賃金助成　760(380)円/時・人 OJT（雇用型訓練に限る） 実施助成　665(380)円/時・人	生産性要件を満たす場合 OFF-JT 経費助成　60(45)% 　　　　　〈75(60)%〉[※3] 賃金助成　960(480)円/時・人 OJT（雇用型訓練に限る） 実施助成　840(480)円/時・人
一般訓練コース	OFF-JT 経費助成　30% 賃金助成　380円/時・人	生産性要件を満たす場合 OFF-JT 経費助成　45% 賃金助成　480円/時・人
教育訓練休暇付与コース	定額助成　30万円	生産性要件を満たす場合 定額助成　36万円
特別育成訓練コース	OFF-JT 経費助成　実費[※4] 賃金助成　760(475)円/時・人 OJT（一般職業訓練を除く） 実施助成　760(665)円/時・人	生産性要件を満たす場合 OFF-JT 経費助成　実費[※4] 賃金助成　960(600)円/時・人 OJT（一般職業訓練を除く） 実施助成　960(840)円/時・人

（　）内は中小企業以外の場合の額

＊　各コースの要件・受給額等詳細については、厚生労働省のホームページ等でご確認ください。

[※3]・雇用型訓練において、建設業・製造業・情報通信業の分野（特定分野）の場合
　　・若年雇用促進法に基づく認定事業主またはセルフ・キャリアドック制度導入企業の場合
[※4] 1人当たり訓練時間数に応じた上限額を設定。

3. 時間外労働等改善助成金（勤務間インターバル導入コース）

　不規則な勤務体系となってしまう警備業においては、過重労働の防止および長時間労働の抑制は必要となります。労働時間等の設定の改善を図り、過重労働の防止および長時間労働の抑制に向け勤務間インターバルの導入に取り組んだ際に、その実施に要した費用の一部を助成する制度を利用することも一つでしょう。

　以下、支給対象等を記載しますが、この助成金は締切があるため、必ず厚生労働省のホームページで最新の情報をご確認ください。

◯ 時間外労働等改善助成金（勤務間インターバル導入コース）[※5]

1）支給対象となる事業主

《支給対象》

> 　中小企業に該当し、労働者災害補償保険の適用事業主であって、下記のいずれかに該当する事業場を有する事業主であること。
>
> Ⓐ 勤務間インターバルを導入していない事業場
> Ⓑ 既に休息時間数が9時間以上の勤務間インターバルを導入している事業場であって、対象となる労働者が当該事業場に所属する労働者の半数以下である事業場
> Ⓒ 既に休息時間数が9時間未満の勤務間インターバルを導入している事業場

2）支給対象となる取組みと成果目標

　次のいずれか一つ以上を実施しなくてはなりません。

[※5] 平成30年6月時点。

《支給対象となる取組み》

- Ⓐ　労務管理担当者に対する研修（業務研修含む）
- Ⓑ　労働者に対する研修（業務研修含む）、周知・啓発
- Ⓒ　外部専門家（社会保険労務士、中小企業診断士など）によるコンサルティング
- Ⓓ　就業規則・労使協定等の作成・変更（時間外・休日労働に関する規定の整備など）
- Ⓔ　人材確保に向けた取組み
- Ⓕ　労務管理用ソフトウェア、労務管理用機器等の導入・更新
- Ⓖ　テレワーク用通信機器の導入・更新（原則としてパソコン、タブレット、スマートフォンは対象となりません）
- Ⓗ　労働能率の増進に資する設備・機器等の導入・更新

　上記の取組みは、以下の「成果目標」の達成を目指して実施する必要があります。

《成果目標》

- Ⓐ　勤務間インターバルを導入していない事業場の場合
　　　新規導入：新規に所属労働者の半数を超える労働者を対象とする勤務間インターバルを導入すること。
- Ⓑ　既に休息時間数が9時間以上の勤務間インターバルを導入している事業場であって、対象となる労働者が当該事業場に所属する労働者の半数以下である事業場の場合
　　　適用範囲拡大：対象労働者の範囲を拡大し、所属労働者の半数を超える労働者を対象とすること。
- Ⓒ　既に休息時間数が9時間未満の勤務間インターバルを導入している事業場の場合
　　　時間延長：所属労働者の半数を超える労働者を対象として、休息時間数を2時間以上延長して、9時間以上とすること。

3）支給額

2）の「成果目標」を達成した場合に、支給対象となる取組みの実施に要した経費の一部が支給されます。なお、助成対象の経費合計額に補助率（4分の3）を乗じた額が助成されますが、**表52**の支給額の上限を超える場合、下記上限額が助成されます。

ただし、常時使用する労働者数が30名以下かつ、支給対象となる取組みⒻⒼⒽを実施し、助成対象の経費合計額が30万円を超える場合の補助率は5分の4とします。

《支給額の上限》　　　　　　　　　　　　　　　　　　　　　　　　表52

休息時間数[※6]	「新規導入」に該当する取組みがある場合の1企業当たりの上限額	「適用範囲の拡大」「時間延長」のみ取組みがある場合の1企業当たりの上限額
9時間以上11時間未満	40万円	20万円
11時間以上	50万円	25万円

[※6] 事業実施計画において指定した事業場に導入する勤務間インターバルの休息時間のうち、最も短いものを指します。

その他の助成金

第3節では、その他の助成金として「両立支援等助成金」のうち「再雇用者評価処遇コース」と、「キャリアアップ助成金」のうち「健康診断制度コース」の概要をご案内します。

育児や介護で退職した従業員の再雇用制度を考えている、また、有期労働契約の従業員に対して健康への配慮をしたいと考えているときに活用できる助成金です。

1. 両立支援等助成金

警備業・ビルメンテナンス業では、女性の活躍が望まれる一方、出産育児を機に退職する女性も多く、また、会社の中核をなす世代の従業員が、少子高齢化の影響で兄弟がいないことにより一人で両親の介護にあたるため、退職せざるを得ないケースも目立つようになってきました。このような、育児介護と仕事の両立支援に取り組もうとする会社のための助成金です。

執筆時点（平成30年6月）で、6つのコースがあります（**表53**）。

《**両立支援等助成金概要**》　　　　　　　　　　　　　　　　　　表53

Ⓐ事業所内保育施設コース	労働者の子の保育を行うために、一定基準を満たす事業所内保育施設の設置、運営、増築を行った事業主または事業主団体に対し、その費用の一部を助成する制度。平成28年4月1日より新規受付は停止されています。
Ⓑ出生時両立支援コース	男性労働者が育児休業を取得しやすい職場風土作りに取り組み、男性労働者に育児休業を利用させた事業主に一定額助成する制度。

Ⓒ介護離職防止支援コース	仕事と介護の両立支援の推進のため職場環境整備に取り組み、介護支援プランの作成および同プランに基づく措置を実施し、介護休業の取得・職場復帰または働きながら介護を行うための勤務制度の利用の支援を行った事業主に対して一定額を助成する制度。	
Ⓓ育児休業等支援コース	「育休復帰支援プラン」作成により、育児休業の円滑な取得および職場復帰支援等を行った中小企業事業主に対して一定額を助成する制度。	
Ⓔ再雇用者評価処遇コース	妊娠、出産もしくは育児または介護を理由として退職した者が就業できるようになったとき、その経験、能力が適切に評価され、配置・処遇がされる再雇用制度を導入し、再雇用者を継続雇用した事業主に一定額を助成する制度。	
Ⓕ女性活躍加速化コース	女性労働者の能力の発揮及び雇用の安定に資するため、自社の女性の活躍の状況を把握し、男性と比べて女性の活躍に関し改善すべき事情がある場合に、当該事情の解消に向けた目標を掲げ、女性が活躍しやすい職場環境の整備等に取り組む事業主に対して一定額を助成する制度。	

　全6コースのうち、出産育児や介護に関しては対策をとっている会社も多いと思われますので、ここではⒺ「再雇用者評価処遇コース」についてご案内します。

◯ 再雇用者評価処遇コース概要

　妊娠、出産もしくは育児または介護を理由として退職した者が復職した際、従来の勤務経験、能力が適切に評価され、配置・処遇がされる再雇用制度を導入し、再雇用を希望する旨の申出をしていた者を採用した事業主に対して助成するコースです。

1）支給対象となる事業主

　次のいずれにも該当する事業主が支給対象となります。

《支給対象となる主な要件》

> □ 再雇用制度（条件あり）を労働協約または就業規則に規定していること。本要領の施行日前に再雇用制度を規定している場合であっても、本要領に沿った制度内容に改正した場合は、改正日以降の再雇用について対象とします。
> □ 上記再雇用制度の施行後、支給対象労働者を期間の定めのない雇用契約により採用し、採用日から継続して6か月以上雇用して

いること。ただし、有期契約労働者として採用した場合であっても、採用日から1年を経過する日までに期間の定めのない雇用契約を締結し、当該期間の定めのない雇用契約の締結日から継続して6か月以上雇用した場合は対象となります。
☐ 育児・介護休業法による育児休業、介護休業等の制度を労働協約または就業規則に規定していること。ただし、当該規定は、支給申請日において施行されている育児・介護休業法に定める水準を満たしていなければなりません。

上記に該当する事業主であっても、不支給要件に該当する事業主は対象となりません。不支給要件、支給対象となる労働者等、詳細要件は厚生労働省ホームページ等でご確認ください。

2）支給額

《支給額》　　　　　　　　　　　　　　　　　　　　　　　　　　表54

再雇用者 1人目	継続雇用6か月後（1回目）	（中小企業以外） 14.25万円〈18万円〉
		（中小企業） 19万円〈24万円〉
	継続雇用1年後（2回目）	1回目と同額
再雇用者 2人目〜5人目	継続雇用6か月後（1回目）	（中小企業以外） 9.5万円〈12万円〉
		（中小企業） 14.25万円〈18万円〉
	継続雇用1年後（2回目）	1回目と同額

〈　〉内は、生産性要件を満たした場合の額
＊期間の定めのない雇用契約締結後、上記の期間継続雇用が必要です。
＊2回目の申請は、1回目の支給と同一の労働者を対象とします。

2. キャリアアップ助成金（健康診断制度コース）

　キャリアアップ助成金コースの一つで、執筆現在（平成30年6月）、有期契約労働者等に対し、安衛法上義務付けられている健康診断以外の一定の健康診断制度を導入し、4人以上に実施した場合、**表55**の額が支されます。

《健康診断制度コース支給額》　　　　　　　　　　　　　　　　　　　表55

中小企業	中小企業以外
1事業所当たり38万円〈48万円〉	1事業所当たり28万5,000円〈36万円〉

〈　〉は、生産性の向上が認められる場合の支給額です。

　共通要件は**第2節 1.**③（321頁）をご参照ください。また、詳細につきましては厚生労働省ホームページでご確認ください。

索 引

▶ 書　式

書式 1	労働条件通知書兼雇用契約書記入例 （主として施設警備に従事する期間雇用）	051
書式 2	警備業法 14 条に該当しないことの誓約書例	054
書式 3	守秘義務誓約書例	055
書式 4	意見書記入例	068
書式 5	就業規則（変更）届記入例	069
書式 6	特別条項に関する協定書例	084
書式 7	36 協定届（特別条項付き記入例）	085
書式 8	一斉休憩の適用除外に関する労使協定例	087
書式 9	1 か月単位の変形労働時間制に関する労使協定例	115
書式 10	1 か月単位の変形労働時間制に関する協定届例	116
書式 11	年次有給休暇の時間単位付与に関する労使協定例	137
書式 12	グループ別付与方式の場合における労使協定例	140
書式 13	賃金控除に関する労使協定例	155
書式 14	解雇予告除外認定申請書記入例	183
書式 15	退職合意書例	186
書式 16	休職辞令例	194
書式 17	パワーハラスメント防止に向けた取組宣言例	220
書式 18	定期健康診断結果報告書記入例	253
書式 19	産業医選任報告記入例	259
書式 20	衛生管理者選任報告記入例	262
書式 21	被保険者所属選択・二以上事業所勤務届記入例	277
書式 22	70 歳到達届記入例	281
書式 23	被保険者資格喪失届・70 歳以上被用者不該当届記入例	282
書式 24	是正勧告書例	293
書式 25	是正報告書例	294
書式 26	指導票例	295

▶ 規　定

規定 1	（採用基準）	047
規定 2	（採用時の提出書類）	052
規定 3	（有期から無期への労働契約転換）	059

規定 4	（試用期間）	060
規定 5	（従業員の定義）	072
	（適用範囲）	072
規定 6	（休憩時間）	089
規定 7	（所定休日）	091
規定 8	（休日の振替）	093
	（代　休）	093
規定 9	（始業・終業時刻）	096
規定 10	（時間外労働の割増賃金）	109
規定 11	（代替休暇）	110
規定 12	（労働時間等）	113
規定 13	（仮眠時間）	123
規定 14	（年次有給休暇の時間単位での付与）	137
規定 15	（勤務間インターバル）	146
規定 16	（賃金の計算期間および支払日）	156
規定 17	（通勤手当）	163
規定 18	（退　職）	170
	（退職手続）	170
規定 19	（解雇事由）	174
規定 20	（懲戒の種類および程度）	175
規定 21	（懲戒の事由）	176
規定 22	（解雇手続）	180
規定 23	（休　職）	195
	（休職期間）	195
	（休職期間中の賃金）	196
	（休職期間報告および復職手続）	196
	（休職期間満了時の取扱い）	196
	（休職期間中における契約期間満了の取扱い）	196
規定 24	（介護休業）	200
規定 25	（産前・産後休業）	203
	（育児時間および生理休暇）	204
規定 26	（セクシャルハラスメントの禁止）	225
	（職場のパワーハラスメントの禁止）	225
規定 27	（健康管理）	250

著者略歴

森田　秀俊
特定社会保険労務士
青山学院大学法学部卒業。世紀東急工業㈱にて人事・経理業務に従事後、小澤社会保険労務士事務所（現：社会保険労務士法人SCS）に勤務。2002年に独立開業、2014年より社会保険労務士法人サムライブレイン代表社員。
警備業をはじめ従業員1,000名規模の企業への社会保険・労働保険手続、給与計算業務を取り扱うほか、人事・労務管理の相談指導、労働者派遣事業許可手続、人材ビジネス業の設立支援、就業規則作成、労務監査などの業務を行っている。

吉川　和子
特定社会保険労務士
社会保険労務士事務所に勤務後、2002年に独立開業。2014年より社会保険労務士法人サムライブレイン代表社員。
新宿労働基準監督署（平成18年度）・東京労働局（平成20年度）にて総合労働相談員に就き、4,000件以上の相談に対応した経験から、労務管理相談指導、就業規則作成、労務監査などの業務を行っている。
著書に「事例解説！人材を活かす労務のルール」「事例解説！知っておきたい雇用のルール」（共にぎょうせい、共著）がある。

▶連絡先

社会保険労務士法人サムライブレイン
　代表　森田秀俊
　代表　吉川和子

〒169-0075
東京都新宿区高田馬場1-31-8
高田馬場ダイカンプラザ909

http://www.sr-morita.jp/

警備・ビルメンテナンス業の 労務管理ハンドブック			平成30年8月1日　初版発行		
			検印省略		
	共著者	森 吉	田 川	秀 和	俊子 光
	発行者	青	木	健	次
	編集者	岩	倉	春	光
	印刷所	三	報	社	印　刷
	製本所	国		宝	社

〒 101-0032
東京都千代田区岩本町1丁目2番19号
http://www.horei.co.jp/

（営　業）	TEL	03-6858-6967	Eメール	syuppan@horei.co.jp
（通　販）	TEL	03-6858-6966	Eメール	book.order@horei.co.jp
（編　集）	FAX	03-6858-6957	Eメール	tankoubon@horei.co.jp

（バーチャルショップ）http://www.horei.co.jp/shop
（お詫びと訂正）http://www.horei.co.jp/book/owabi.shtml

※万一、本書の内容に誤記等が判明した場合には、上記「お詫びと訂正」に最新情報を掲載しております。ホームページに掲載されていない内容につきましては、FAXまたはEメールで編集までお問合せください。

・乱丁、落丁本は直接弊社出版部へお送りくださればお取替えいたします。
・JCOPY〈出版者著作権管理機構 委託出版物〉
本書の無断複製は著作権法上での例外を除き禁じられています。複製される場合は、そのつど事前に、出版者著作権管理機構（電話 03-3513-6969、FAX 03-3513-6979、e-mail: info@jcopy.or.jp）の許諾を得てください。また、本書を代行業者等の第三者に依頼してスキャンやデジタル化することは、たとえ個人や家庭内での利用であっても一切認められておりません。

© H.Morita, K.Yoshikawa 2018. Printed in JAPAN
ISBN 978-4-539-72587-0

書籍のご案内

4訂版 実例でみる 介護事業所の経営と労務管理

社会保険労務士 林 哲也　A5判　384頁　定価（本体2,400円＋税）

　介護事業所経営のビジネスモデルの構築方法、経営理念から具体的な経営計画の立案までの手順と記載例、「ヒト」が重要な資産である介護事業所における労働者のモチベーションをアップさせるためのコミュニケーション、労務管理の方法について解説。
　最新の制度改正に対応した待望の4訂版！

＜主要目次＞
- 第1章　問題提起 介護事業の事業戦略と経営者の責任
- 第2章　介護保険制度の歴史的経緯と制度の課題
- 第3章　介護処遇改善加算とキャリアパス
- 第4章　経営指針を社員と共有する
- 第5章　「真・報連相」で職場を変える
- 第6章　「労働契約」としての労働条件の明確化と介護職員の働きがい

お求めは、お近くの大型書店またはWeb書店、もしくは弊社通信販売係
（TEL：03-6858-6966 FAX：03-3862-5045 e-mail：book.order@horei.co.jp）へ。

書籍のご案内

改訂版　最新

トラック運送業の人事・労務管理と就業規則

特定社会保険労務士　吉本俊樹　ほか　　Ａ５判　304頁　定価（本体2,300円＋税）

業界関係者必読のロングセラー最新改訂版！
　2012年の関越自動車道高速ツアーバス事故を受けた「自動車運送事業の監査方針及び行政処分の基準」の改正、2014年の自動車運転処罰法の制定、道路交通法の改正等、相次ぐ規制強化に対応した、「攻めの人事・労務管理」ロングセラーの改訂版！

＜主要目次＞
第１章　トラック運送業界を知る
第２章　ドライバーを育てる
第３章　トラブルの傾向と対策を知る
第４章　時間管理の要点をつかむ
第５章　会社を守る
第６章　賃金管理の要点をつかむ

お求めは、お近くの大型書店またはWeb書店、もしくは弊社通信販売係
（TEL：03-6858-6966 FAX：03-3862-5045 e-mail：book.order@horei.co.jp）へ。